NOR WEGEN
SCHWEDEN
EE
DÄNEMARK
OSTSEE
OLLAND
DEUTSCHLAND
LGIEN
40
Ligurisches Meer
KROATIEN
ITALIEN
Korsika
Adria
SCHWARZES MEER
0°
earen Mee
Sardinien
leaen
GRIECHENLAND
Tyrrhenisches Meer
Ägäisches Meer
TÜRKEI
Ionisches Meer
T T E L M E E R
GERIEN
TUNESIEN
MALTA
Kreta
ZYPERN
LIBANON
Levantinisches Meer
ISRAEL
LIBYEN
ÄGYPTEN
40

Bibliographische Information Der Deutschen Nationalbibliothek
Die Deutsche Nationalbibliothek verzeichnet diese Publikation in der Deutschen Nationalabibliographie; detaillierte bibliographische Daten sind im Internet unter http://dnb.ddb.de abrufbar.

ISBN 978-3-440-11241-0

Gedruckt auf chlorfrei gebleichtem Papier.

Konzept & Layout: Helmut Debelius
Satz: Ralf M. Hennemann
Printed in The Czech Republic / Imprimé en République Tchèque

Helmut Debelius

FISCH-FÜHRER

MITTELMEER UND ATLANTIK

Von Spanien bis zur Türkei
Von Norwegen bis Südafrika

KOSMOS

INHALT 2-4

BILDGESCHICHTEN

DANKSAGUNG

Jeder Unterwasser-Fotograf und die Leser des FISCHFÜHRER MITTELMEER UND ATLANTIK werden zugeben müssen, viele der abgebildeten Fische noch nie gesehen zu haben. Um eine wie in diesem Buch vorgestellte Auswahl überhaupt zu erlangen, bedarf es der Zusammenarbeit vieler Fotografen. Dank ihrer unzähligen Tauchgänge war es nur möglich, daß solch eine Anzahl von Fischen in bester Fotoqualität zusammengetragen werden konnte. Obwohl diese Auswahl lebender Knorpel- und Knochenfische in der populären Literatur einmalig ist, wäre es vermessen, von Vollständigkeit zu sprechen. Buchumfang und Layout stellten Grenzen dar, noch weitere mittelmeerische und atlantische Fische zu zeigen.

Die Fotografen wurden bereits im Bildnachweis genannt, dennoch bedanke ich mich nochmals für ihre bemerkenswerte Leistung. In all den Jahren unter Wasser habe ich mich zwar in die Systematik der Fische einarbeiten können und fühle mich auch mit den Fischen des Indopazifiks vertraut, doch die korrekte Identifikation aller einzeln aufgeführten Atlantikfischarten wäre sehr schwierig geworden. Deshalb sind Dr. Matthias Stehmann (Hamburg), Dr. Guiseppe Notarbartolo di Sciara (Rom), Dr. Bernard Séret (Paris) - für die Knorpelfische - und Dr. Peter Wirtz (Madeira) sowie Dr. Ronald Fricke (Stuttgart) - für die Knochenfische - zu nennen, deren Wissen unersetzlich war, zum Gelingen des FISCHFÜHRER MITTELMEER UND ATLANTIK beizutragen.

Helmut Debelius

VORWORT

Man muß weder Berufsfischer noch eingefleischter Wassersportler sein, um sich für Fische zu interessieren. Mehr als zwanzig Jahrhunderte nach Aristoteles, der sich als Erster mit dem Studium der Fische befaßt hat und das aus Gründen, die nichts mit der Küche zu tun hatten, mehr als zwei Jahrhunderte, nachdem die ersten Ichthyologen im Gefolge von Carl Linné den Fischen wissenschaftliche Namen gaben, und 43 Jahre nach „Welt des Schweigens", dem Film von Louis Malle und Jacques-Yves Cousteau, der einem großen Publikum zum erstenmal die Schönheiten der Unterwasserwelt zeigte, setzt heute jeder, wenn er nur schwimmen kann, eine Taucherbrille auf und taucht in seiner Freizeit im Meer. Und ferner: So, wie Naturliebhaber die Jagd durch Photosafaris ersetzt haben, tauschen gleichermaßen viele Tauchsportler die Harpune gegen eine Kamera. Und schließlich wurden in Frankreich und vielen anderen Ländern pädagogisch durchdachte Schau-Aquarien von moderner Konzeption gebaut, in denen man die Entwicklung der schönsten und fremdartigsten Vertreter dieser faszinierenden Fischwelt beobachten kann. Die große Zahl verschiedener Arten (über 20000 im Salz- und Süßwasser) , die Vielfalt ihrer Formen und Farben, aber auch die Verhaltensweisen in ihrem natürlichen Milieu vermögen das Interesse aller Naturliebhaber zu wecken.

AL EDWARDS

Blick auf St. Helena im südlichen Atlantik.

Die Zeit ist gekommen, diesen Liebhabern einen neuartigen Führer anzubieten, der auf Fragen Antworten gibt, die es ihnen nicht nur erlauben, die beobachteten Fische zu identifizieren, sondern auch umfassende Informationen über die wichtigsten biologischen Fakten dieser Fische zu erhalten. Helmut Debelius, gleichermaßen anerkannter Ichthyologe, hervorragender Taucher und ausgezeichneter Fotograf, hat es verstanden, mit Fotos von außergewöhnlicher Qualität, die er bei seinen Tauchgängen gemacht hat, wissenschaftliche Genauigkeit mit der Begeisterung des Amateurs harmonisch zu verschmelzen. Sein Buch, vorgestellt in traditioneller Ordnung, ist viel mehr als nur eine Übersicht über die häufigsten und die spektakulärsten Arten des Mittelmeeres, des Atlantischen Ozeans von Norwegen bis nach Südafrika, ohne hierbei die Inseln und Archipele von den Azoren bis zu den Kapverden und selbst Ascension und St.Helena zu vergessen. Dieses Buch enthält auch eine Reihe von Kapiteln, die geeignet sein könnten, bei den Lesern neue Interessen zu wecken. Hier wird das Territorialverhalten angesprochen, die verschiedenen Verhaltensformen wie z.B. die Einschüchterung des Gegners, die Kämpfe, Unterwerfungsgesten, und das Schutzverhalten, gleichermaßen verschieden wie fremdartig anmutend, das die Fische ihrer Brut angedeihen lassen, um ihr Überleben zu begünstigen. Weiter wird über den Gebrauch berichtet, den diese Lebewesen von den wunderlichen Gegenständen machen, die der Mensch ins Meer wirft. Schließlich erfährt man, daß auch Mittelmeerfische diese ganz spezielle Interessengemeinschaft pflegen, in der jeder seinen Vorteil findet wie bei der Putzertätigkeit, die es gewissen Arten wie Garnelen und Fischen erlaubt, ihren Nahrungsbedarf zu stillen, indem sie ihre Kundschaft von anhaftenden Parasiten befreien.

Kein Zweifel: Dieses Buch wird sowohl den Ichthyologen als auch den Taucher oder den schnorchelnden Freizeitsportler auf ihrer Suche nach genaueren biologischen Fakten zufriedenstellen, die durch außergewöhnlich gute Illustrationen und eine qualitativ hochwertige Edition dargeboten werden.

Dr. Marie-Louise Bauchot
Professeur Honoraire
Muséum National d'Histoire Naturelle, Paris

METHODEN UND ERLÄUTERUNG DER FACHAUSDRÜCKE

KLASSIFIZIERUNG

Jede Art trägt einen wissenschaftlichen Namen, der aus zwei Teilen besteht: Dem Gattungsnamen folgt ein artspezifischer Name (beide stehen unter jedem Bild). Die Gattung ist dieselbe für Arten, die auf einer Unterscheidungsebene bestimmte Merkmale gemeinsam haben. Je enger die Arten verwandt sind, desto geringer die Unterschiede. An der Spitze steht die **Klasse**, in eine werden alle Haie und Rochen, in eine zweite alle Knochenfische gestellt. Beide Klassen bestehen aus weiteren definierten Gruppen, den Ordnungen. Nach demselben Prinzip umfassen **Ordnungen** mehrere **Familien**, Familien umfassen **Gattungen** und diese die **Arten**. Der Name jeder Art entsteht, wenn sie wissenschaftlich beschrieben und in einer Fachzeitschrift veröffentlicht worden ist.
Die Gattungen und Familien sind auf den Seiten 2 bis 4 im Inhaltsverzeichnis nach den jüngsten wissenschaftlichen Erkenntnissen aufgelistet. Aufgeteilt in zwei Hauptgruppen (Knorpel- und Knochenfische) werden die einzelnen Ordnungen und Unterordnungen durch Farben unterschieden. Innerhalb dieses Farbschemas findet man eine Liste aller vertretenen Familien und ihrer Gattungen, letztere in kursiver Schrift. Jede Farbe im Inhaltsverzeichnis erscheint wieder in der Überschrift zu jeder Seite zusammen mit dem Familiennamen. Sucht man nicht nach einer Familie, sondern nach einer bestimmten Fischart, kann man diese im Index ab Seite 301 finden. Viel Mühe wurde darauf verwendet, um die Verbreitung jeder genannten Fischart in Mittelmeer und Ostatlantik anzugeben. Deshalb wurde auch der Ort, an dem ein Meeresfisch fotografiert wurde, rechts unter jedem Foto neben dem wissenschaftlichen Namen angegeben. Weitere Informationen stehen unterhalb des deutschen Populärnamens. Als Service für den reisenden Taucher findet man darunter den englischen Namen.

FISCHE

Weltweit gibt es über 22.000 Fischarten, etwa 13.000 davon im Meer. Die beiden Hauptgruppen sind die Knorpelfische (Haie und Rochen) und die Knochenfische, die eine große Formenvielfalt von Aalen bis zu Kugelfischen umfassen.

HAIE UND ROCHEN

Haien, Rochen und Chimären ist ein mehr oder weniger durch Kalkeinlagerung verhärtetes Knorpelskelett und eine innere Befruchtung zur Fortpflanzung gemein. Haie unterscheiden sich von Rochen in erster Linie dadurch, daß ihre Brustflossen von den Kopfseiten getrennt sind. Bei Rochen sind die Brustflossen mit den Kopfseiten über den Kiemenschlitzen verschmolzen; meist kann man beide Gruppen jedoch bereits am gesamten Erscheinungsbild auseinanderhalten. Es gibt mindestens 43 Knorpelfisch-Familien mit etwa 350 Hai- sowie 500 Rochenarten.

KNOCHENFISCHE

Hierin sind alle Fische mit einem Knochenskelett zusammengefaßt. Die Bandbreite ihrer Unterschiede ist gewaltig, Größen (erwachsen!) von 1 cm bis zu über 5 m kommen vor mit Formen von Spaghettiaalen über Seepferdchen zu ballonartigen Kugelfischen oder Scheiben-, Blatt- und Pfeilformen etc. Die vielen verschiedenen Gruppen werden in Ordnungen, Familien und Gattungen eingeteilt, die über 20.000 Arten enthalten.

BEGRIFFE ZUR INFORMATION ÜBER DIE FISCHART

Unter **Länge** findet man einen Bereich oder die maximal bekannte Fischgröße, gemessen von der Kopfspitze bis zum Schwanzflossenende ausschließlich verlängerter Flossenstrahlen. Für die meisten Rochen ist dies unpraktisch, deshalb wird die **Breite** genannt. Unter der Verbreitung werden die bekannten Vorkommen einer Art im hier besprochenen Gebiet (oft auch darüberhinaus) aufgeführt. Angaben über die Verbreitung in der **Tiefe** basieren auf Beobachtungen der Fotografen und Daten in der Literatur. Unter **Allgemein** stehen Informationen über Biologie, Lebensraum, Verhalten und andere Aspekte von Interesse.

Dieses Buch dient nicht nur zur Identifikation der Fischarten, sondern es beschreibt auch deren charakteristische Eigenschaften und Verhalten in kurzen Bildserien. Diese Bildgeschichten sind dort zu finden, wo die Familien der Arten laut Inhaltsverzeichnis eingeordnet sind.

EINLEITUNG

Zur Entstehung des Mittelmeeres und des Atlantiks

Im weltweiten Maßstab gesehen ist das Mittelmeer nur ein kleines Gewässer, das weniger als ein Prozent der gesamten Wasserfläche einnimmt. Aber die Wurzeln der Entwicklung dieses Lebensraumes, der noch in den letzten 10 bis 20 Millionen Jahren sein Erscheinungsbild dramatisch verändert hat, liegen bei den Anfängen der großen Weltmeere und haben eine zentrale Bedeutung in der Geschichte der Erde, wie wir sie heute kennen. Tethys, das Weib des Okeanos und die Mutter aller Flüsse, war für die alten Griechen ein Symbol für die Fruchtbarkeit des Meeres. Die Geologen haben ihren Namen einem riesigen, warmen Urmeer gegeben, das sich mitten über den Urkontinent Pangäa (= Gesamterde) erstreckte. Das Leben in diesem einmaligen Meer war überaus reich: Reptilien, Fische, Mollusken und Krustentiere schwammen oder krochen in von Steinkorallen und Schwämmen geschaffenen Riffen. Davon zeugen heute noch Versteinerungen.

JOHN NEUSCHWANDER

Blick auf die Küste von Zakynthos, einer griechischen Insel im Ionischen Meer.

Woher aber stammt das europäische Mittelmeer, wie alt ist es und wie ist es entstanden? Die Hauptursache dafür ist in der Plattentektonik zu suchen, die die Erdoberfläche formt. Die Kontinentalschollen der Erdkruste driften wie riesige Flöße auf dem Erdmantel und verändern im Lauf der Zeit sowohl die Position der Landmassen als auch der Ozeane. Entscheidend für das Mittelmeer war die Bildung des Atlantiks und die Verlagerung der afrikanischen Platte nach Norden und Osten. Vor 200 Millionen Jahren zerbrach Pangäa, und die Vorläufer des Atlantischen und Pazifischen Ozeans begannen sich auszubreiten. Mit der Bildung des Südatlantiks unter Abtrennung Südamerikas von Afrika setzte vor 125 Millionen Jahren eine Verlagerung der afrikanischen Platte zur eurasischen Platte hin ein. Die Tethys verband dann vor etwa 65 Millionen Jahren den Atlantik im Westen mit dem Pazifik im Osten und stellte somit das Urmittelmeer dar.

REIMUND HÜBNER

Hafen an der Westküste Irlands.

Als sich vor etwa 20 Millionen Jahren Afrika mit der heutigen Arabischen Halbinsel an Asien anschloß, wurde diese östliche Meeresverbindung unterbrochen. Ein Teil der nun bis zum Ural reichenden Tethys blieb erhalten. Als Reste davon werden heute das Schwarze Meer, das Kaspische Meer und der Aralsee angesehen. Durch das Aneinanderprallen der afrikanischen und der eurasischen Platte falteten sich die Alpen ebenso auf wie der Himalaya. Die Tethys

FLORIAN GRANER

Der norwegische Sognefjord, in dem viele Fotos des Buches entstanden

wurde ständig weiter eingeengt und nahm langsam die Form unseres heutigen Mittelmeeres an.

Vor etwa 12 Millionen Jahren dürfte sich die bis dahin weite Verbindung des Mittelmeeres mit dem Atlantik unter gleichzeitiger Hebung einer Schwelle stark verengt haben. Es bestanden nur noch zwei tiefe Wasserstraßen. Vor 7 Millionen Jahren wurden dann beide unterbrochen, und zwar hauptsächlich durch die allgemeine Senkung des Meerespiegels um etwa 100 m. Währenddessen bildeten sich in den Polarregionen mächtige Eiskappen. Die Konsequenz war eine fortschreitende Austrocknung des Mittelmeeres bis zur Salzwüstenbildung. Erkannt wurde dies erst vor 20 Jahren, als im Rahmen eines Tiefsee-Bohrprogramms ein speziell dafür ausgerüstetes Schiff, die „Glomar Challenger", im Mittelmeer zum Einsatz kam.

Etwa vor 5,5 Millionen Jahren war ein gigantisches Erdbeben, vermutlich in Verbindung mit einem weltweiten Anstieg des Meeresspiegels, für die Wiedergeburt des Mittelmeeres verantwortlich. Die Schwelle vor Gibraltar, die das Mittelmeer vom Atlantik abtrennte, zerbrach. Möglicherweise folgte dann der größte Wasserfall, den diese Erde je gesehen hat. Von Wissenschaftlern als tausendmal so gewaltig wie die Niagara-Fälle eingeschätzt, ergossen sich die Wassermassen des Atlantiks ins ausgetrocknete Mittelmeerbecken. Es dauerte Tausende von Jahren, es wieder aufzufüllen, und dabei sank der Meeresspiegel weltweit um 10 - 20 m ab. Seither ist das Mittelmeer ein gemäßigtes Gewässer und hat seine Verbindung zum Atlantik, durch die es immer noch gefüllt wird, verstärkt.

AUGUST VON DER LEHR

Ostsee-Idylle auf der dänischen Insel Bornholm

Zur Gegenwart des Mittelmeeres und des Atlantiks

Heute hat das Mittelmeer eine Fläche von 2,7 Millionen Quadratkilometern, ist aber nicht einheitlich, sondern besteht aus einer Serie von Meeresbecken, ein jedes definiert durch die umliegende Landmasse und die Konturen des Meeresbodens. Die Trennung in östliches und westliches Mittelmeer bildet ein untermeerischer Höhenzug in nur 400 Metern Tiefe zwischen Sizilien und Tunesien. Beide

HELMUT DEBELIUS

Rückkehr vom Tauchen an der mittelmeerischen Costa Calida, Spanien.

Meeresteile sind wiederum in mehrere Becken unterteilt. Im äußersten Westen liegt das Alboran-Becken zwischen Spanien und Marokko; Algerien, Frankreich und Sardinien umgeben das Balearen-Becken; das Ligurische Becken liegt zwischen Italien und Korsika, während Sardinien, Sizilien und Italien das Tyrrhenische Becken umschließen. Das östliche Mittelmeer enthält zwei der berühmtesten Meere der Antike: Adria und Ägäis. Beides sind flache Wannen zwischen Italien und Kroatien bzw. Griechenland und Türkei. Die Ägäis, die im Süden von Kreta begrenzt wird, ist mit über tausend Inseln gespickt. In ihrem Westen liegt das Ionische Becken, wo das Mittelmeer am tiefsten ist: Vor der Westküste des Peloponnes werden nach den jüngsten Messungen 4983 Meter Tiefe erreicht. Das Mittelmeer als beckenartiges Nebenmeer des Atlantiks und seine weitere Unterteilung in kleinere Becken machen es zu einer physikalischen Kuriosität. Bei einer West-Ost-Ausdehnung von etwa 4000 Kilometern ist man an keinem Punkt auf dem Meer weiter als 370 Kilometer vom Festland entfernt. Keines seiner Becken ist groß genug, um durch die Gezeitenkräfte Wasser sich in so großer Menge ansammeln zu lassen, daß ein erwähnenswerter Tidenhub (Hoch- bis Tiefwassermarke) entstehen könnte. Ebbe und Flut sind im Mittelmeer praktisch unbekannt.

Das Mittelmeer kann als Wassertank betrachtet werden, der niemals voll ist. Sein durchschnittliches Niveau liegt nicht nur 10 bis 15 Zentimeter tiefer als in den Weltmeeren, sondern sinkt im östlichen Levantinischen Becken noch weiter. Wegen der starken Verdunstung wird ihm so viel Wasser entzogen, daß ein ständiger Nachstrom aus dem Atlantik stattfindet. Dieser ergießt sich auf etwa 15 Kilometer Breite und von der Oberfläche bis in über 70 m Tiefe durch die Straße von Gibraltar. Mit einer Geschwindigkeit zwischen 0,6 und 1 Meter pro Sekunde gießt der Atlantik pausenlos 38.000 Kubikkilometer Wasser ins Mittelmeer. Diese erstaunliche Menge wird einem dann klar, wenn man realisiert, daß ein Kubikkilometer allein schon eine Milliarde Kubikmeter beinhaltet!

FLORIAN GRANER

Die Düne nördlich von Helgoland, der einzigen deutschen Felseninsel in der Nordsee

Vor diesem Steg auf der Insel Rab, Kroatien, können schon beim Schnorcheln Seepferdchen gesehen werden.

Die heutigen Mittelmeerorganismen, einschließlich der in diesem Buch gezeigten Fische des Mittelmeeres, stammen - mit Ausnahme der durch den Suezkanal seit 1869 aus dem Roten Meer eingewanderten Arten - alle aus dem Atlantik. Die meisten wanderten nach dem Ende der letzten Eiszeit vor etwa 10.000 Jahren ein. Sicher sind anschließend aus diesen auch rein mediterrane Arten entstanden, die nur dort vorkommen. Der Endemismus im Mittelmeer zeigt sich aber ausschließlich auf dem Niveau der Arten und nicht in höheren systematischen Einheiten, wie Gattungen oder sogar Familien - ein deutlicher Hinweis, daß es sich hier um neuere Entwicklungen handelt. Viele Fischarten des Mittelmeeres kommen aber auch sowohl im Schwarzen Meer als auch im Ostatlantik vor. Manche davon, wie z. B. der Meerjunker *Coris julis*, bildeten im Atlantik und im Mittelmeer sogar zwei farblich verschiedene Rassen. Immer häufiger werden in den letzten Jahren früher für Mittelmeer-Endemiten gehaltene Arten auch an der portugiesischen und marokkanischen Atlantikküste entdeckt. Diese sicher im Mittelmeer entstandenen Fischarten sind durch die Straße von Gibraltar „ausgewandert" und breiten sich in den Atlantik hinein aus. Weitere Beispiele dafür sind der Rote Dreiflosser *Tripterygion tripteronotus* und der Dalmatinische Schleimfisch *Lipophrys dalmatinus*.

Das Schwarze Meer ist ein noch ausgeprägteres Binnenmeer als das Mittelmeer, mit dem es durch das Marmarameer und den 40 m tiefen Bosporus verbunden ist. Diese Verbindung ähnelt der des Mittelmeeres zum Atlantik. Umgeben von den Ländern Osteuropas und Kleinasiens, bedeckt das Schwarze Meer eine Fläche von 423.000 Quadratkilometern bei einer mittleren Tiefe von 1272 Metern. Es ist vom Süßwasserzufluß der Donau stark beeinflußt und kann deshalb mit einem riesigen Flußmündungsgebiet (Ästuar) verglichen werden. Wegen der Unterschie-

DOUG PERRINE

Ein Seiwal vor Pico, einer Azoreninsel.

de im Salzgehalt zwischen dem Oberflächen- und Tiefenwasser - und damit der Dichte - ist sein Wasserkörper stark geschichtet.

Die Ostsee ist ein junges Meer, entstanden erst vor rund 10.000 Jahren, als die Eiszeiten zuende gingen. Der gewaltige Eispanzer, der über Nordeuropa lag, wich langsam zurück, und seine Schmelzwasserfluten sammelten sich in nebeneinanderliegenden, unterschiedlich tiefen Becken. Eine Art Seenkette entstand, die vorerst keine Verbindung zum Ozean hatte. Erst nachdem der Wasserspiegel der Nordsee erheblich gestiegen war, verbanden sich beide Meere dauerhaft. Heute erstreckt sich die Ostsee über rund 370.000 Quadratkilometer und ist einmalig: Sie ist das größte Brackwassermeer weltweit. Viele primäre Süßwasserfische fühlen sich - wie in diesem Buch gezeigt - auch in der Ostsee wohl. Wie lange noch, ist eine andere Frage. Fachleute schätzen, daß in dieser Region etwa 15 % der gesamten Industrieproduktion der Erde entstehen. Dementsprechend hoch sind die Belastungen, die die Ostsee zu verkraften hat. Nährstoffreiche und auch giftige Abwässer aus Industrie, Gemeinden, von Schiffen und aus der Landwirtschaft addieren sich mit aus der Luft herabrieselnden Schadstoffen zu einem todbringenden Cocktail. Der findet sich in den Fischen wieder und ist verantwortlich dafür, daß das von Natur aus labile Gleichgewicht dieses Binnenmeeres zusehends ins Wanken gerät.

HELMUT DEBELIUS

Blick von La Gomera, Kanarische Inseln, auf den Atlantik.

ROSS ROBERTSON

Geschäftiges Treiben am Pier von Ascension.

Eine ganz andere Gefahr droht seit Jahrzehnten den europäischen Atlantikküsten: Schaut man in die Chronologie der größten Tankerunfälle in den vergangenen 25 Jahren, so findet man leicht einige Unglücksstätten auf der Karte im Vorsatz dieses Buches wieder: Aus der gestrandeten JACOB MAERSK laufen 1975 vor der portugiesischen Küste 109.000 Tonnen Rohöl in den Atlantik. Vor der südfranzösischen Küste havariert 1976 die URQUIOLA, aus der 110.000 Tonnen Rohöl auslaufen. Im März 1978 läuft vor der Bretagne die AMOCO CADIZ auf Grund, bricht auseinander und verliert 223.000 Tonnen. Aus der INDE-

SERGIO MONTANARI

Algenschleim überzieht die italienische Adria im Jahre 1989.

HELMUT DEBELIUS

Als Mahnmal zu sehen: Das Wrack der „Aegean Sea", 1992 an der galizischen Küste Spaniens vor La Coruna explodiert.

PENDENTA laufen 1979 vor der südtürkischen Küste 109.000 Tonnen aus. Beim Anlaufen des nordspanischen Hafens La Coruña im Dezember 1992 verpaßt die AEGEAN SEA die Einfahrt, setzt auf einen Felsen, explodiert und verliert 100.000 Tonnen Rohöl. Vor den Shetland-Inseln läuft die BRAER im Januar 1993 auf Klippen und verliert 85.000 Tonnen Rohöl. Es wäre ein Leichtes, weitere durch den Menschen verursachte Gefährdungen des Ostatlantiks von Norwegen bis Afrika und des Mittelmeeres aufzuführen!

Deshalb soll dieses Buch auch daran erinnern, wer in diesen Gewässern lebt. Mit unvergleichlichem Aufwand wurde besonderer Wert darauf gelegt, möglichst alle Fischarten in ihrem natürlichen Lebensraum mit Farbfotos abzubilden. Und zwar in einer Qualität, wie sie aus der Literatur bislang nicht bekannt war. Dank ungeheurer Anstrengungen einzelner Fotografen werden darüberhinaus Fische gezeigt, die noch nie unter Wasser fotografiert worden sind. Ich denke da an tieflebende Haie und Rochen oder Arten, die bislang nur wirtschaftlichen Interessen gedient haben.

Erstmals in der Literatur werden alle erreichbaren und populären Tauchgebiete des Mittelmeeres und des Ostatlantiks erfaßt. So werden nicht nur die Fische der inzwischen als Tauchziel beliebten Kapverdischen Inseln ausführlich beschrieben und illustriert, sondern auch die aus den weitaus kälteren Gewässern Mittel- und Nordeuropas. Zusätzlich wird auch ein Einblick in die Fauna der gesamten westafrikanischen Küste gegeben.

Frankfurt, im Herbst 1997 *Helmut Debelius*

Zur Klasse Knorpelfische CHONDRICHTHYES

Das Skelett von Haien, Rochen und Chimären wird aus mehr oder weniger kalkhaltigen Knorpelzellen aufgebaut. Die Wirbelsäule, die sich vom Kopf bis zur oberen Schwanzflossenspitze erstreckt, besteht - je nach Art - aus 60 bis 420 Wirbelkörpern. Alle Flossen sind durch Knorpelstützgürtel verankert. Die der Fortbewegung dienende Seitenrumpfmuskulatur ist durch bindegewebige Scheidewände fest mit der Wirbelsäule verbunden und reicht vom Schädel bis zur Schwanzflosse. Separate Muskelgruppen konzentrieren sich auf Kiefer und Brustflossen. Früheste Funde heute noch lebender Haie sind fossile Zähne des Makohais (etwa 100 Mill. Jahre alt) und des Weißen Hais (etwa 65 Mill. Jahre alt): Seit Beginn des Tertiärs, der Periode gewaltiger Gebirgsauffaltungen (Alpen, Himalaya, Anden), schwimmen also Vertreter rezenter Haie fast unverändert durch die Evolution! Wie bescheiden klingen im Vergleich die 120.000 Jahre, als sich der Vormensch zum *Homo erectus* aufrichtete.

Knorpelfische sind Fleischfresser, und obwohl viele gerade das fressen, was sie bekommen können, gibt es Arten, die Vorlieben haben. So verzehren Blauhaie fast ausschließlich Cephalopoden (Kalmare), Ammenhaie auch Seeigel, Hammerhaie allzugern Stechrochen, Adler- und Kuhnasenrochen dagegen überwiegend Muscheln. Allerdings hängt das Jagdverhalten auch vom Alter des Jägers ab: Kleine Tigerhaie ernähren sich meist von Seeschlangen, während große Exemplare Schildkröten angreifen. Junge Adlerrochen suchen Muscheln direkt unter dem Sediment, während Alttiere mit ihrem ausgeprägten Kopf im tiefen Sand graben. Die Gitarrenrochen sowie Stech- und Adlerrochen haben ein spezielles Malmgebiß entwickelt, um Panzer und Gehäuse von Krabben, Schnecken und Seeigeln zu knacken.

In diesem Buch wird insbesondere Wert darauf gelegt, Knorpelfische ausführlich mit UW-Fotos darzustellen, sofern sie im Ostatlantik einschließlich des Mittelmeeres vorkommen. Und zwar nicht nur augenfällige Arten wie den Walhai oder den Mantarochen, sondern auch bodengebundene, teilweise versteckt lebende Arten, die meines Wissens noch nie im Foto illustriert in der Bestimmungsliteratur zu finden waren.

Ein Paar *Mobula tarapacana,* siehe auch Seite 14 ►

Mobula mobular Nördliche Sporaden, Griechenland

Mobula mobular Toskanischer Archipel, Italien

Mittelmeer-Mobula

Mediterranean mobula

Breite: Bis 500 cm. Größte Art der Gattung *Mobula*. Wegen des unproportioniert langen Schwanzes ist die Gesamtlänge größe als die Breite.
Verbreitung: Gesamtes Mittelmeer mit Nachweisen aus der Levante, Ägäis, Ionisches Meer, Ligurischem Meer. Verbreitung westlich Gibraltars unbekannt. Diese Art wurde oft mit *Mobula japanica* verwechselt, die eine weit größere Verbreitung in tropischen und warm gemäßigten Meeren hat, einschließlich Elfenbeinküste und möglicherweise bis zu den Azoren.
Tiefe: 1 - 20 m.
Allgemein: Trotz zahlreicher kleiner Zähne in den Kiefern sind alle Mitglieder der Familie Filtrierer. *Mobula*-Teufelsrochen haben einen relativ schmaleren Kopf als Mantas. Ihre Maximalbreite bleibt unter der von Mantas. Der Unterrand der Kopflappen überlappt niemals den Oberrand, wenn diese eingerollt werden. Alle Mobulas sind ovovivipar. Ein 340 cm Weibchen von *Mobula mobular* aus dem Tyrrhenischen Meer vor Italien gebar ein männliches Jungtier von 166 cm Breite und 35 kg Gewicht.

Mobula tarapacana Kapverden

Sichelflossen-Mobula

Sicklefin mobula

B: Bis 305 cm. V: Atlantik.
T: 1 - 20 m. A: Im Gegensatz zum Manta hat *M. tarapacana* ein unterständiges Maul und Zähne in beiden Kiefern, siehe S. 13 (♀ vorn, ♂ hinten) und Foto unten. Viel scheuer als ein Manta. Der westafrikanische *Mobula coilloti.* ist ein Synonym.

TEUFELSROCHEN MOBULIDAE

Manta

Manta ray

B: Bis 400, max. 670 cm. V: Zirkumtropisch. T: 1 - 40 m. A: Der größte Rochen, pelagisch, aber oft in der Nähe von Riffen bei der Jagd nach Plankton zu beobachten, das von den breiten, fleischigen Kopfflossen ins enorme Maul gelenkt wird. Mantas fressen nahe der Oberfläche, wo sich Plankton angesammelt hat. Dabei schlagen sie Purzelbäume und durchstoßen die Oberfläche; Sprünge könnten jedoch auch Spielverhalten sein. Auf dem unteren Bild von Madeira sieht man, wie Taucher die friedfertige Natur dieser Riesen nutzen, um durchs offene Wasser zu reiten.

Manta birostris **Kanaren**

ADLERROCHEN MYLIOBATIDAE

Entenschnabelrochen

Duckbill ray

Breite: Bis 152 cm.
Verbreitung: Mittelmeer. Portugal bis Südafrika. Madeira, Kanaren.
Tiefe: 1 - 100 m.
Allgemein: Die Art kann leicht an ihrem Farbmuster erkannt werden. Anders als die pelagischen Filtrierer der Familie Mobulidae fressen Adlerrochen Mollusken, Krebse und Tintenfische, die sie mit ihrem „Entenschnabel“ aus dem Substrat graben (siehe Foto unten).

Pteromylaeus bovinus **Kanaren**

Myliobatis aquila **Korsika, Frankreich**

Myliobatis aquila **Côte d'Azur, Frankreich**

Myliobatis aquila **Madeira**

Mittelmeer-Adlerrochen

Common eagle ray

Breite: Bis 183 cm.
Verbreitung: Mittelmeer und nordöstlicher Atlantik von den Azoren und Madeira bis zum Kanal, selten in Nordsee und Biskaya. Kanaren und Mauretanien bis Senegal und Namibia.
Tiefe: 1 - 200 m.
Allgemein: Taucher begegnen dem häufigsten Adlerrochen unseres Gebiets oft, besonders im Mittelmeer. *Myliobatis aquila* ist regelmäßig auf den Fischmärkten der Adria und Tunesiens zu finden, wo die Brustflossen frisch verkauft werden. Die Fischer kennen den kräftigen, widerhakenbewehrten Schwanzstachel, der ernste Verletzungen verursachen kann, während man Stechrochen aus dem Netz holt. Männchen werden mit 40 cm, Weibchen mit 60 cm Breite geschlechtsreif. 5 - 7 Junge pro Wurf.
Die Kopulation der Adlerrochen wurde beobachtet: Das Männchen beißt sich an der Brustflosse des Weibchens fest und gleitet dann unter sie, Bauch an Bauch, um einen seiner Klasper einzuführen. Das geschieht entweder im offenen Wasser während des Schwimmens, oder auf dem Grund und dauert etwa 30 bis 90 Sekunden. Ein Weibchen kann sich nacheinander mit mehreren Männchen paaren.
Myliobatis aquila lebt küstennah meist über Weichböden, auch in Lagunen und Ästuaren, und frißt Mollusken, Würmer, Krebse und Tintenfische, die er ausgräbt oder aufstöbert. Knochenfische wie Meerbarben und Lippfische werden von dieser Aktivität angelockt und folgen Adlerrochen als Kommensalen, die von den ausgegrabenen Wirbellosen profitieren. Adlerrochen haben regelrechte Zahnpflaster in jedem Kiefer, mit deren Hilfe sie ihre hartschalige Beute knacken.

ADLERROCHEN MYLIOBATIDAE

Gefleckter Adlerrochen

Spotted eagle ray

B: Bis 250 cm. V: Kapverden bis Südafrika. W-Atlantik. T: 1 - 40 m. A: Mit sehr langem Schwanz, fast 5 m Gesamtlänge von Körperscheibe und Schwanz wurden berichtet. Von oben leicht zu erkennen an seinen zahlreichen, kleinen weißen Flecken (siehe Foto unten).

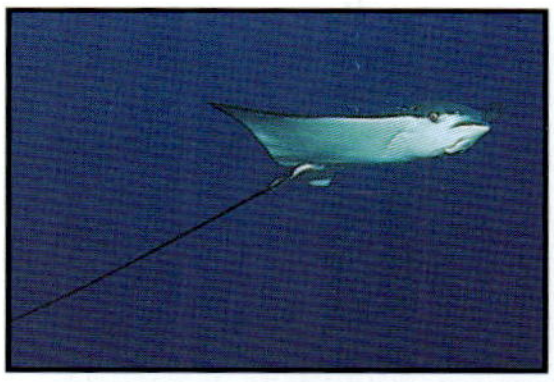

Aetobatus narinari Kapverden

KUHNASENROCHEN RHINOPTERIDAE

Atlantischer Kuhnasenrochen

Atlantic cownose ray

B: Bis 213 cm. V: Mauretanien, Senegal, Guinea. Westatlantik. T: 1 - 60 m. A: Diese altbekannte und weitverbreitete atlantische Art ernährt sich von Muscheln, großen Schnecken, Langusten und Krabben. Durch Wedeln mit den Brustflossen wirbelt der Rochen die Tiere vom Boden auf. Die harten Schalen dieser Tiere werden zwischen den kräftigen Zahnplatten zermalmt und ausgespuckt. Die Weibchen versammeln sich zum Gebären in seichten Mangrovengebieten, wo pro Wurf 2 - 6 Junge geboren werden. Synonym *R. marginata.*

Rhinoptera bonasus Senegal

Dasyatis marmorata **Namibia**

Blauer Stechrochen

Blue Stingray

Breite: Bis 75 cm.
Verbreitung: Östliches Mittelmeer. Mauretanien bis Südafrika.
Tiefe: 1 - 100 m.
Allgemein: Alle Mitglieder der Familie haben keine Rückenflosse im Gegensatz zu den oben gezeigten Arten. Häufig in der Brandungszone, auf Sandstränden im Flachwasser. Wandert im Sommer strandwärts, im Winter meerwärts. Diese für den UW-Fotografen attraktive Art frißt Schwimmkrabben, Garnelen, Mantis-Krebse und Amphipoden, auch Eichelwürmer und kleine Fische. Wird oft von Stranganglern gefangen.

Dasyatis centroura **Kanaren**

Rauhschwanz-Stechrochen

Roughtail stingray

Breite: Bis 210 cm.
Verbreitung: Mittelmeer. Kanaren, Kapverden, von der Biskaya südwärts bis Angola.
Tiefe: 15 - 200 m.
Allgemein: Diese Art lebt nicht nur im Meer, sondern auch in den Ästuaren und Flüssen Westafrikas. Ihr Schwanz ist von stacheligen Hautzähnen bedeckt, daher der Name. Sie frißt Knochenfische, Krebse, Tintenfische und Haie. Einmal pro Jahr 2 - 4 Junge.

PEITSCHENSCHWANZ-STECHROCHEN DASYATIDAE

Gewöhnlicher Stechrochen

Common stingray

B: Bis 140 cm. V: Schwarzes Meer, Mittelmeer, Nordsee, Biskaya bis Azoren, Madeira, Kanaren, Kapverden, Mauretanien bis Südafrika. T: 1 - 200 m. A: Teufels-, Adler-, Kuhnasen- und Peitschenschwanz-Stechrochen haben einen oder mehrere widerhakenbesetzte Stachel nahe der Schwanzwurzel. Diese Stachel sind umgewandelte Hautzähne und werden nur zur Verteidigung eingesetzt. Bei einigen Arten haben Wissenschaftler Giftdrüsengewebe an den Stacheln nachgewiesen.
Der Gemeine Stechrochen ist der häufigste Rochen in unserem Gebiet. Er lebt sowohl über Sand- als auch Felsgrund und frißt im Sand eingegrabene Knochenfische, Krebse, Tintenfische und Muscheln. Wie alle Stechrochen gräbt er sich ein, indem er Sand auf seinen Rücken schaufelt, wie im kleinen Foto unten zu sehen.

Dasyatis pastinaca **Kanaren**

Dasyatis pastinaca **Kanaren**

Pelagischer Stechrochen

Pelagic stingray

B: Bis 80 cm.V: Mittelmeer. Gemäßigter und tropischer Atlantik bis Südafrika. T: 12 - 200 m. A: *D. violacea* ist einzigartig unter seinen Verwandten: Er lebt pelagisch im offenen Meer und wird daher nur gelegentlich an Langleinen gefangen. Aber wie auf dem Foto rechts zu sehen ist, können Taucher ihm auch am Boden ruhend begegnen. Die Herkunft der Verletzungen an diesem Exemplar ist unbekannt, sie könnten aber die Ursache für das küstennahe Vorkommen sein.

Dasyatis violacea **Kapverden**

Himantura uarnak Zypern

Leopard-Stechrochen

Honeycomb stingray

Breite: Bis 150 cm.
Verbreitung: Östliches Mittelmeer.
Tiefe: 3 - 175 m.
Allgemein: Neuzeitlicher Einwanderer aus dem Roten Meer. Eine von vielen Arten der „Lesseps'schen Immigranten“, wie man die durch den Suez-Kanal ins Levantinische Meer eingedrungenen Fische nennt. Der Schwanz dieses auffälligen Tieres ist länger als die Körperscheibe. Körper- und Schwanzoberseite der Erwachsenen stark ornamentiert: Blaß bis gelb, mit deutlicher, dunkelbrauner Netzzeichnung.

Taeniura grabata Madeira

Runder Stechrochen

Round stingray

Breite: Bis 100 cm.
Verbreitung: Mittelmeer: Golf von Gabes bis Levantinisches Meer. Madeira, Kanaren, Kapverden, und von Mauretanien bis Angola.
Tiefe: 30 - 100 m.
Allgemein: Dieser weitverbreitete Stechrochen ist aus dem Atlantik und dem Indischen Ozean einschließlich des Roten Meeres gut bekannt. Da die Art im südöstlichen Mittelmeer nur selten und im westlichen gar nicht auftritt, spricht ihre Verbreitung für ein Einwandern aus dem Roten Meer.

Urogymnus asperrimus Senegal

Igelrochen

Porcupine ray

Breite: Bis 100 cm.
Verbreitung: Senegal bis Elfenbeinküste.
Tiefe: 1 - 30 m.
Allgemein: Eine deutlich unterscheidbare Rochenart aufgrund ihres ovalen und sehr gerundeten Umrisses und die dornenartigen Hautzähne auf dem Rücken. Ein Schwanzstachel fehlt. Lebt auf seichtem Sandboden, dem sie sich farblich anpaßt, oder über dem Korallenbruch der Küsten- und Innenriffe.

Geflügelter Falterrochen

Widewing butterfly ray

Breite: Bis 210 cm, meist etwa 100 cm.
Verbreitung: Mittelmeer. Schwarzes Meer, Atlantikküste von Madeira und Marokko bis Nord-Portugal, südwärts zu den Kanaren und Angola. West-Atlantik: Massachusetts südwärts bis zum La Plata, Argentinien.
Tiefe: 10 - 70 m.
Allgemein: Diese Art erinnert mit außergewöhnlich großer Brustflossen-Spannweite an einen Schmetterling. Ihr Schwanz ist nur kurz und trägt zwei Stacheln. Dieser Falterrochen frißt Fische, Krebse und Mollusken auf Sand- und Weichböden. Ovovivipar mit 4 - 7 Jungen nach einer Entwicklungszeit von etwa 6 Monaten. Die Ungeborenen besitzen bereits Stacheln. Es wurde berichtet, daß die Art nach dem Fang an Deck laut grunzt, indem sie Luft ausstößt.

Gymnura altavela **Costa del Sol, Spanien**

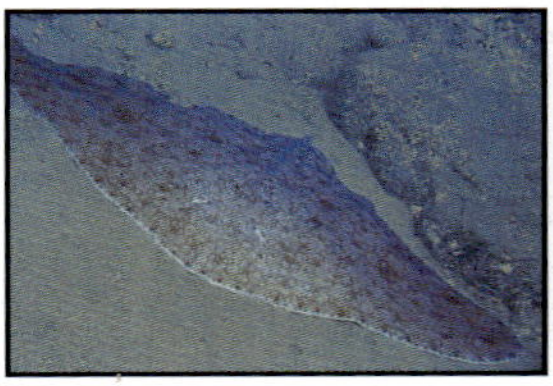

Gymnura altavela **Madeira**

Glatter Falterrochen

Smooth butterfly ray

Breite: Bis 120 cm, meist etwa 60 - 90 cm.
Verbreitung: Von Neu-England südwärts bis Brasilien.
Tiefe: 1 - 20 m.
Allgemein: Im Gegensatz zu G. altavela trägt diese Art keine Stachel, daher der Populärname. Dieser seltene Falterrochen hat zahlreiche dunkle Flecken und Markierungen, seine Unterseite ist blass gefärbt. Er verläßt sich auf seine Tarnfarben und liegt so lange bewegungslos da, bis sich ein Taucher zu sehr nähert.

Gymnura micrura **Westatlantik**

Raja batis Moray Firth, Schottland

Glattrochen

Common skate

Breite: Bis 250 cm, Männchen kleiner.
Verbreitung: Westliches Mittelmeer. Nord-Marokko nordwärts bis Island, Nordsee und westliche Ostsee.
Tiefe: 10 - 600 m.
Allgemein: Eine häufige Art, die wirtschaftlich genutzt wird. Frißt alle Arten von Bodentieren. Die Mitglieder dieser Familie sind ovipar und legen rechteckige Eikapseln am Grund ab.

Raja brachyura Kanaren

Kurzschwanzrochen

Blonde ray

Länge: Bis 120 cm.
Verbreitung: Westliches Mittelmeer. Atlantikküste von Madeira und Marokko nordwärts zu den Shetland Inseln. Das Foto stammt von einer weiteren Lokalität, den Kanarischen Inseln.
Tiefe: 1 - 100 m.
Allgemein: Frißt allerlei sandbodengebundenen Tiere. Der englische Populärname „Blondrochen" bezieht sich auf die uniform ockerfarbene Oberseite, die zahlreiche kleine dunkle Punkte trägt, die bis zum äußersten Rand der Körperscheibe reichen (nicht so bei dem ähnlich gefärbten *R. montagui*).

Raja clavata Bantry Bay, Irland

Nagelrochen

Thornback ray

Länge: Bis 90 cm.
Verbreitung: Gesamtes Mittelmeer, westliches Schwarzes Meer. Atlantikküste von Madeira bis Marokko und Südafrika.Nördlich bis Irland und Norwegen, Nordsee und westliche Ostsee.
Tiefe: 1 - 300 m.
Allgemein: In den meisten Gebieten häufig, wirtschaftlich wichtig in Nordwest-Europa und im Mittelmeergebiet. Frißt diverse Bodentiere, bevorzugt Krebse. Große Weibchen legen bis zu 150 Eikapseln pro Jahr!

Fensterrochen

Clearnose skate

Länge: Bis 85 cm, meist bis 65 cm.
Verbreitung: Von Neu-Schottland südwärts bis Florida. Möglicherweise bei Island.
Tiefe: 1 - 100 m.
Allgemein: Frißt Fische, Tintenfische, Krabben und Garnelen. Das Foto zeigt ein regelmäßig gepunktetes, junges Tier. Adulte haben ein unregelmäßigeres Muster aus Flecken und Streifen.

Raja eglanteria **Nova Scotia**

Madeira-Rochen

Madeira skate

Länge: Bis 80 cm.
Verbreitung: Nur von Madeira und den Azoren bekannt.
Tiefe: 1 - 150 m.
Allgemein: Eine recht häufige Art, aber mit nur wenigen gesicherten Nachweisen. Frißt alle möglichen Benthos-Tiere. Anscheinend ein naher Verwandter von *Raja clavata*.

Raja maderensis **Azoren**

Augenfleckrochen

Twineye skate

Länge: Bis 60 cm.
Verbreitung: Gesamtes Mittelmeer. Atlantikküste von Madeira und Marokko nordwärts bis Portugal und südlich bis Südafrika.
Tiefe: 1 - 300 m.
Allgemein: Leicht an den beiden Augenflecken auf der Oberseite zu erkennen. Eine häufige und kommerziell genutzte Art.

Raja miraletus **Adria, Kroatien**

Raja montagui **Galizien, Spanien**

Montagus Rochen

Spotted skate

L: Bis 80 cm. V: Westliches Mittelmeer. Shetland Inseln bis Marokko. Südliche Nordsee und westliche Ostsee. T: 1 - 100 m. A:. Körperscheibe oben mit zahlreichen großen dunklen Rundflecken, die nicht bis zum Scheibenrand reichen (anders als bei *R. brachyura,* s.o.)

Raja radiata **Lofoten, Norwegen**

Sternrochen

Starry skate

Länge: Bis 60 cm in mittleren Tiefen, bis 90 cm in größeren Tiefen lebend.
Verbreitung: Gesamter Nordostatlantik südlich bis zum Kanal, Nordsee, westliche Ostsee.
Tiefe: 30 - 1000 m, meist 50 - 100 m.
Allgemein: Auf allen Bodentypen. Häufig, wird zahlreich angelandet. Frißt allerlei Bodentierarten. Die leeren, vierzipfeligen Kapseln, aus denen die Jungen geschlüpft sind, werden manchmal angespült und im englischen Sprachraum „Meerjungfrauen-Portemonnaies" genannt.

Raja undulata **Galizien, Spanien**

Wellenfleckrochen

Undulate skate

Länge: Bis 100 cm.
Verbreitung: Westliches Mittelmeer, hauptsächlich an der afrikanischen Küste. Von Südirland bis Mauretanien (nicht bekannt von den Kanaren).
Tiefe: 30 - 200 m.
Allgemein: Dieser attraktiv gemusterte Rochen lebt vornehmlich auf Weich- und Sandböden und frißt alle Arten von bodengebundenen Tieren. Die Eier werden hauptsächlich von März bis September gelegt. Diese Art wird häufig in Schauaquarien gezeigt (siehe Seite 184).

Atlantischer Zitterrochen

Atlantic torpedo ray

Länge: Bis 180 cm, meist 60 - 80 cm.
Verbreitung: Gesamtes Mittelmeer, nicht im Schwarzen Meer. Atlantik nördlich bis Schottland, selten in der Nordsee, südwärts bis Südafrika.
Tiefe: 10 - 460 m.
Allgemein: Jungtiere leben benthisch auf Weichböden von 10 bis 150 m, ausnahmsweise bis 350 m. Adulte sind häufig pelagisch oder semi-pelagisch; sie schwimmen einzeln und wandern offensichtlich über große Distanzen. Diese große Zitterrochenart frißt hauptsächlich teils recht stattliche Fische, die mit den enormen, runden Brustflossen umhüllt und anschließend mit Elektroschocks betäubt werden. Die elektrische Entladung kann bis zu mindestens 230 Volt Spannung bei einem Strom von mehrere Ampere betragen. Sie wird von zwei nierenförmigen Organen aus abgewandeltem Muskelgewebe erzeugt, die beiderseits des Kopfes in den Brustflossen liegen, ein Merkmal aller elektrischen Rochen. Zitterrochen sind ovovivipar, große Weibchen gebären bis zu 60 lebende Junge nach etwa einem Jahr Tragzeit.

Torpedo nobiliana **Kanaren**

Torpedo nobiliana **Adria, Italien**

Gewöhnlicher Zitterrochen

Common torpedo ray

Länge: Bis 60 cm, meist 30 - 40 cm.
Verbreitung: Gesamtes Mittelmeer, hauptsächlich an der nordafrikanischen Küste. Im Atlantik von der Biskaya bis Angola. In warmen Gewässern am häufigsten.
Tiefe: 30 - 70 m.
Allgemein: Leicht an den fünf (manchmal weniger) großen, im Zentrum blauen Augenflecken auf dem Rücken zu erkennen, aber kaum von Tauchern gesichtet. Bewohnt Sandböden des Kontinentalschelfs und frißt kleine Fische aber auch bodenlebende Wirbellose.

Torpedo torpedo **Costa Calida, Spanien**

Torpedo marmorata Costa Brava, Spanien

Marmorzitterrochen

Marbled torpedo ray

L: Bis 60 cm. V: Mittelmeer. Nordsee bis Südafrika. T: 20 - 100 m. A: Weit verbreitet, lebt benthisch auf Weich- und Hartböden. Wie auf den Fotos zu sehen, ist die Färbung der Rückens sehr variabel: Meist ist es eine helle Marmorierung auf braunem Hintergrund.

Torpedo bauchotae Elfenbeinküste

Bauchots Zitterrochen

Bauchot's torpedo ray

Länge: Bis 25 cm.
Verbreitung: Senegal bis Elfenbeinküste, Westafrika.
Tiefe: 5 - 60 m.
Allgemein: Dieser Zitterrochen zeigt ein sehr lebhaftes Farbmuster mit zahlreichen Augenflecken. Er lebt küstennah auf Sand- und Schlammgrund. Seine Nahrung besteht hauptsächlich aus kleinen bodenlebenden Fischen. Der Reproduktionsmodus ist ovovivipar. Man kennt von dieser seltenen Art nur wenige Museumsexemplare.

Torpedo mackayana Elfenbeinküste

Mackays Zitterrochen

Mackay's torpedo ray

Länge: Bis 40 cm.
Verbreitung: Senegal bis Angola, Westafrika.
Tiefe: 5 - 150 m, meist zwischen 25 und 70 m.
Allgemein: Die Art lebt küstennah auf Sandgrund, aber auch über Schlammflächen nahe Ästuaren und fühlt sich auch im Brackwasser wohl. *Torpedo mackayana* ernährt sich hauptsächlich von kleinen Fischen. Wie alle Zitterrochen vermehrt er sich ovovivipar.

Ringel-Gitarrenrochen

Ringed Guitarfish

Länge: Bis 140 cm, meist bis 80 cm.
Verbreitung: Namibia bis Südafrika.
Tiefe: 1 - 70 m.
Allgemein: Eine häufige Küstenart, die auch in Ästuare eindringt. Sie frißt kleine, im Sand lebende Wirbellose wie Krebse, Muscheln, Borstenwürmer und auch kleine Knochenfische.
Gitarrenrochen sehen mit ihrem abgeplatteten Körper und haiartigen Schwanz wie eine Mischung aus Rochen und Haien aus. Die Arten der Familie Rhinobatidae werden in zwei Gattungen gestellt. Obwohl beide den gitarrenförmigen Körperumriß haben, besitzen *Rhinobatos*-Arten keinen unteren Schwanzflossenlappen im Gegensatz zur Gattung *Rhynchobatus* (siehe nächste Seite).
Gitarrenrochen sind ovovivipar und haben 4 - 15 Junge. Sie sind wenig aktiv und schwimmen mit seitlichen Schwanzschlägen ähnlich den Haien langsam dicht über dem Boden oder ruhen teilweise eingegraben im Sand oder Schlamm.

Rhinobatos annulatus **Namibia**

Irvins Gitarrenrochen

Irvine's guitarfish

Länge: Bis 100 cm, meist 50 - 80 cm.
Verbreitung: Senegal bis Angola.
Tiefe: 20 - 50 m, ein Nachweis aus 110 m.
Allgemein: Die Art lebt küstennah auf Sand- und Schlammgrund. Soweit bekannt ist, dringt sie nicht in Ästuare und Mangrovengebiete ein. Dieser seltene Gitarrenrochen ist ovovivipar und ernährt sich von Wirbellosen (Garnelen, Krabben, Mollusken).

Rhinobatos irvinei **Elfenbeinküste**

GITARRENROCHEN RHINOBATIDAE

Rhinobatos rhinobatos **Galizien, Spanien**

Gewöhnlicher Gitarrenrochen

Common guitarfish

Länge: Bis 100 cm, selten mehr.
Verbreitung: Mittelmeer. Atlantikküste von der südlichen Biskaya bis Angola.
Tiefe: 1 - 100 m.
Allgemein: Dieser weit verbreitete, aber von Tauchern im Mittelmeer selten gesichtete Gitarrenrochen frißt benthische Wirbellose und Fische. Die Weibchen bekommen ein- oder zweimal im Jahr 4 - 10 Junge. Der Gewöhnliche Gitarrenrochen wird lokal frisch vermarktet, vor allem in afrikanischen Anrainerstaaten.

Rhynchobatus lübberti **Senegal**

Lübberts Gitarrenrochen

Lübbert's guitarfish

Länge: Bis 300 cm, meist bis 150 cm.
Verbreitung: Senegal bis Kongo, Westafrika.
Tiefe: 1 - 35 m.
Allgemein: Im Gegensatz zu den oben gezeigten Gitarrenrochen trägt diese Art eine haiartige Schwanzflosse mit Ober- und Unterlappen. Wie alle anderen Arten ihrer Gattung ist sie dabei zu beobachten, wie sie auch einige Meter über den Bodengrund umherschwimmt. Sie lebt mehr oder weniger stationär in flachen Küstengewässern.

SAWFISHES PRISTIDAE

Pristis pectinata **Westatlantik**

Schmalzahn Sägerochen

Wide sawfish

L: Bis 600 cm, meist 300 cm. V: Marokko südwärts bis Südafrika. T: 1 - 15 m. A: Die „Säge“ (das Rostrum) ist mit 24 - 34 Paar Seitenzähnen bewehrt und wird benutzt, um durch Hin- und Herschlagen in dichten Schulen kleiner Fische Beute zu machen. Das bezahnte Rostrum wird auch zur Selbstverteidigung effektiv eingesetzt, wie Wunden an gefangenen Haien beweisen. Schwangere Weibchen sind vor den „Sägen“ der Föten geschützt, da diese von einer schützenden Membran eingehüllt sind. Auch ist die „Säge“ bis zur Geburt flexibel, bald danach erhärtet sie.

TREIBNETZ-TRAGÖDIE

Millionen von Haien werden jährlich als Beifang in der ozeanischen Fischerei mit Treibnetzen, Langleinen und Ringwadennetzen auf Thune und Schwertfische gefangen. Ein Beispiel aus Spaniens Fischerei auf Schwertfisch im NO-Atlantik und im Mittelmeer: während 12 Monaten ab Juli 1991 landeten die spanischen Fänger 51.205 Fische an, von denen 9.990 Schwertfische, aber 40.198 Haie waren, der Rest andere Knochenfische!

ELEONORA DE SABATA

HOWARD HALL

Ihm und seinem delikatem Fleisch gilt der Aufwand, dem Schwertfisch *Xiphias gladius*. Er liebt die gemäßigt temperierten Gewässer des Mittelmeeres, des Schwarzen Meeres sowie des Nordostatlantiks. Der „Pez espada", wie ihn die Spanier nennen, ist ein ausgesprochener Hochseefisch. Ein Einzelgänger, den schon mancher unbedarfte Seemann mit einem Hai verwechselt hat. Der Schwertfisch schwimmt bei seinen Wanderungen oft dicht unter der Oberfläche. Dabei ragen seine markante Rückenflosse und der obere Schwanzlappen aus dem Wasser heraus. Der Fisch hat einen torpedoförmigen Körper mit einem Schwertfortsatz am Oberkiefer, der bis zu einem Drittel der Gesamtlänge ausmacht. Zur Nahrungssuche taucht der imposante Meeresbewohner bis zu 800 Meter tief, um Schwarmfische zu jagen. Im Schwarm schlägt er mit dem Schwert heftig um sich und ver-speist danach die erlegte Beute.

HOWARD HALL

HOWARD HALL

Mit monströsen Nylonschleppen, die wie Todeszäune in die Meere gesenkt werden, fegen die Fangflotten nicht nur im Atlantik und im Mittelmeer riesige Meeresregionen leer. Allein im Nordpazifik kreuzen rund 1000 Fischtrawler aus Japan, Taiwan und Südkorea, die allnächtlich 50000 km Treibnetze auswerfen. Oft operieren die Schiffe im Verband und legen die Netze im Rechteck aus - eine massenvernichtende Fangpraxis, die erst vor wenigen Jahren aufkam. Die enorm verschwenderische Treibnetzmethode gefährdet inzwischen auch die Lebensräume von Haien und freischwimmenden Rochen (Mantas, Adlerrochen), denn in vielen Gebieten treiben sogenannte Geisternetze durchs Meer - verlorengegangenen Treibnetze, die an ihren Schwimmern hängen und erst untergehen, wenn das Gewicht der darin gefangenen Tiere sie in die Tiefe zieht. Wenn die Beute verwest ist, tauchen sie wieder auf, und der Kreislauf beginnt von neuem.

Der Anteil noch nicht geschlechtsreifer Tiere unter den Haien liegt hoch, die überwiegend Blauhaie *(Prionace glauca)* waren, aber auch Hammerhaie *(Sphyrna lewini)* und Fuchshaie *(Alopias vulpinus* und *A. superciliosus)* in größerer Zahl. Früher warf man sie als unerwünschten und nutzlosen Beifang zurück, und viele Haie überlebten. Heute schneidet man ihnen in jedem Falle die profitablen Flossen ab, und die amputierten Haie verenden erbärmlich.

HOWARD HALL

Hexanchus griseus Ostpazifik

Großer Sechskiemenhai

Bluntnose sixgill shark

L: Bis 480 cm. V: Alle tropischen und gemäßigten Meere. In unserem Gebiet im Mittelmeer und von Norwegen bis Südafrika. T: 25 - 1000 m.
A: Eine träge Tiefwasserart, der Taucher nachts gelegentlich in geringerer Tiefe begegnen können. Die Färbung ist grau bis braun. Der Sechskiemenhai hat nur eine, weit hinten sitzende Rückenflosse; charakteristisch sind 6 Paar Kiemen. Er frißt andere Haie, Tintenfische und Krebse. Diese Art ist lokal häufig und wird regelmäßig frisch, gefroren, gebraten oder gepökelt zum Verzehr vermarktet. Sie wird an Langleinen, in Kiemen- und Schleppnetzen und Fallen gefangen. *Hexanchus griseus* ist ein häufiger Gast an Tiefseeforschungs-Fotofallen, zu denen er mit totem Fisch als Köder gelockt wird.
Die ovoviviparen Weibchen werden mit 450 cm Länge geschlechtsreif, die Männchen mit 360 cm. Die Anzahl der Jungen ist außergewöhnlich groß, bisher bekanntes Maximum: 108!

Notorynchus cepedianus Südafrika

Gefleckter Siebenkiemenhai

Spotted sevengill shark

Länge: Bis 300 cm. Verbreitung: Weit verbreitet, hauptsächlich in gemäßigten Meeren. In unserem Gebiet von Namibia bis Südafrika. Tiefe: 1 - 80 m. Allgemein: Im Gegensatz zur vorigen Art ist der Siebenkiemenhai ein kraftvoller Flachwasserräuber ohne Futterpräferenzen: Er frißt andere Haie, Rochen, Knochenfische und Aas. Provoziert ist er aggressiv und potentiell für Taucher gefährlich. In Gefangenschaft hat er sogar Taucher attackiert. Wie auf dem unteren Bild zu sehen, hat *N. cepedianus* sieben Paar Kiemenschlitze, ein stammesgeschichtlich altes Merkmal bei Haien.

Plätzchenstecher-Leuchthai

Cookiecutter shark

Länge: Bis 50 cm.
Verbreitung: Ozeanisch und zirkumtropisch. In unserem Gebiet von den Kapverden bis Südafrika einschließlich der Inseln St. Helena und Ascension.
Tiefe: 0 - 3000 m.
Allgemein: Die gesamte Bauchseite dieses eigenartigen Hais mit Ausnahme der Flossen und eines dunklen Halsbandes leuchtet. Trotz seiner geringen Größe attackiert der pelagische Räuber große Thunfische, Schwertfische, Wale und Delphine: Er presst seine fleischigen, saugnapfartigen Lippen und die großen Zähne gegen die Haut der Beute und schneidet in einer Drehbewegung ein „Fleischplätzchen" heraus. Dieses Vorgehen und führte zum Populärnamen. Die Spuren dieses einzigartigen Freßverhaltens findet man leicht auf Fischmärkten, wo oben genannte Beutetiere angelandet werden.
Ein noch kleinerer Verwandter, *Euprotomicrus bispinatus* (siehe Foto unten), mag sich genauso ernähren, frißt aber auch Tinten, Knochenfische und Krebse.

Isistius brasiliensis Ostatlantik

Samtbauch-Leuchthai

Velvet belly

Länge : Bis 60 cm.
Verbreitung : Mittelmeer. Von Norwegen bis Südafrika.
Tiefe : 70 - 2000 m, meist um 300 m.
Allgemein : Die Bilder zeigen die ersten UW-Fotos im natürlichen Habitat bei einem Nachttauchgang in 80 m Tiefe(!).

Etmopterus spinax Sognefjord, Norwegen

DORNHAIE SQUALIDAE

Dornhai

Spurdog

Länge: Bis 120 cm, Männchen 60 - 90 cm, Weibchen 75 - 120 cm.
Verbreitung: Mittelmeer und Schwarzes Meer. Im Atlantik von Norwegen bis Mauretanien einschließlich der Azoren, Madeiras und der Kanaren. Selten in der Ostsee. Auch Westküste Südafrikas.
Tiefe: 5 - 900 m.
Allgemein: Vielleicht der häufigste lebende Hai, der kommerzielle Fischereien in der Größenordnung von denen auf Knochenfische unterhält. Wohl auch der am besten untersuchte Hai. Eine träge Art, die oft in riesigen Schulen wandert. Normalerweise in tieferem Wasser lebend, findet man den Dornhai auch - wie die Fotos zeigen - im Flachwasser und sogar in Ästuaren. Er frißt Knochenfische, Tintenfische und benthische Wirbellose. Das ovovivipare Weibchen bekommt nur alle zwei Jahre 2 - 10 Junge; das bedeutet eine Tragzeit von bis zu 22 Monaten!

Squalus acanthias **Sognefjord, Norwegen**

ENGELHAIE SQUATINIDAE

Gewöhnlicher Engelhai

Common angelshark

L: Bis 180 cm. V: Mittelmeer und Schwarzes Meer. Westliche Ostsee, Norwegen bis Marokko. T: 1-150 m. A: Ein Bodenbewohner, der eingegraben seiner Beute (Fische, Mollusken) auflauert. Nachts ist der Engelhai aktiv und entfernt sich vom Boden, tags liegt er träge darauf. Taucher, die diesen Hai am Schwanz gezogen hatten, wurden gebissen!

Squatina squatina **Kanaren**

WALHAIE — RHINCODONTIDAE

Walhai
Whale shark

L: Bis 1200 cm, meist bis 700 cm. V: Kosmopolitisch in allen Meeren, in unserem Gebiet von den Küsten Senegals, Mauretaniens und Südafrikas nachgewiesen. T: Oberfläche bis 130 m. A: Der Welt größter Fisch ist ein harmloser Planktonfresser, lebt prinzipiell ozeanisch, schwimmt aber auf Nahrungssuche oft in der Nähe von Riffen. Ein in Farbmuster und Körperform einmaliger Hai mit endständigem und sehr breitem Maul. Der ozeanische Wanderer wird meist einzeln angetroffen: Das abgebildete Tier wurde beim Schnorcheln zwischen den Kapverdeninseln Maio und Santiago aufgenommen, nachdem der Fotograf diesen jungen Walhai vom ankernden Hoteltauchschiff aus entdeckt hatte. Walhaie fressen schwarmbildende pelagische Tiere wie Krebse, Tintenfische und Fische. Sie sind ovovivipar; die Embryonen schlüpfen in den mütterlichen Uteri aus den Eikapseln und werden anschließend lebend geboren.

Rhincodon typus **Kapverden**

AMMENHAIE — GINGLYMOSTOMATIDAE

Atlantischer Ammenhai
Atlantic nurse shark

L: Bis 430 cm, meist 280 cm. V: In unserem Gebiet aus der Biskaya, von den Kanaren und Kapverden, Senegal und dem Golf von Guinea bekannt. T: 1 - 12 m. A: Dieser verbreitete große Küstenhai lebt auf Fels- und Sandgrund, in Riffen und Mangrovegebieten. Sprichwörtlich träge ruht er während des Tages in Felsspalten, manchmal zu mehreren aufeinander. Nachts jagt er aktiv benthische Wirbellose wie Langusten, Garnelen, Seeigel, Tintenfische und Gastropoden. Dieser Ammenhai ist eine ausdauernde Art, die oft in Schauaquarien gezeigt wird.

Ginglymostoma cirratum **Kapverden**

ATTACKE!

Weit verbreitet vor atlantischen Küsten lebt der Sandhai *Carcharias taurus*. In der Umgangssprache wird er auch Sandtiger genannt. Diese Art findet man häufig in flachem Wasser. Er ist dunkelbraun gefärbt und wird bis zu drei Meter lang. Seine langen, spitzen Zähne, die aus dem Maul herausstehen, geben ihm ein bösartiges Aussehen, was seine Popularität in Aquarien erklärt. Aber dieses Aussehen ist irreführend, da der Sandtiger gewöhnlich recht scheu ist, und die furchterregenden Zähne meist nur dazu benutzt werden, um im Sandboden nach Mollusken zu graben oder kleine Fische zu erbeuten. Aus der Literatur ist kein unprovozierter Angriff auf tauchende Menschen bekannt. ▸

ALLE FOTOS: CHRISTOPH GERIGK

1. „Die Riffkante des abbrechenden Felsplateaus verlief parallel zur Küste und war auf ihrer gesamten Länge stark unterhöhlt. Der Bodengrund bestand aus leicht abfallendem Sand. Die Unterhöhlung erweiterte sich an einer Stelle zu einer regelrechten Höhle. Das war offensichtlich die Wohnung des Sandhai, denn im diffusen Licht in 20 m Tiefe konnte ich seine grauseligen Zahnreihen erkennen. Er schwebte bewegungslos unter dem Überhang und schien von mir nicht sonderlich beeindruckt zu sein. Aber er fixierte mich mit katzenartigem Blick.

2. Langsam begann er sich aus der Dunkelheit zu schälen. Um ihn besser ablichten zu können, schwamm ich auf den Sandhai zu. Der Winder der Kamera begann zu surren. Das Blitzlicht schien ihn zu irri-tieren, aber er schwamm weiter auf mich zu. Er richtete seine große „Nase“ genau auf mich und begann den Kopf zu neigen. Das Tier war verdammt groß - gut drei Meter - und sah gar nicht so nett aus mit seinem fiesen Grinsen. Da wurde mir plötzlich klar: Ich blockierte anscheinend gerade den Ausgang seiner Behausung!

Tauchbasisleiter kennen ihre Reviere meist recht gut und geben ihren Kunden oft sehr nützliche Tips. So auch auf den Kapverdischen Inseln, wo auf Sal seit Jahren eine Tauchbasis existiert. Der Unterwasser-Fotograf war begeistert, als ihm der Basisleiter von einem ortstreuen, drei Meter langen Sandhai in der Nähe des verlassenen Salzkraters Pedra Lume berichtete. Seine folgenden ungewöhnlichen Beobachtungen erzählt der Fotograf selbst:

3. Es war zu spät, um rückwärts zu schwimmen, denn der Hai raste auf mich zu und neigte immer mehr seinen Kopf, bis ich nur noch seine Nase im Sucher meines Weitwinkelobjektives hatte. Dann gab es eine Detonation - der Körper des Sandhais verzerrte sich für eine halbe Sekunde wie im Muskelkrampf und schoß ins Freiwassser davon. Mir war nichts passiert. Es mußte in der Nähe jemand mit Dynamit gefischt haben, anders konnte ich mir den gewaltigen Knall nicht erklären.

4. Zwei Tage später ließ ich mich nochmal an der gleichen Stelle absetzen, um noch bessere Fotos des imposanten Sandhais zu machen. Er „stand" wieder an seinem Stammplatz. Als ich ihn wohl wieder zu sehr einengte, verhielt er sich schlagartig offensiv und schwamm zielstrebig auf mich zu. Diesmal dachte ich wirklich, er würde zubeißen! Doch wieder gab es diesen Knall und wieder drehte er ab. Also kam das ohrenbetäubende Geräusch von dem Hai! Es gilt für mich seitdem die Frage zu klären, womit er diesen Knall erzeugte: Man weiß, daß Sandhaie zur Erlangung des hydrostatischen Gleichgewichts an der Wasseroberfläche Luft aufnehmen. Inwieweit diese Luft zum Knallen genutzt wird, kann ich nicht beurteilen. Erstaunlich war für mich die Kraft des Knalles, die ich sogar in der Magengegend spürte".

SANDHAIE ODONTASPIDIDAE

Carcharias taurus **Kapverden**

Sandhai

Sand tiger shark

Länge: Bis 330 cm.
Verbreitung: Westliches und zentrales (Adria) Mittelmeer. Marokko südwärts bis Kamerun einschließlich Kanaren und Kapverden. Namibia bis Südafrika.
Tiefe: 1 - 200 m.
Allgemein: Eine lokal häufige Küstenart, in kleinen Gruppen auftretend. Im Mittelmeer nur in größerer Tiefe außer Reichweite für Taucher. Im Atlantik gelegentlich zu sehen, siehe Seiten 36 - 37. In einigen Gebieten folgt er bestimmten Fischen wie der Meeräsche auf ihren Wanderrouten.
Zur Beute des Sandhais zählen viele Arten von Knochenfischen, aber auch kleine Haie, Rochen, Tintenfische und Krebse. Da er schwerer als Wasser ist, schluckt er an der Oberfläche Luft und hält diese im Magen, um sich im Wasser auszutarieren.

RIESENMAULHAIE MEGACHASMIDAE

Megachasma pelagios **Ostpazifik**

Riesenmaulhai

Megamouth

Länge: Bis 520 cm.
Verbreitung: In unserem Gebiet bislang nur einmal vor der Küste von Senegal gemeldet. Ein zweiter Fund im Atlantik stammt von Brasilien.
Tiefe: 50 - 1500 m.
Allgemein: Diese mysteriöse Haiart wurde erst 1976 entdeckt. Die ersten sieben Exemplare stammen alle aus dem Indopazifik, Nr. 8 und 9 dann aus dem Atlantik. Alle neun Tiere waren noch nicht geschlechtsreife Männchen. Der zehnte Fund aus Japan war ein 470 cm langes Weibchen.
Der Riesenmaulhai ist ein pelagischer Wanderer, der von Plankton lebt, das er vermutlich durch das leuchtende Innere seiner Mundhöhle in sein riesiges Maul lockt. Da diese Art äußerst interessant für Fischforscher ist, wird viel Aufklärungsarbeit bei Fischern geleistet, um mehr Exemplare zu bekommen. Dieser Hai beißt nämlich an keinen Haken, daher sind alle Funde Zufallsfänge oder Strandungen.

RIESENHAIE CETORHINIDAE

Riesenhai

Basking shark

Länge: Bis 980 cm.
Verbreitung: Westliches und zentrales Mittelmeer. Marokko bis Norwegen einschließlich Nordsee und westliche Ostsee.
Tiefe: 0 - 30 m.
Allgemein: Trotz kommerzieller Befischung bei den Hebriden und vor Norwegen weiß man wenig um die Biologie des zweitgrößten Haies. Als Folge der starken Befischung sank die Populationsdichte in den vergangenen Jahrzehnten dramatisch. Riesenhaie sind schulenbildende Planktonfresser, die in unserem Gebiet in Nord-Süd-Richtung wandern und im Sommer um die britischen Inseln und in der Nordsee zu fotografieren sind. Im Winter verschwinden sie in tieferen Gewässern; der Versuch, ein Tier mit Satellitenhilfe zu verfolgen, scheiterte an Senderausfall. Die Nahrung besteht in erster Linie aus winzigen Planktonkrebsen und Flügelschnecken. Die Fortpflanzung scheint eine Tragzeit von mehr als einem Jahr (2 - 6 Junge) zu umfassen, aber da die im Sommer gefangenen Weibchen nicht schwanger waren, ist wenig Genaues bekannt. Taucher können sich unbesorgt filternden Riesenhaien nähern (siehe unteres Foto), die man bereits direkt unter der Oberfläche wie beim Sonnenbaden antrifft.

Cetorhinus maximus **Äußere Hebriden, Schottland**

FUCHSHAIE ALOPIIDAE

Gewöhnlicher Fuchshai

Common thresher shark

L: Bis 560 cm, meist 400 cm.
V: Mittelmeer. Im Buchbereich mit Nachweisen von der Nordsee südwärts bis zum Golf von Guinea und Südafrika.
T: 1 - 400 m. A: Küstennahe und -ferne Gewässer. Körpertemperatur über der des umgebenden Meerwassers. Eine schnelle, scheue Art, die manchmal an Hängen oder Klippen nahe tiefem Wasser schwimmt. Den sehr ähnlichen *Alopias pelagicus* wird man kaum küstennah finden; er taucht eher an den Langleinen der Hochseefischerei auf.

Alopias vulpinus **St. Paul's Rocks**

Carcharodon carcharias Kap Agulhas, Südafrika

Großer Weißer Hai

Great white shark

Länge: Bis 640 cm.
Verbreitung: Gesamtes Mittelmeer. Von der Biskaya bis Südafrika. Tiefe: 1 - 1280 m.
Allgemein: Einer der populärsten Haie, der regelmäßig im „Mare Nostrum"vorkommt, dem Taucher aber kaum begegnen werden. Manchmal wird einer in den „Mattanza"-Thunfischnetzen gefangen, wie es auf den Bildern von den italienischen Inseln Sardinien und Sizilien dokumentiert wurde (siehe Seiten 272 - 275). Das Foto links entstand während eines von einem Tauchreiseveranstalter regelmäßig angebotenen „Weißhai-Besuches"!

Lamna nasus Guernsey, Großbritannien

Heringshai

Porbeagle

Länge: Bis 370 cm, meist 250 cm.
Verbreitung: Mittelmeer. Von Nord-Norwegen südwärts bis Marokko und zu den Kanaren.
Tiefe: 1 - 700 m.
Allgemein: Eine häufige nordatlantische Art, die stark befischt und genutzt wird. Sie lebt von vielen verschiedenen Fischarten wie etwa Makrele, Hering, Kabeljau, Dornhai, aber auch von Tintenfischen. Der Reproduktionsmodus ist ovovivipar: nur ein oder zwei große Embryonen entwickeln sich in jedem der beiden Uteri, da sie ihre kleineren Geschwister und weitere Eier vor der Geburt auffressen!

Isurus oxyrinchus Costa Calida, Spanien

Kurzflossen-Mako

Shortfin mako

Länge: Bis 400 cm, meist 300 cm.
Verbreitung: Mittelmeer. Britische Inseln und Norwegen (hier selten) bis Südafrika.
Tiefe: 1 - 150 m.
Allgemein: Einer der schnellsten Haie, weit verbreitet und meist in Meerwasser mit über 16°C Temperatur anzutreffen. Wie bei allen Mitgliedern der Familie liegt die Körpertemperatur des Makos über der des umgebenden Wassers und ermöglicht so eine hohe Aktivität. Diese pelagische Art kommt nur gelegentlich in Küstennähe und ist schwierig zu fotografieren.

Pyjama-Katzenhai

Pyjama catshark

Länge: Bis 100 cm.
Verbreitung: Kap-Provinz, Südafrika.
Tiefe: 1 - 100 m.
Allgemein: Ein häufiger Katzenhai der Küste, in Höhlen und auf Felsgrund, wo Taucher ihn zwischen Algen liegend beobachten können. Sieben schwarze Längstreifen auf dem Rücken machen diesen Hai unverwechselbar. Die nachtaktive Art frißt Krebse, Knochenfische sowie Kopffüßer und kann leicht in Aquarien gehalten werden, wo das Weibchen je zwei Eier gleichzeitig legt, aus denen nach 5,5 Monaten die Jungen schlüpfen.

Poroderma africanum **Kap der Guten Hoffnung, Südafrika**

Schwarzmaul-Katzenhai

Blackmouth catshark

L: Bis 90 cm. V: Mittelmeer. Norwegen und Schottland bis Senegal. Kanaren. T: Häufig zwischen 200 - 500 m, manchmal 50 - 1000 m. A: Der häufigste Tiefwasser-Katzenhai unseres Gebietes. Er frißt hauptsächlich benthische Wirbellose wie Garnelen und Kopffüßer, aber auch mesopelagische Knochenfische (leuchtende Laternenfische) und sogar kleinere Haie.

Galeus melastomus **Sognefjord, Norwegen**

GEBURT VON KATZENHAIEN

Im Gegensatz zu den Knochenfischen werden bei bei allen Knorpelfischen die Eier intern befruchtet. Es wird also mehr Energie darauf verwendet, wenige, dafür aber besser geschützte Junge mit höherer Überlebensrate hervorzubringen. Dabei reicht die Spanne von der oviparen Reproduktion, bei der große, in hornigen Kapseln gut geschützte Eier am Boden abgelegt werden (wie hier bei Katzenhaien), bis zur viviparen, bei der lebende Jungen geboren werden (wie bei den Zitronenhaien, siehe Seite 52).

1. Katzenhaie legen ihre Eikapseln oft auf den Meeresboden. Man nennt diese volkstümlich "Meerjungfrau-Taschen". Mit spiraligen Hornfäden an den Enden der Tasche verankern sich die Kapseln auch an Tang oder Hornkorallen. Letzteres sieht man speziell im Mittelmeer.

2. Die Eier werde in grünlich-gelben Eikapseln gelegt, und ihre Entwicklung dauert sieben bis zehn Monate.

3. Der Dottersack wird nach und nach aufgezehrt und ist beinahe verschwunden, wenn der junge Katzenhai ausschlüpft.

ALLE FOTOS: HOWARD HALL

4. Zum Zeitpunkt des Schlüpfens hat das Jungtier auf den Rücken zwei Reihen vergrößerter Hautzähne, die wohl als "Anti-Rutsch-Belag" beim Hinauszwängen aus der Kapsel dienen.

5. Der neue Katzenhai ist von Anfang an aktiv, kann ausdauernd schwimmen und begibt sich sofort auf Nahrungssuche.

Scyliorhinus canicula Cornwall, England

Kleingefleckter Katzenhai

Lesser spotted dogfish

L: Bis 100 cm, meist 70 cm. V: Mittelmeer. Norwegen bis Mauretanien. T: 1 - 100 m. A: Der häufigste Katzenhai der europäischen Küstengewässer. Das Weibchen legt Eikapseln, die sich mit je vier langen, flexiblen Fortsätzen an Korallen oder ähnlichem Hartmaterial befestigen. (Foto unten, Costa Brava).

Scyliorhinus stellaris Toskanischer Archipel, Italien

Großgefleckter Katzenhai

Greater spotted dogfish

L: Bis 165 cm, meist 80 cm. V: Mittelmeer. Norwegen bis Mauretanien. T: 1 - 60 m, manchmal bis 125 m. A: Das Farbmuster dieser Art unterscheidet sich von *Scyliorhinus canicula* durch weniger, dafür größere dunkle Tupfen. Dieser Hai wird oft in öffentlichen Schauaquarien gezeigt (siehe Seite 183). Beide gefleckten Katzenhaie krümmen sich zur Abwehr ringförmig zusammen, wenn sie angeriffen werden. Sie jagen nachts benthische Mollusken, Krebstiere und Fische.

Haploblepharus pictus Kap Agulhas, Südafrika

Dunkler Scheuhai

Dark shyshark

Länge: Bis 60 cm.
Verbreitung: Von Namibia bis Kap Agulhas.
Tiefe: 1 - 10 m.
Allgemein: Dieser Katzenhai ist ein häufiger, küsten- und bodennah in seichten Sandbuchten lebende Art, wo er zwar von Sportanglern gefangen, aber wirtschaftlich nicht weiter genutzt wird. Wie alle Katzenhaien bodengebunden, ist er vom Taucher leicht an den sieben dunklen Sattelflecken über Kopf und Körper zu identifizieren.

Hundshai

Tope

L: Bis 190 cm. V: Mittelmeer. Norwegen bis Südafrika. Ozean. Inseln. T: 1 - 470 m. A: Dieser aktive Schwimmer war einst in unserem Gebiet häufig, die Bestände sind jedoch wegen des menschlichen Bedarfs überfischt worden (Fisch & Chips!). Hat ein großes Beutespektrum von Knochen- und Knorpelfischen.

Galeorhinus galeus **Azoren**

Glatthai

Smoothhound

L: Bis 164 cm. V: Mittelmeer. Britische Inseln bis Südafrika. T: 1 - 350 m, meist 5 - 50 m. A: Dieser häufige Hai frißt Krebse und Kopffüßer, aber auch kleine Knochenfische. Er wird für den menschlichen Verzehr gefangen und leicht überfischt, da ein Weibchen nur einmal pro Jahr bis zu 15 Junge bekommt.

Mustelus mustelus **Galizien, Spanien**

Gefleckter Glatthai

Starry smoothhound

Länge: Bis 140 cm.
Verbreitung: Mittelmeer. Nordsee südwärts bis Marokko.
Tiefe: 1 - 100 m.
Allgemein: Dieser weit verbreitete Glatthai unterscheidet sich von der vorigen Art durch ein weißes Punktmuster auf dem Rücken, das an einen Sternenhimmel erinnert. Wie bei allen Arten dieser Familie werden die Jungen in den Uteri der Mutter über eine Art Plazenta ernährt.

Mustelus asterias **Innere Hebriden, Schottland**

Carcharhinus acronotus **Westatlantik**

Schwarznasenhai

Blacknose shark

Länge: Bis 140 cm.
Verbreitung: Westatlantik von Nord Carolina bis Südbrasilien.
Tiefe: 1 - 25 m.
Allgemein: Dieser kleine, ungefährliche Hai wird manchmal von größeren Haien gefressen. Er selbst frißt kleine Fische, darunter auch Igelfische. In Gefangenschaft zeigt er den „Buckel", möglicherweise eine Drohgebärde, die von anderen Arten der Familie bekannt ist.

Carcharhinus brachyurus **Kap Agulhas, Südafrika**

Kupferhai

Copper shark

Länge: Bis 300 cm.
Verbreitung: Westliches Mittelmeer. Marokko, Kanaren, Mauretanien, Guinea, Namibia, Südafrika.
Tiefe: 1 - 100 m.
Allgemein: Einige provozierte und unprovozierte Angriffe auf Schwimmer und Taucher werden diesem aktiven Räuber und elegantem Schwimmer zugeschrieben. Er frißt verschiedene Fische und Tintenfische einschließlich Zitter- und Sägerochen.

Carcharhinus falciformis **Kapverden**

Seidenhai

Silky shark

Länge: Bis 330 cm.
Verbreitung: Zirkumtropisch, in unserem Gebiet von Madeira und den Kapverden bis Nordangola.
Tiefe: 1 - 500 m.
Allgemein: Der Seidenhai bevorzugt eine Wassertemperatur über 23 °C. Er frißt hauptsächlich Knochenfische, aber auch Kopffüßer und pelagische Krebse. Oft begleitet er Thunfischschwärme. Man erkennt die Art daran, daß die Rückenflosse hinter den Spitzen der Brustflossen ansetzt.

Carcharhinus galapagensis **St. Paul's Rocks**

Galapagoshai

Galapagos shark

Länge: Bis 300 cm.
Verbreitung: Kosmopolitisch in tropischen und gemäßigten Meeren, aber häufig bei ozeanischen Inseln. In unserem Gebiet bei den Azoren, St. Paul's Rocks und von den Kapverden südwärts bis São Tomé und St. Helena. Tiefe: 1 - 180 m.
Allgemein: Mit großer erster Rückenflosse und langen Bauchflossen mit runden Spitzen. Die Art bevorzugt klares Wasser und kommt bis zur Oberfläche. Sie wird als aggressiv und für Taucher gefährlich eingestuft.

Carcharhinus leucas **Westatlantik**

Stierhai

Bull shark

Länge: Bis 340 cm.
Verbreitung: Zirkumtropisch in den meisten Meeren, in unserem Gebiet von Mauretanien bis Südafrika.
Tiefe: 1 - 150 m.
Allgemein: Ein großer, massiger Hai, oben dunkel gefärbt, unten heller. Lebt an Küsten von tiefen Sand- und Geröllflächen nahe Riffen bis in Süßwasserflüsse hinein. Aus dem Amazonas 4000 km aufwärts der Mündung bekannt! Diese gefährliche Haiart ist für zahlreiche Angriffe auf Schwimmer in Afrika und anderswo verantwortlich.

Carcharhinus plumbeus **Gökovabucht, Türkei**

Sandbankhai

Sandbar shark

Länge: Bis 240 cm.
Verbreitung: Mittelmeer. Im Ostatlantik von Galizien, Spanien, südwärts bis Kongo. Auch Kapverden. Tiefe: 1 - 280 m.
Allgemein: Das Foto entstand schnorchelnderweise an der türkischen Mittelmeerküste bei Boncuk, wo einige Sandbankhaie die Attraktion der dortigen Tauchschule sind. In der einsamen Bucht hat sich eine Gruppe von etwa 1.5 - 2 m lange Sandbankhaien angesiedelt. Siehe auch das ganzseitige Foto auf der Vorseite.

Diesen nicht sehr scheuen Haien darf man sich nur ohne Tauchgerät nähern!

Schwarzspitzenhai

Blacktip shark

Länge: Bis 260 cm.
Verbreitung: Mittelmeer. Spanien und Portugal, Madeira, Kanaren, Senegal bis Kongo.
Tiefe: 1 - 30 m.
Allgemein: Lebt in Küstengewässern und dringt in sedimentreiche Ästuare und Mangrovensümpfe ein. Auffällig lange Schnauze und bronzefarbene Oberseite. Schwarze Spitzen an den meisten Flossen.

Der Tauchpionier Hans Hass zeigt in seinen Schwarz-Weiß-Filmen aus den Vierziger Jahren bei seinen "Haiabenteuern" in der griechischen Ägäis ausschließlich Schwarzspitzenhaie, die damals noch in großer Anzahl im Mittelmeer schwammen.

Carcharhinus limbatus — **Lykien, Türkei**

Ozeanischer Weißspitzenhai

Oceanic whitetip shark

Länge: Bis 350 cm.
Verbreitung: Vielleicht im Mittelmeer. Madeira, südwärts bis zum Golf von Guinea. St. Paul's Rocks. Tiefe: 1 - 150 m.
Allgemein: Diese meist pelagische Art ist unverkennbar durch die großen, abgerundeten Flossen mit weißen Spitzen. Oft ist sie vom Boot aus langsam an der Oberfläche schwimmend zu sehen, meist begleitet von Lotsenfischen oder anderen Haien. Der graziöse Schwimmer hält sich nur gelegentlich in Riffnähe auf. Angeblich eine der vier für den Menschen gefährlichsten Arten, doch gibt es keine Berichte von Angriffen auf Taucher.

Carcharhinus longimanus — **Kapverden**

Tigerhai

Tiger shark

Länge: Bis 550 cm.
Verbreitung: Kanaren, Marokko bis Angola.
Tiefe: 1 - 300 m.
Allgemein: Der gefährlichste Hai der Tropen. Als Aasfresser ernährt er sich von praktisch allen Meerestieren, die er bewältigen kann, so auch Seevögel, bevorzugt aber in vielen Gebieten Seeschildkröten. Erscheint meist nachts am Außenriff und trifft daher selten auf Taucher, kann jedoch überall auftauchen. Der Tigerhai frißt ohne Zögern Säugetieraas und schwimmt daher küstennah und in Flußmündungen hinein. Die typische Färbung ist bei Jungtieren, siehe unteres Foto, eher ausgeprägt als bei adulten Tigerhaien.

Galeocerdo cuvier **Westatlantik**

Carcharhinus melanopterus **Libanon**

Schwarzspitzen-Riffhai

Blacktip reef shark

Länge: Bis 180 cm.
Verbreitung: Levantinisches Meer, östliches Mittelmeer.
Tiefe: 1 - 30 m.
Allgemein: Als indopazifische Art kam der Schwarzspitzen-Riffhai als Lesseps´scher Einwanderer aus dem Roten Meer ins Mittelmeer. In den Tropen schwimmt er dicht über den Riffen und geht in sehr seichtes, manchmal sogar brackiges Wasser. Einzeln oder in kleinen Gruppen jagt er im Flachwasser Riffische, wobei die Rückenflossen aus dem Wasser ragen. Wenig scheu gegenüber Tauchern. Photo rechts: Zitronenhai, weitere Info Seite 54. ➤

GEBURTSHELFER

Um Blut- und Urin für eine Hormonanalyse von Zitronenhaien zu erlangen, legten Wissenschaftler im westlichen Atlantik Fangleinen aus. Und zwar in den Lagunen, wo die Haie zum Gebären hinschwimmen, weil man Erkenntnisse über die Hormon-veränderungen während der Schwangerschaft gewinnen wollte. So war es keine Überraschung, als man ein schwangeres Zitronenhai-Weibchen an einer Leine entdeckte. Um Streßschäden an den Junghaien zu vermeiden, wurde schnell entschieden, „bei der Geburt der Haie nachzuhelfen", bevor man die Mutter dann ausführlich - zum Teil auch außerhalb des Wassers - untersuchen wollte.

1. Ein leichtes Drücken auf den Bauch verhalf den ersten kleinen Zitronenhaien zur Freiheit, hier ein bereits umschwimmendes 60cm langes Tier. Die Mutter war so erschöpft, daß sie sich am Boden niederließ.

ALLE FOTOS: DOUG PERRINE

2. Hier sieht man zunächst die Schwanzflosse von einem der bei dieser Aktion geborenen dreizehn Zitronenhaie. Wäre das Muttertier nicht so entkräftet, würde sie die Jungen normalerweise im Schwimmen gebären.

3. Ein neugeborener Zitronenhai schwimmt durch die Lagune und zieht noch die Nachgeburt hinter sich her. Oft sind es Schiffshalter, die die Nachgeburt abtrennen und dann verspeisen!

4. Einer der Wissenschaftler hilft hier einem Jungtier zur Geburt, da die Mutter augenscheinlich Schwierigkeiten hatte, es hinauszupressen. Das Geschlecht jedes neugeborenen Zitronenhais wurde bei dieser Gelegenheit registriert.

5. Um auch den letzten im Muttertier verbliebenen Haien zur Geburt zu verhelfen, griff man in den Geburtskanal der erschöpften Haimutter, um die Schwanzflossen der Jungtiere besser ergreifen zu können.

6. Alle Jungtiere schwammen sofort in die nahegelegenen Mangrovenbestände, da sie in dieser Größe leichte Beute für andere Meeresbewohner incl. der eigenen Art wären. Nach den Untersuchungen wurde die Mutter ebenfalls unversehrt entlassen. Sie wird vermutlich in einem Jahr wieder in diese Lagune zurückkehren, um weiteren Haien das Leben zu schenken.

GRUNDHAIE — CARCHARHINIDAE

Negaprion brevirostris Senegal

Zitronenhai

Lemon shark

Länge: Bis 300 cm.
Verbreitung: Senegal, Elfenbeinküste.
Tiefe: 1 - 100 m.
Allgemein: Der Zitronenhai ist eine häufige Küstenart, die ohne weiteres in Flußmündungen und Mangrovengebiete eindringt. Er wird nicht nur in der Fischerei genutzt, sondern spielt auch eine wichtige Rolle in der Verhaltensforschung mit Haien. Einige unprovozierte Angriffe sind belegt, aber der scheue Hai bleibt meist auf Distanz. Er frißt Fische, Krebse und Mollusken.

Prionace glauca Cornwall, England

Blauhai

Blue shark

Länge: Bis 400 cm.
Verbreitung: Mittelmeer. Norwegen bis Südafrika.
Tiefe: 1 - 150 m.
Allgemein: Ein unverkennbarer Hai mit sehr schlankem Körper und flügelartigen Brustflossen, großen Augen und einer tiefblauen Rückenfärbung. Eine der häufigen ozeanisch-pelagischen Arten, kommt aber auch in flachere Gewässer, wie das Foto von der Küste Englands beweist. Obwohl einige Angriffe auf Menschen belegt sind, muß der Blauhai den Menschen viel eher fürchten, als umgekehrt: er wird zum Verzehr gefangen und oft „sportlich" geangelt.

HAMMERHAIE — SPHYRNIDAE

Sphyrna zygaena Alexander Bucht, Südafrika

Gemeiner Hammerhai

Smooth hammerhead

Länge: Bis 400 cm.
Verbreitung: Mittelmeer. Britische Inseln bis Senegal, Azoren bis Kapverden, Elfenbeinküste bis Südafrika.
Tiefe: 1 - 20 m.
Allgemein: Lebt oberflächennah über dem Kontinentalschelf, manchmal dicht an der Küste. Frißt hauptsächlich Kalmare und Fische, das Nahrungsspektrum wechselt jedoch mit der Region und kann benthische Krebse sowie Knorpelfische beinhalten. Meist sieht man den pelagischen Hai nur einzeln, küstenfern jedoch auch in großen Schulen.

Bogenstirn-Hammerhai

Scalloped hammerhead

Länge: Bis 350 cm.
Verbreitung: Senegal bis Kongo. Kapverden.
Tiefe: 1 - 270 m.
Allgemein: Der häufigste Hammerhai der Tropen, meist einzeln anzutreffen, aber auch in großen, wandernden Schulen. Die eigentlich pelagische Art schwimmt oft auch über den steilen Riffabhängen. Adulte Weibchen bleiben der Küste fern und scheinen Tiefwasser zu bevorzugen, wo sie sich paaren und ihre Jungen zur Welt bringen. Die Nahrung dieses Hammerhais besteht aus verschiedenen Fischarten, insbesondere Rochen und Kopffüßern.

Sphyrna lewini **Kapverden**

Mützenhai

Bonnethead

Länge: Bis 150 cm.
Verbreitung: Westatlantik von Nord Carolina bis Südbrasilien.
Tiefe: 1 - 80 m.
Allgemein: Dieser kleinste Hammerhai ist durch seinen barettförmigen Kopf unverwechselbar. Er lebt küstennah, dringt in Ästuare ein und Taucher begegnen ihm häufig. Nahrung sind hauptsächlich verschiedene Krebse, aber auch Kraken und kleine Fische. In großen Forschungsaquarien wurde an Gruppen von *S. tiburo* Verhaltensforschung betrieben.

Sphyrna tiburo **Westatlantik**

ELEFANTENFISCH

Elefantenfische sind Vertreter einer kleinen Ordnung von Knorpelfischen und stehen damit den Haien und Rochen sehr nahe. Tatsächlich ähnelt die Form des Körpers und der Schwanzflosse der von Haien und sie werden deshalb auch als Elefantenhaie bezeichnet. Im Unterschied zu diesen haben sie aber nur einen Kiemenspalt und bewegen sich mit ihren großen Brustflossen wie Rochen fort. Die meisten Vertreter dieser Gruppe leben in mehreren Hundert Metern Tiefe und sind oftmals nur durch Zufallsfänge aus Tiefseenetzen bekannt geworden. Umso erstaunlicher ist es, daß Elefantenfische regelmäßig in flache Küstengewässer wandern, um in schlammigen Prielen zwischen Algen und Seetang ihrer Fortpflanzung nachzugehen. Die Familie Callorhinchidae besteht aus drei fast identischen Arten, die in der südlichen Hemisphäre zwischen Australien und Südafrika verbreitet sind.

ALLE FOTOS: RUDIE KUITER

1+2. Elefantenfische haben eine merkwürdig anmutende Schnauze in der Form einer Hacke, die beweglich und rüsselartig ist und dem Graben nach Futter im sandigen Meeresgrund dient.
Ihre Zähne sind überwiegend zu paarigen Tafeln verschmolzen, mit denen sie Muscheln aufbrechen und Futter zermalmen. Der Kopf zeigt ein Muster aus Sinnesfurchen und -gruben. Die erste Rückenflosse ist mit einem hohen, gesägten Hartstrahl bewaffnet. Der Körper und die fleischigen Teile der Flossen sind mit einer lederartigen Haut überzogen, die silbern glänzt und als Tarnung im offenen Wasser fungiert. Niemals zuvor wurde das Verhalten dieser Fische in ihrem natürlichen Lebensraum dokumentiert. Weil der australische *Callorhinchus milii* mit dem an der atlantischen Küste Südafrikas lebenden *Callorhinchus capensis* fast identisch ist, werden nun die ersten Freiwasserbeobachtungen in diesem Buch geschildert. Lassen wir den Fotografen selbst diese unglaubliche Geschichte erzählen:

2

3+4. „In der Nähe von Melbourne versuchte ich lange Zeit, diese Fische unter Wasser aufzuspüren, und zwar dort, wo sie auch geangelt werden. Elefantenfische werden bisweilen in solch großer Anzahl angelandet, daß es seltsam erscheint, daß man sie beim Tauchen nie zu Gesicht bekommt. Andererseits ist das Tauchen aufgrund heftiger Strömungen nur bei Ebbe sicher, aber dann liegt die Sichtweite nur bei ein paar Metern. Vermutlich sahen mich die Fische zuerst und änderten sofort ihren Kurs. Schließlich war mir nach mehreren Jahren vergeblicher Suche das Glück doch hold: Ein prächtiges Exemplar von etwa 60 cm Länge schwamm direkt vor mir in einer Bucht mit relativ klarem Wasser.

3a

3b

Ich konnte es kaum glauben, daß dies ein Weibchen war, bei dem zwei Eikapseln (Ootheken) heraushingen. Offenbar suchte es nach einer Stelle, diese abzulegen. Ich war schon völlig zu frieden, ein paar Fotos machen zu können - vermutlich die ersten Nahaufnahmen in freier Natur - als ich auch noch den Bonuspreis bekam! Nach ein paar abschließenden Fotos der Eiablage entschloß ich mich, eine Eikapsel mit nach Hause zu nehmen.

4a

4b

5

5. Sie wurde in ein Aquarium in einem kühlen Gebäude in der Nähe eines kleinen Fensters ohne zusätzliche Beleuchtung untergebracht. Frisches Wasser und Sand holte ich vom benachbarten Meer. Die Kapsel wurde auf zwei Steine aus einem Gezeitentümpel gelegt und mit einer Pumpe belüftet. Regelmäßig kontrollierte ich die Ootheke, mußte mich aber lange gedulden: Nach genau 221 Tagen erst schlüpfte ein gesundes Elefantenfischbaby. Schnell begriff ich, daß das Becken viel zu klein war für das hektisch umherschwimmende Jungtier. Ich brachte es sofort zum Meer, wo ich lernen konnte, daß junge Elefantenfische sofort in das Tiefenwasser verschwinden. Ganz im Gegensatz so jungen Haien und Rochen, die länger in den Prielen unserer Küste verbleiben.

Zur Ordnung der Chimärenartigen

Die Ordnung Chimaeriformes besteht aus drei lebenden Familien und etlichen ausgestorbenen Gruppen (Devon bis Jura) höchst bizarrer Fische mit Knorpelskelett und teils einmaliger Bezahnung („Revolvergebisse"). Wie die vielen verschiedenen Populärnamen der heutigen Chimärenarten verdeutlichen, gehören sie zu den seltsamsten Gestalten im Meer. Diese Namen beziehen sich auf ihre anatomischen Besonderheiten oder ihr generelles Erscheinungsbild: Seekatze („Katzenaugen"), Seeratte (spitze „Nase", langer Schwanz), Schimäre (Mischwesen der griechischen Mythologie), Geisterhai, Spöke (helle Körperfärbung) und Elefantenfisch (Nasenform, siehe S. 56). Die etwa 35 Arten leben ausnahmslos im Meer (10 - 4000 m), sind 60 bis 200 cm lang und werden in drei Familien eingeteilt.

Die **Kurznasenchimären** (Chimaeridae) haben eine kurze Schnauze, eine zu einem langen, dünnen Faden ausgezogene, symmetrische Schwanzflosse und eine lange zweite Rückenflosse. Die Arten der beiden Gattungen *Chimaera* und *Hydrolagus* (siehe S. 60) leben von der Gezeitenzone bis in die Tiefsee. Ihr festes, weißes Fleisch wird zunehmend geschätzt. Die anatomisch weitgehend gleichen **Langnasenchimären** (Rhinochimaeridae) haben eine lange, spitze „Nase". Man kennt weltweit drei Gattungen *(Harriota, Neoharriota* und *Rhinochimaera),* die ausschließlich in der Tiefsee leben. Im Nordatlantik ist *Rhinochimaera atlantica* bekannt. Die **Pflugnasenchimären** (Callorhinchidae) haben haiartig asymmetrische Schwänze, eine kurze zweite Rückenflosse und den namensgebenden pflugscharförmigen Fortsatz an der Schnauzenspitze. Die Arten der einzigen Gattung *Callorhinchus* leben auf der Südhalbkugel vom Flachwasser bis in die Tiefsee.

Wegen der Tiefsee-Habitate und geringen fischereilichen Nutzung der meisten Arten weiß man wenig über die Biologie der insgesamt relativ seltenen Chimären. Auch gute Fotos, wie die hier gezeigten, gehören immer noch zu den Raritäten.

PFLUGNASENCHIMÄREN CALLORHINCHIDAE

Pflugnasenchimäre

Elephantfish

Länge: Bis 120 cm.
Verbreitung: Namibia und Südafrika.
Tiefe: 1 - 200 m.
Allgemein: Dieser bizarre, mit seinem pflugscharartigen Nasenfortsatz unverkennbare Fisch ist in Küstennähe häufig. Sein Fleisch schmeckt besonders mariniert hervorragend, und niemand muß sich wegen Schuppen oder „Gräten" sorgen. Über Biologie und Lebensweise weiß man erst seit kurzem mehr, siehe die außergewöhnliche Fotoserie auf den Seiten 56 - 58. Die spindelförmigen Eikapseln der Weibchen tragen seitlich zwei flache Leisten.

Callorhinchus capensis **Kap der Guten Hoffnung, Südafrika**

Chimäre

Ghost shark

Länge: Bis 100 cm.
Verbreitung: Zentrales und westliches Mittelmeer. Von Norwegen bis Marokko, Azoren bis Kapverden.
Tiefe: 40 - 500 m, manchmal bis 1000 m.
Allgemein: Die häufigste Chimäre europäischer Meere lebt in großer Tiefe und begegnet Tauchern üblicherweise nicht. Diese links erstmals in einem Bestimmungsbuch gezeigten Fotos aus dem natürlichen Lebensraum stammen aus einem norwegischen Fjord und wurden etwa um Mitternacht in 50 m Tiefe gemacht.
Krebse, Mollusken sowie Aas von Tintenfischen und Fischen „weiden" die trägen Chimären gleichsam wie Kuhherden vom Meeresgrund. Ihre erste Rückenflosse trägt an der Vorderkante einen langen, spitzen Giftdorn mit Widerhaken. Trotzdem werden sie selbst in Mengen von großen Tiefwasserhaien gefressen.
Männchen haben ein mit Hautzähnchen besetztes Greiforgan (Tenaculum) auf der Stirn, das während der Paarung zum Festhalten am Weibchen dient. Den gleichen Zweck erfüllt ein Paar Klammerorgane an den Bauchflossen, wo auch die paarigen Klasper liegen.

Das Foto unten zeigt *Hydrolagus africanus*. Das 40 cm lange Tier wurde in 600 m Tiefe an der Küste Südafrikas gefangen.

Chimaera monstrosa **Sognefjord, Norwegen**

Im Lebensraum dieser Seefeder in der Nordsee halten sich auch Inger (S. 62) aus der Klasse der Rundmäuler auf. ➤

Zur Klasse der Rundmäuler CYCLOSTOMATA

Die Rundmäuler (Neunaugen und Inger) sind die primitivsten lebenden Wirbeltiere (etwa 500 Millionen Jahre alt!). Ihren Namen verdanken sie dem mit Hornzähnen bewaffneten Saugmund. Zu anderen Fischgruppen besteht keine nähere Verwandschaft. Im Gegensatz zu diesen besitzen sie weder Kiefer noch paarige Flossen. Ihr aalartiger Körper ist von schuppenloser, schleimiger Haut bedeckt. Das knorpelige Skelett ist nur schwach entwickelt. Neunaugen haben sieben, Inger ein Paar Kiemenöffnungen. Beide haben keine Schwimmblase. Allen Rundmäulern ist ein hervorragender Geruchssinn eigen. Heute leben etwa 45 Arten im Meer und Süßwasser. Die Inger sind Tiefwasserbewohner der gemäßigten Meere (25 - 1000 m) mit verkümmerten Augen, die von Haut bedeckt sind. Sie schaden der Fischerei durch Einbohren in gefangene Nutzfische, ernähren sich sonst aber auch von Bodentieren. Ihnen fehlt das Larvenstadium der Neunaugen. Bekannte Arten sind *Myxine glutinosa* (Atlantik, siehe unten) und *Eptatretus stouti* (Pazifik). Taucher müssen gezielt nach den nachtaktiven Tieren suchen, um sie zu sehen. Die europäischen Arten der Neunaugen sind zudem durch Verbauung und Verschmutzung ihrer Laichflüsse rar geworden.

INGER MYXINIDAE

Myxine glutinosa **Norwegen**

Inger

Hagfish

Länge: 35 - 80 cm.
Verbreitung: Westliches Mittelmeer: Marokko bis Tunesien. Atlantische Küste von Portugal bis zur Nordsee. Vom Kattegat bis zum Varanger Fjord in Nordnorwegen.
Tiefe: 30 - 600 m, in den Fjorden bis 1100 m.
Allgemein: Der Inger lebt auf Schlammböden, siehe auch S. 61. Er benötigt hohe Salinität (30 ‰ und mehr) und niedrige Wassertemperaturen (unter 12 °C). Deshalb zieht Wassertiefen von über 30 m vor. Die in unserem Bereich weitverbreitete Art gräbt Wohnröhren im Boden, in denen er sich über längere Zeitperioden inaktiv aufhält. Dieser aalförmige, kieferlose Fisch hat kaum Freßfeinde, da er in der Lage ist, aus seiner Haut extrem viel Schleim abzusondern, der Maul und Kiemen des Räubers (Kabeljau, Leng, Heilbutt) verklebt! Er selbst frißt als Aasfresser in Konkurrenz zu Krebsen tote Bodenorganismen, auch tote und kranke Fische. Er vergreift sich auch an kommerziell gefangenen Fischen, die am Haken oder im Netz angefressen und somit wertlos für den Fischmarkt werden.

Einer der häufigsten Knochenfische im Mittelmeer ist die schwarmbildende Goldstrieme *Sarpa salpa*. ➤

In der stammesgeschichtlichen Forschung galt lange die Auffassung, daß es zunächst nur die urtümlicheren Knorpelfische gegeben hätte und sich die Knochenfische später aus ihnen entwickelten. Inzwischen lernte man um. Die Mehrheit der Fachleute neigt gegenwärtig zu der Auffassung, daß - vor etwa 440 Millionen Jahren - zunächst die Knochenfische auf den Plan traten und die Knorpelfische nach vielleicht weiteren 15 Millionen Jahren folgten. Etliche Fakten lassen vermuten, daß die Frühphase der Evolution von Knochenfischen im Brack- und Süßwasser stattfand. Erst später wanderte ein Teil dieser 'neumodischen Modelle' ins Meer, aus dem ihre Ahnen gekommen waren und wo deren nächste Verwandte immer geblieben sind. Man vermutet für die Knorpelfische, daß sie sich aus Tiergruppen entwickelten, die nie das Meer verlassen hatten. Trotz gleicher Ur-Vorfahren konnten sich die Arten der beiden großen Klassen recht verschiedene Merkmale aneignen. Den Knochenfischen gelangen dabei wesentlich mehr Neuentwicklungen. Das führte zu einer explosiven Vermehrung der Artenzahl: Auf eine Knorpelfischart kommen zur Zeit wenigstens 36 Arten von Knochenfischen!

Die meisten Knochenfische entwickelten eine Schwimmblase, ein überaus nützliches Organ, das seinem Besitzer erlaubt, ohne Energieaufwand horizontal zu schweben und das in beliebiger Tiefe. Um steigen oder sinken zu können, braucht der Fisch mit seinen Flossen nur nach oben oder nach unten zu steuern und seine Antriebsmuskeln zu betätigen. Die Schwimmblase registriert Druckveränderungen und sorgt für ein automatisches Ablassen oder Nachfüllen von Gas, damit die spezifische Dichte des Gesamtorganismus wieder der des Wassers in der angesteuerten Tiefe entspricht. Dabei wechselt nur der Druck des Gases, während die Blasengröße kaum verändert wird. Man hält die Schwimmblase für den Rest eines Organs zur Luftatmung, die in warmen, sauerstoffarmen Urzeitgewässern notwendig geworden war. Knorpelfische nahmen an jener Entwicklung nicht teil und müssen bis heute auf diese praktische "Tarierweste" verzichten. Allerdings haben einige Knochenfische auf eine Schwimmblase verzichtet, da sie wegen ihrer bodengebundenen Lebensweise überflüssig wurde. Auch in der Stoffwechseltätigkeit konnte man Unterschiede bei beiden Klassen herausfinden, wobei Knochenfische eher den Wirbeltieren gleichen, die sekundär ins Meer zurückkehrten, nämlich Reptilien, Vögel und Säuger. Die fortschrittlichere Entwicklung der Knochenfische befähigte sie, nahezu alle aquatischen Ökosysteme mit neuen Formen zu erobern.

GEORGE KROSE

Auf der Suche nach unbekannten Fischen: Der Autor während der ersten organisierten Tauchreise zu den Kapverdischen Inseln in 1975.

Hausen

Beluga

Länge: Max. 900 cm, heute durchschnittlich nur noch 200 - 260 cm.
Verbreitung: Schwarzes Meer und alle großen Zuflüsse. Ebenso Kaspisches Meer.
Tiefe: 70 - 180 m im Meer.
Allgemein: Der Hausen schwimmt im Frühjahr die Flüsse hinauf, laicht im Mai, überlebt aber heute nur noch durch künstliche Aufzucht und Besatz. Die Art frißt andere Meeresfische wie Schwarzmeer-Wittling, Sardellen, Plattfische und Grundeln sowie Fischlaich und Kleinkrebse. In der Literatur wird von über 8 m langen und bis zu 1400 kg schweren Riesenfischen berichtet! Wie der im folgenden beschriebene Stör ist der Hausen in seinem Fortbestand durch skrupellose Kaviarhändler bedroht.

Huso huso **Schwarzes Meer**

Huso huso **Donau**

Stör

Sturgeon

L: Max. 600 cm (Männchen 100 - 150 cm, Weibchen 130 - 215 cm). V: Ursprünglich marin und in geeigneten Laichflüssen von Mittelmeer und Schwarzem Meer (Nordküsten); Atlantikküsten von Norwegen, Nord- und Ostsee bis Marokko. Heute praktisch durch Überfischung und schlechte Flußwasserqualität ausgestorben! Nur noch im Atlantikzufluß Gironde und Dordogne und im Schwarzmeerzufluß Rioni. T: 20 - 50 m im Meer. A: Diese Art findet man als Taucher kaum noch. Adulte im Meer, laichen im Sommer im Unterlauf sauberer Ströme. Weibchen erst mit 11 - 18, Männchen mit 9 - 13 Jahren geschlechtsreif.

Acipenser sturio **Helgoland, Aquarium**

TARPUNE MEGALOPIDAE

Megalops atlanticus **Westatlantik**

Tarpun

Tarpon

Länge: Bis 250 cm, meist bis 130 cm.
Verbreitung: Biskaya, Portugal, Azoren, Senegal bis Angola.
Tiefe: 2 - 15 m.
Allgemein: Dem bei Anglern hochgeschätzten Sportfisch begegnet man als Taucher sowohl über Seegraswiesen als auch im felsigen Bereich der Küsten. Obwohl er aufgrund von Einzelfängen aus den kühleren Breiten unseres Bereiches bekannt ist, liegt die Hauptverbreitung des Tarpuns beiderseits des tropischen Atlantiks. Tarpune schwimmen tagsüber auch in Schulen, in die man tauchend eindringen kann, ohne die Fische zu erschrecken. Große Schwärme können jahrelang ein bestimmtes Gebiet bewohnen, wo man sie zuverlässig beobachten kann. Die Larve des Tarpuns ist ein "Leptocephalus" wie bei Grätenfischen und den Aalartigen, was die nach dem Erscheinungsbild der adulten Fische zunächst nicht offensichtliche Verwandschaft beweist.

GRÄTENFISCHE ALBULIDAE

Albula vulpes **Westatlantik**

Grätenfisch

Bonefish

L: 30 - 75 cm. V: Senegal bis Südafrika. T: 1 - 10 m. A: Bei Anglern beliebt, wegen vieler kleiner Knochen als Speisefisch jedoch wenig geschätzt. Frißt mit dem unterständigen Maul benthische Würmer, Mollusken und Krebse auf Sand, zwischen Korallenschutt oder Mangrovewurzeln. Einzeln oder in kleinen Gruppen, Tauchern gegenüber sehr scheu. Laicht das ganze Jahr über in tieferem Wasser. Die Larve ist ein "Leptocephalus" wie bei Tarpunen und Aalartigen.

Der allseits als Räucherfisch und in Dillsoße geschätzte Speisefisch hat eine erstaunliche Biographie: Aus dem mutmaßlichen Laichgebiet, dem Sargasso-Meer, werden die transparenten, weidenblattförmigen Larven ("Leptocephali") innerhalb von etwa drei Jahren passiv mit dem Golf- und Nordatlantikstrom ins Schelfmeer vor die europäischen Flußmündungen verdriftet, wo sie sich in durchscheinende Glasaale umwandeln, um anschließend als Steigaale flußaufwärts zu schwimmen ("anadrome" Wanderung). Nach etwa 11 Jahren in Brackwasser (Ostsee), Flüssen und Seen kehren die nun großäugigen, silberweißen Blankaale ins Meer zurück ("katadrome" Wanderung). Erst auf der über 4000 km langen Reise ins Sargasso-Meer werden sie geschlechtsreif. In dem bis 7000 m tiefen Meeresgebiet laichen die Tiere ab und sterben anschließend. Nun beginnt die Rückwanderung der neuen Generation in die kontinentalen Gewässer. Aale orientieren sich mittels ihres hervorragenden Geruchssinnes. Die der Geruchsleistung des Hundes mindestens ebenbürtige Nase des Aals verhilft dem ausschließlich nachtaktiven Tier auch zu seiner Beute. Durch das jeweilige Nahrungsspektrum bedingt gibt es zwei äußerlich verschiedene Morphen: Breitköpfe sind Fischfresser, Spitzköpfe begnügen sich mit Krebsen, Würmern und anderen Wirbellosen. Durch ihre Vorliebe für Aas lassen sie sich auch leicht in Reusen und Fischkörben, mitunter auch in verwesenden Pferdeköpfen fangen (welch eine Szene im Film "Die Blechtrommel"!).

Anguilla anguilla **Oosterschelde, Nordsee**

Europäischer Aal

European eel

Länge: Bis 150 cm, Männchen meist 30 - 40 cm, Weibchen 20 - 80 cm.
Verbreitung: Mittelmeer, Schwarzes Meer. Im Ostatlantik von Norwegen und Island bis Marokko. Azoren, Madeira, Kanaren.
Tiefe: Im Meer 3 - 7000 (?) m.
Allgemein: Außer in Süßgewässern trifft man als Taucher am ehesten in der Ostsee auf Aale, wo sich die sehr zähen und anpassungsfähigen Tiere während ihrer Wachstumsjahre dauerhaft aufhalten. Von kleinen Exemplaren des Meeraals (Conger conger, siehe unten) unterscheiden sie sich durch die weiter hinten ansetzende Rückenflosse (über zwei Kopflängen hinter der Schnauzenspitze). Die Rückenfärbung der subadulten Tiere unseres Gebietes ist olivgrün, schwärzlich oder gelblich, hell am Bauch.

Tagsüber ruhen die Aale gut versteckt im Bodenschlamm, zwischen Vegetation oder in Höhlen jedweder Art. Ihre schleimige Haut ist extrem schlüpfrig, was ein Hantieren zur Kunst macht. Auf dem Fischmarkt bleiben Aale lange Zeit ohne Wasser am Leben, selbst in der Pfanne sollen zerschnittene Aale durch reflektorische Muskelaktivität noch zucken. Auch wechseln sie über feuchte Wiesen und Überschwemmungsflächen ihre Wohngewässer.
Das Sargasso-Meer erstreckt sich im westlichen Nordatlantik über vier Millionen Quadratkilometer zwischen den Azoren, Bermudas und den Westindischen Inseln. Es gilt als Laichgebiet der europäischen (und amerikanischen) Flußaale, da hier von Forschungsschiffen die kleinsten der "Leptocephalus"-Larven (siehe mittleres Bild) gefangen wurden. Je weiter vom Zentrum des Sargasso-Meeres entfernt, desto größer die Larven. Ein direkter Beweis für das Ablaichen der Aale in der Tiefsee dort fehlt noch trotz hohen technischen Forschungsaufwandes wie bemannter Tauchboote und Satellitensender an abwandernden, laichbereiten Aalen.

Anguilla anguilla **Kieler Bucht, Ostsee**

Anguilla anguilla **Sargasso-Meer**

Anguilla anguilla **Ostsee**

Diese große Familie mariner Aalartiger hat 10 Gattungen und über 100 Arten und ist in allen tropischen und subtropischen Meeren verbreitet. Charakteristisch für alle Aalartigen sind durchgehende Rücken- und Afterflossen, die mit der Schwanzflosse verbunden sind und so einen einzigen, langen Flossensaum bilden. Muränen besitzen keine Brustflossen und lassen sich somit von anderen Aalen gut unterscheiden. Die phänomenale Manövrierfähigkeit im Vorwärts- wie Rückwärtsgang wurde erst durch die Entwicklung besonders zahlreicher Wirbel möglich: Die Rekordhalter in dieser Verwandtschaft besitzen bis zu 260 davon. Eine dicke Schleimschicht erleichtert das schlangenhafte Gleiten im Labyrinth von scharfkantigen Fels- und Korallenformationen. Die Kiemenöffnung befindet sich weit hinten am Kopf. Der Kiemenapparat ist lang und schmal und wirkt wie eine Pumpe, die durch das Maul aufgenommene Atemwasser aus der kleinen Kiemenöffnung presst. Das Maul ist sehr groß und wird ständig zur Sauerstoffversorgung geöffnet und geschlossen. Dieses Verhalten wird von Tauchern oft für ein Zeichen von Aggressivität gehalten, ist es aber nicht. Muränen sehen relativ schlecht, besitzen dafür aber ein gut entwickeltes Geruchsorgan, mit dem sie bei der bevorzugten nächtlichen Jagd ruhende Fische und wandernde Krebse wahrnehmen. Die Nasenöffnungen sind mit hervorstehenden Röhrchen versehen.

Enchelycore anatina **Lykien, Türkei**

Enchelycore anatina **Kanaren**

Tigermuräne

Tiger moray

Länge: Bis 100 cm.
Verbreitung: Mittelmeer. Azoren, Madeira, Kanaren, Kapverden, Ascension, St. Helena. Im Westatlantik bei den Bermudas.
Tiefe: 1 - 30 m.
Allgemein: Die Art ist leicht an ihrem fleckigen Farbmuster und den Fangzähnen zu erkennen. Mit langen und schmalen Zähnen frißt sie offensichtlich keine hartschalige Beute wie Krebse, sondern Kalmare, Tintenfische und Fische. Tagsüber versteckt sie sich in Spalten und Höhlen. Sie ist viel häufiger als allgemeinhin angenommen. Siehe auch Foto rechts.

Wie auf dem Foto Mitte links erkennbar, lebt auch die Tigermuräne mit anderen Arten in einer Höhle zusammen, hier mit der Mittelmeer-Muräne *Muraena helena* (siehe Seite 76).

Enchelycore nigricans **Westatlantik**

Vipermuräne

Viper moray

Länge: Bis 100 cm.
Verbreitung: Kapverden, Senegal bis Gabun, St. Paul´s Rocks. Tropischer Westatlantik.
Tiefe: 1 - 10 m.
Allgemein: Mit ihren langen, furchteinflößenden Zähnen und den gebogenen Kiefern sieht diese Art der Tigermuräne ähnlich, mit der sie eng verwandt ist. Beide Arten können anhand des Farbkleides leicht unterschieden werden. Die Vipermuräne ist einfarbig dunkelbraun.

Channomuraena vittata **Ascension**

Channomuraena vittata **São Tomé**

Breitbänder-Muräne

Broadbanded moray

Länge: Mindestens bis 100 cm.
Verbreitung: Kapverden, São Tomé, Ascension. Tropischer Westatlantik.
Tiefe: 10 - 200 m
Allgemein: Der breite, schaufelartige Unterkiefer ist arttypisch. Ein Exemplar bei São Tomé kam halb aus seiner Höhle, drehte sich auf die Seite und stellte sich tot, wie es manche Schlangen tun. Das zweite Foto zeigt einen Jungfisch mit deutlicherem dunklen Bandmuster.

Kettenmuräne

Chain moray

Länge: Unter 100 cm.
Verbreitung: Kapverden, Ascension. Tropischer Westatlantik.
Tiefe: 1 - 10 m.
Allgemein: Die Art kann leicht an der schwarzen Zeichnung auf gelbem Hintergrund erkannt werden. Ihre Augen sind auffällig gelb. Die Kettenmuräne bevorzugt klares, seichtes Wasser und versteckt sich tagsüber in Nischen und Felsspalten. Wie auf dem Foto dokumentiert, ragt ihr Kopf meist aus der Öffnung heraus. Sie geht nachts auf Nahrungssuche und schwimmt bis in die Gezeitenzone, wo sie Krabben frißt.

Echidna catenata **Kapverden**

Goldschwanzmuräne

Goldentail moray

Länge: Bis 60 cm.
Verbreitung: Kanaren, Kapverden, Ascension, St. Helena, St. Paul´s Rocks. Westatlantik.
Tiefe: 1 - 25 m.
Allgemein: Diese attraktive Muräne ist eine typische Inselart im Ostatlantik, denn vom afrikanischen Festland ist sie nicht bekannt. Bei den Kanaren ist sie auf die westlichen Inseln El Hierro und La Palma beschränkt, die eine etwas höhere Wassertemperatur aufweisen, als die zentralen und östlichen Inseln dieser Gruppe. Es gibt zwei verschiedene Farbmuster: Brauner Körper mit vielen gelben Punkten und (umgekehrt) gelber Körper mit einem Netz aus feinen braunen Linien und Punkten.

Gymnothorax miliaris **Kapverden**

Gymnothorax bacalladoi **Kanaren**

Bacallados Muräne

Bacallado's moray

Länge: Bis 45 cm.
Verbreitung: Madeira, Kanaren.
Tiefe: 5 - 20 m
Allgemein: Diese Art ist lokal um Teneriffa und Gomera (Kanarische Inseln) häufig, sonst eher selten. Jungtiere (wie das im Foto gezeigte) haben hinter dem Kopf einen hellen Ring, der bei den Erwachsenen verschwindet.

Gymnothorax moringa **Ascension**

Gefleckte Muräne

Spotted moray

Länge: Unter 100 cm.
Verbreitung: Ascension, Kapverden. Tropischer Westatlantik.
Tiefe: 1 - 10 m.
Allgemein: Die Art ist am weißen Körper zu erkennen, der mit zahlreichen schwarzen Punkten und Flecken gesprenkelt ist. Sie bevorzugt flache Riffe oder Seegraswiesen.

Gymnothorax unicolor **Balearen, Spanien**

Maskenmuräne

Brown moray

L: Bis 100 cm. V: Mittelmeer. Azoren bis Kapverden, Gulf of Guinea. Westatlantik. T: 1- 80 m. A: Fängt mit ihren kurzen, kräftigen Zähnen hauptsächlich Krabben. Der obere Teil des Kopfes ist viel dunkler als der Rest des Körpers. Kleines Foto von den Kanaren.

Schwarzohr-Muräne

Blackear moray

Länge: Bis 100 cm.
Verbreitung: Ascension, Kapverden, São Tomé, Mauretanien bis Angola. Tropischer Westatlantik.
Tiefe: 1 - 20 m.
Allgemein: Die meisten Muränenarten tendieren dazu, sich tagsüber zu verstecken, diese schöne Art jedoch kann man gelegentlich tagsüber im Freien sehen. Sie ist leicht an ihrem auffälligen Farbmuster mit dem typischen schwarzen "Ohrenfleck" zu erkennen.

Muraena melanotis **Ascension**

Orangemaul-Muräne

Stout moray

Länge: Bis 150 cm.
Verbreitung: Kapverden, Mauretanien bis Angola. Tropischer Westatlantik.
Tiefe: 10 - 70 m.
Allgemein: Meist sieht ein Taucher nur den Kopf dieser Art, kann sie aber leicht an der leuchtend orangenen bis gelben Farbe im Maul erkennen. Der Rest ist ganz anders gefärbt: Große dunkle Punkte bedecken Körper und Flossen. Sie öffnet und schließt ununterbrochen das Maul, ein für die Atmung notwendiges Verhalten und keine Bedrohung!

Muraena robusta **São Tomé**

Fürst-August-Muräne

Duke Augustus moray

Länge: Bis 130 cm.
Verbreitung: Azoren, Madeira, Kanaren.
Tiefe: 1 - 100 m.
Allgemein: Die weißen Augen heben sich auffällig gegen den oft braun-schwarzen Körper ab und sind typisch für diese Art, die lange nur für eine Farbvariante der Mittelmeer-Muräne gehalten wurde. Wie die Fotos zeigen, kann sich die Fürst-August-Muräne farblich an ihren Untergrund anpassen. Ihre Verbreitung ist bemerkenswert, denn sie kommt nur bei den Azoren, Madeira und den Kanaren vor, d. h. bei den Ostatlantikinseln, die auch unter dem Sammelnamen "Makaronesische Inseln" vereint werden.

Muraena augusti **Kanaren**

Muraena helena **Sporaden, Griechenland**

Mittelmeer-Muräne

Mediterranean moray

L: Bis 150 cm. V: Mittelmeer. Azoren , Madeira, Kanaren. T: 1 - 105 m. A: Im Mittelmeer ist sie ein beliebtes Fotomotiv der Taucher, man kann die Mittelmeer-Muräne aber auch bei einigen der ostatlantischen Inseln finden. Um die Kanaren scheint sie bei den östlichen (kälteren) Inseln häufiger als bei den westlichen (wärmeren) zu sein. Das schöne Muster auf ihrem Körper ist in seiner Ausdehnung sehr variabel: Es reicht von kleinen goldenen Punkten bis zu großen Goldflecken. Siehe auch Foto rechts von den Balearen, Spanien.

PUTZERSTATION

Es gibt circa 120 Fischarten aus 29 verschiedenen Familien, die sich dem Putzgeschäft widmen, also andere Fische von lästigen Parasiten befreien. Mit 37 Arten ist die Familie der Lippfische (Labridae) diejenige mit den meisten Putzerfischen. Die Mehrzahl lebt allerdings im Indopazifik, während man nur wenige putzende Lippfische aus dem Mittelmeer und dem Atlantik kennt. Durch ihre Bezahnung und ihre zupfende Ernährungsweise sind Lippfische wahrscheinlich geradezu "prädestiniert", Putzerverhalten zu entwickeln.

PETER WIRTZ

1. Verhaltensbeobachtungen und Magenuntersuchungen haben gezeigt, daß bei vielen Lippfischen nur die Jungtiere Putzer sind, die Erwachsenen aber kein Interesse mehr am Putzen zeigen. Das hat wahrscheinlich einen ganz trivialen Grund: Um winzige Parasiten abzuzupfen, braucht man einen kleinen Mund - mit dem großen Maul der erwachsenen Tiere lassen sich diese Parasiten gar nicht mehr fassen. Die Fotos aus dem Golf von Guinea zeigen einen jugendlichen Schwarzband-Schweinsfisch inmitten einer Gruppe von Putzerkunden (2 Schnappern, 1 Doktorfisch und 1 Falterfisch), die darauf warten „behandelt“ zu werden, und wie er einen endemischen Schnapper an der Schwanzwurzel reinigt.

PETER WIRTZ

HELMUT DEBELIUS

NORBERT PROBST

3. Im östlichen Atlantik ist die Weißbandputzergarnele *Lysmata grabhami* die mit Abstand häufigste Putzerart. Wie hier eine Schwarze Muräne von Madeira ver-fallen die meisten Fische in eine Art "Trance", während sie geputzt werden. Manche tun das sogar schon vorher, was vermutlich eine Auffor-derung zum Putzen ist. Viele legen sich auch auf den Boden, um sich putzen zu lassen. Fast alle sperren das Maul weit auf und spreizen die Kiemendeckel ab.

2. Die mit Abstand häufigsten Putzerfische im Mittelmeer gehören auch zu den Lippfischen. Auch hier putzen meist die Jungtiere, wie z.B. auf dem unteren Foto von Ibiza dokumentiert wird. Hier stehen 2 Mönchsfische stramm, um den Meerpfau gewähren zu lassen. Die weiteren Fotos dokumentieren die Putzaktivitäten eines Schwarzschwanz-Lippfisches wie er einen anderen Lippfisch und einen Sägebarsch an der Küste Griechenlands putzt. Magenuntersuchungen zeigten, daß fast alle von Putzerfischen gefressene Fischparasiten weniger als 1,5 mm groß waren. Viele von den 120 als Putzer registrierten Arten zupfen nur gelegentlich einmal auch von der Oberfläche eines anderen Fisches Nahrung. Andere dagegen sind Spezialisten, die sich (nahezu) ausschließlich über ihr Putzerverhalten ernähren, also auch darauf angewiesen sind, daß sie Putzerkunden finden.

HORST MOOSLEITNER

PETER NAHKE

REIMUND HÜBNER

4. Es gibt Fische, die Garnelen bevorzugen, um geputzt zu werden. Dazu gehören überwiegend Muränen. Die im Mittelmeer und gemäßigtem nördlichen Atlantik lebende Putzergarnele *Lysmata seticaudata* bedient hier die Mittelmeermuräne und säubert sogar das Mundinnere des Räubers. Aber sie putzt auch kleinere Fische wie hier den Schleimfisch an der Küste Kroatiens. Die Tatsache, daß Putzverhalten bei so vielen unterschiedlichen Meeresbewohnern auftritt, zeigt, daß sich dieses Verhalten viele Male neu entwickelt haben muß: die auf den Putzkunden sitzenden Parasiten stellen eine ergiebige Nahrungsquelle dar, die mehrfach unabhängig "entdeckt" worden ist.

GIANNI PECCHIAR

DOUG PERRINE

5. Ungewöhnliches Putzverhalten zeigt dieses Foto: Der Blaue Doktorfisch putzt sogar den Panzer von Meeresschild-kröten, hier einer Karettschildkröte. Der Doktor frißt Pflanzen, die auf dem Rücken der Schildkröte wachsen. Diese erhöhen den Wasserwiderstand beim Schwimmen des Reptils und kosten deshalb Energie. Auch die Schildkröte hat somit einen Nutzen davon.

DOUG PERRINE

ZAUBERAALE — NETTASTOMIDAE

Spitznasen-Zauberaal

Sharpnose sorcerer eel

Länge: Bis 65 cm.
Verbreitung: Westliches Mittelmeer. Im Ostatlantik von Südportugal bis Marokko. Madeira, Azoren.
Tiefe: 5 - 700 m.
Allgemein: Zauberaale sind eigentlich Tiefseefische, aber junge Exemplare bis etwa 40 cm Länge können auch im Flachwasser in Höhlen angetroffen werden. Die roten Kiemen dieser nachtaktiven Art scheinen durch den transparenten Körper hindurch.

Faciolella oxyrhyncha **Madeira**

SCHLANGENAALE — OPHICHTIDAE

Goldflecken-Schlangenaal

Golden-spotted snake eel

L: Bis 65 cm. V: Kanaren, Kapverden, São Tomé, bislang nicht von der Küste Afrikas bekannt. T: 3 - 15 m. A: Auf Sand- und Felsböden, auch in Seegraswiesen. Unverwechselbar "schlangenartig". Es gibt viele "Geschwisterarten" auf beiden Seiten des Atlantik.

Myrichthys pardalis **Kanaren**

Großer Schlangenaal

Greater snake eel

Länge: Bis 140 cm.
Verbreitung: Von Angola bis Senegal. Kapverden.
Tiefe: 10 - 50 m.
Allgemein: Gräbt in Sand und Kies. Oft schaut nur der Kopf aus dem Substrat heraus. Kann im Sand "schwimmen". Die Farbe variiert von weißlich bis hellbraun.

Ophichthus ophis **Kapverden**

SCHLANGENAALE — OPHICHTIDAE

Apterichthus caecus — Azoren

Flossenloser Schlangenaal
Finless snake eel
Länge: Bis 60 cm.
Verbreitung: Westliches Mittelmeer. Azoren.
Tiefe: 2 bis mindestens 6 m.
Allgemein: Diesem merkwürdigen Fisch fehlen alle Flossen. Er vergräbt sich im Sand und ist tagsüber darin versteckt. Nachts ragt nur der Kopf aus dem Substrat.

MEERAALE — CONGRIDAE

Ariosoma balearicum — Balearen, Spanien

Goldener Balearen-Meeraal
Golden balearic conger
L: Bis 40 cm. V: Mittelmeer. Im Ostatlantik von Angola bis Marokko. Kanaren, Madeira, Azoren.
T: 10-700 m. A: Dieser Meeraal ist nur nachts aktiv. Tagsüber liegt er im Sandboden vergraben.

Paraconger macrops — Azoren

Großaugen-Meeraal
Bigeye conger
Länge: Bis 50 cm.
Verbreitung: Beide Seiten des Atlantik. Im Ostatlantik nur bei den Kanaren, Madeira und den Azoren.
Tiefe: 15 - 100 m.
Allgemein: Die dicken Lippen sind charakteristisch für diesen Meeraal, der oft mit dem Goldenen Balearen-Meeraal verwechselt wird. Der Großaugen-Meeraal ist nachtaktiv; während des Tages schaut nur der Kopf des Tieres aus dem Sand hervor.

Meeraal

Conger eel

Länge: Bis 3 m, Männchen sind meist kleiner als Weibchen. Verbreitung: Mittelmeer und Schwarzes Meer. Von Norwegen und Island bis Senegal. Kanaren, Madeira, Azoren. Tiefe: 2 - 2000 m. Allgemein: Anders als Muränen hat der Meeraal Brustflossen. Er ist ein nachtaktiver Räuber und haust gerne in Höhlen oder Schiffswracks, wie sie im Mittelmeer oft zu finden sind. Taucher mögen diesen großen Fisch, der sich leicht an vom Menschen dargebotenes Futter gewöhnt. Männchen werden mit etwa 75 cm Länge geschlechtsreif, Weibchen erst mit etwa 200 cm Länge.

Conger conger **Costa Brava, Spanien**

Röhrenaal

Garden eel

L: Bis 60 cm. V: Madeira bis Senegal und Kanaren. T: 12 - 30 m. A: Verfestigt die Wohnröhre im Sand mit dem Sekret aus einer Drüse an der Schwanzspitze. Schläft nachts darin. Tagsüber ragt seine Vorderhälfte aus dem Loch, und er schnappt nach Plankton. Lebt in Kolonien.

Heteroconger longissimus **Madeira**

Clupea harengus **Lofoten, Norwegen**

Hering
Herring

L: Max. 43 cm. V: Nordostatlantik. Skandinavien und Ostsee bis Ärmelkanal. Nicht im Mittelmeer. T: 1 - 200 m. A: Wirtschaftlich bedeutender Schwarmfisch: Atlantikfang jährlich über 2 Mio. Tonnen. Nachts oberflächennah, tags in größeren Tiefen. Frißt Planktonkrebse.

Sardinella aurita **Madeira**

Ohrensardine
Round sardinella

Länge: Bis 25 cm.
Verbreitung: Mittelmeer, Schwarzes Meer. Südportugal bis Südafrika.
Tiefe: 1 - 350 m.
Allgemein: Wie alle Sardinen ist auch diese Art ein Schwarmfisch. Die Schwärme kommen nachts zur Oberfläche und lösen sich auf, um zu fressen. Nahrung besteht aus Phytoplankton, Kleinkrebsen und Fischlarven. Laicht in den warmen Sommermonaten bei Wasser-temperaturen um 22 °C.

Sardinella maderensis **Kanaren**

Madeira-Sardine
Madeira sardinella

Länge: Bis 25 cm.
Verbreitung: Südliches und östliches Mittelmeer. Im Atlantik von Marokko bis Namibia.
Tiefe: 1 - 50 m.
Allgemein: Diese Art ist tolerant gegenüber niedrigem Salzgehalt und ist daher auch in Ästuaren zu finden. Auch sie folgt der Planktonnahrung durch Tag/Nacht-Vertikalwanderung.
Die Vermehrung erfolgt während der Sommermonate im wärmeren Oberflächenwasser. Beide gezeigten Sardinenarten sind lokal häufig und wirtschaftlich von Nutzen.

Atlantischer Lachs

Atlantic salmon

L: Bis 150 cm, meist 40 - 120 cm. V: Nordatlantik, von Island und Grönland bis zur Biskaya. Gelegentlich südliche Nordsee und Ostsee. T: Im Meer 2 bis 100 m. A: Erwachsene Lachse leben im Meer, bilden aber keine Schulen, sondern nur Gruppen. So unternehmen sie ausgedehnte, oft transatlantische Wanderungen. Im Meer ernähren sich Lachse überwiegend von Krebstieren und Fischen (Hering, Sprotte, Sandaal, Dorsch). Zum Laichen kehren die Fische nach 5 - 6 Jahren in ihre Heimatflüsse zurück. Hier wechseln sie die grau-silberne Meeresfärbung in ein Hochzeitskleid, das durch rötliche Flossen und purpurrote Farbflecken auffällt. Die Männchen entwickeln einen hakenförmigen Unterkiefer, der zum Kämpfen verwendet wird. Beide Geschlechter stellen im Süßwasser die Nahrungsaufnahme ein. Im Kiesbett der Flußoberläufe gräbt das Weibchen eine flache Nestgrube, in die Eier und Spermien simultan abgegeben werden. Die Jungen bleiben 1 - 3 Jahre im Süßwasser. Im Gegensatz zu pazifischen Lachsarten stirbt der Atlantische Lachs nicht nach dem Laichen ab, sondern kehrt ins Meer zurück. Noch im letzten Jahrhundert war es Herrschaften im deutschen Binnenland per Gesetz nicht erlaubt, ihren Bediensteten mehr als dreimal wöchentlich Lachs anzubieten. Daraus ist ersichtlich, wie häufig der Lachs einmal war! Durch Verschmutzung ist der Fortpflanzungszyklus inzwischen in Mitteleuropa unmöglich geworden, lediglich in Nordeuropa kann man noch natürlich aufgewachsene Lachse angeln.

Salmo salar **Nova Scotia**

Meerforelle

Sea trout

Länge: Bis 140 cm.
Verbreitung: Europäische Küsten. Südliche Nordsee und Ostsee.
Tiefe: 1 - 100 m.
Allgemein: Die Meerforelle unterscheidet sich vom Lachs durch einen breiteren Schwanzstiel. Der Lebenszyklus verläuft ähnlich wie beim Lachs, allerdings gibt es Unterarten, die entweder nur im Meer oder im Süßwasser leben. Sie sind als Bachforelle, See- und Schwarzmeerforelle bekannt.

Salmo trutta **Hebriden, Schottland**

Synodus saurus Balearen, Spanien

Grüner Eidechsenfisch

Bluestriped lizardfish

L: Max. 40 cm. V: Mittelmeer. Azoren bis Kapverden. Westatlantik. T: Meist 1 - 20 m (max. 400 m). A: Querschnitt fast rund, Maul mit vielen kleinen, spitzen Zähnen. Die tagaktiven Lauerräuber liegen reglos auf Sand oder Geröll und schnappen vorbeischwimmende Fische.

Synodus synodus Kanaren

Atlantischer Eidechsenfisch

Atlantic lizardfish

L: Bis 30 cm. V: Nicht im Mittelmeer. Azoren bis St. Helena. Westatlantik. T: 1 - 90 m. A: Lebt meist auf Fels- und Geröllboden, seltener auf Sand. Grundfärbung ist dem Bodengrund angepaßt. Unterschied zu *S. saurus:* Schwarzer Fleck auf der Schnauzenspitze (kleines Foto).

KRÖTENFISCHE BATRACHOIDIDAE

Halobatrachus didactylus Algarve, Portugal

Lusitanischer Krötenfisch

Lusitanian toadfish

Länge: Bis 50 cm.
Verbreitung: Westliches Mittelmeer. Ein Nachweis aus dem Kattegat. Alle anderen Funde aus dem Ostatlantik zwischen Südfrankreich und Ghana.
Tiefe: 5 - 50 m.
Allgemein: Ein Lauerräuber, der oft im Sand eingegraben oder in Felsspalten versteckt ist. Am massigen Kopf mit zahlreichen Unterlippenbarteln zu erkennen. Die Färbung ist sehr variabel von graubraun und -grün bis rot. Kopf und Körper sind von vielen kleinen Punkten bedeckt.

Kleinköpfiger Schildbauch

Small-headed clingfish

Länge: Bis 4 cm.
Verbreitung: Mittelmeer, Schwarzes Meer. Küsten Englands und Frankreichs.
Tiefe: Im Flachwasser.
Allgemein: Die Schildbäuche im Mittelmeer und Ostatlantik sind kleine Arten (bis 8 cm Länge). Der vordere Kopf ist abgeflacht und das Maul gigantisch im Vergleich zum gesamten Fisch. Alle Arten sind Fleischfresser. Typisch für *A. dentatus* ist der sehr kurze Kopf und die vergrößerten und stark pigmentierten Vorderteile der Rücken- und Afterflossen.

Apletodon dentatus Cornwall, England

Seeigel-Schildbauch

Sea-urchin clingfish

Länge: Bis 4 cm.
Verbreitung: Mittelmeer. Azoren, Madeira, Kanaren.
Tiefe: 0,5 - 20 m.
Allgemein: Diese Schildbauch-Art wurde erst kürzlich entdeckt. Sie versteckt sich oft unter den Stacheln des Seeigels *Arbacia lixula.* Jungtiere sind auf Posidonia-Blättern häufig, zusammen mit dem Seegras-Schildbauch *Opeatogenys gracilis.* Adulte Seeigel-Schildbäuche leben auch in leeren Muschelschalen und unter Steinen.

Apletodon incognitus Golfe du Lion, Frankreich

Pellegrins Schildbauch

Pellegrin's clingfish

Länge: Bis 4 cm.
Verbreitung: Von Madeira, den Kanaren und den Kapverden südwärts bis Südafrika.
Tiefe: 0 - 40 m.
Allgemein: Typisch für diese Art, hier auf dem Foto an eine Braunalge angeheftet zu sehen, ist der massige Kopf, der auf Höhe der Kiemendeckel am breitesten ist.

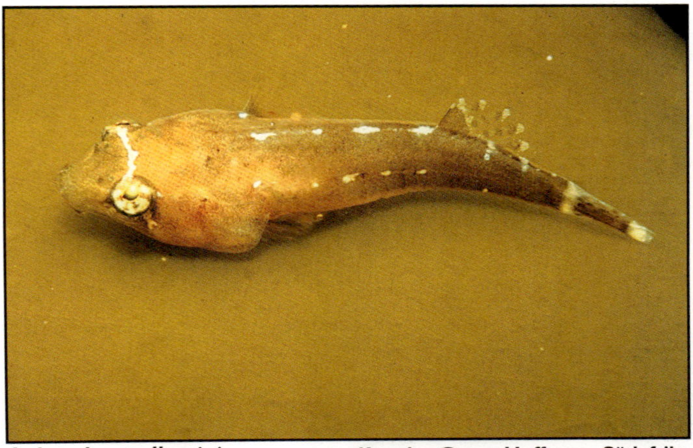

Apletodon pellegrini Kap der Guten Hoffnung, Südafrika

Diplecogaster bimaculata Bretagne, Frankreich

Zweifleck-Schildbauch

Twospot clingfish

L: 6 cm. V: Mittelmeer, Schwarzes Meer. Norwegen bis Senegal. Oz. Ins. T: 4 - 200 m. A: In Seegraswiesen, auch auf Fels und Sand mit Muschelschalen Färbung extrem variabel, dunkelbraun bis hellgrün. Die namensgebenden purpurnen Flecken hinter den Brustflossen sind nicht immer vorhanden.

Diplecogaster megalops Lamberts Bay, Südafrika

Großaugen-Schildbauch

Big-eyed clingfish

Länge: Bis 3 cm.
Verbreitung: Südafrika, West- und Ostküste.
Tiefe: 1 - 220 m.
Allgemein: Zwischen Steinen und Algen. Meist auf Sand, was für einen Schildbauch ungewöhnlich ist. Über die Biologie dieses Fisches ist nur wenig bekannt. Mindestens eine tropische Art der Familie entfernt Parasiten von anderen Fischen.

Gouania wildenowi Sizilien, Italien

Glatter Schildbauch

Smooth clingfish

L: Bis 6 cm. V: Endemisch im Mittelmeer. T: 0 - 1 m. A: Diese Schildbauch-Art ist schwer zu entdecken, da sie normalerweise tief in Kies versteckt ist. Wegen der unterirdischen Lebensweise sind ihre Augen sehr klein.

Purpur-Schildbauch

Purple clingfish

Länge: Bis 8 cm.
Verbreitung: Mittelmeer, Schwarzes Meer. Irland bis Senegal.
Tiefe: 0 bis mindestens 20 m.
Allgemein: Die häufigste Schildbauch-Art im Ostatlantik ist rechts zu sehen. Typisch sind die roten Punkte auf dem Kopf und entlang der Rückenflossenbasis. Das Charakteristikum der Familie ist ein Saugnapf am Bauch, der von den Bauchflossen gebildet wird, siehe Foto unten. Damit heften sich die Schildbäuche an Steine und Pflanzen im Flachwasser. Eine andere Besonderheit ist ihre Fähigkeit, den „Kopf zu heben"; eine spezielle Form der Wirbel ermöglicht dies.

Lepadogaster candollei **Golfe du Lion, Frankreich**

Strand-Schildbauch

Shore clingfish

Länge: Bis 8 cm.
Verbreitung: Mittelmeer, Schwarzes Meer. Nordküste der Britischen Inseln bis Senegal. Madeira, Kanaren, Kapverden.
Tiefe: 3 - 15 m.
Allgemein: Dies ist die häufigste Schildbauch-Art im Mittelmeer. Laichzeit ist von März bis Mai. Das große Foto rechts zeigt links ein Weibchen und rechts ein Männchen (dieses wächst immer größer).

Lepadogaster lepadogaster **Golfe du Lion, Frankreich**

SCHILDBÄUCHE GOBIESOCIDAE

Lepadogaster zebrina Kanaren

Zebra-Schildbauch

Zebra clingfish

L: Bis 7 cm. V: Madeira und Kanaren. T: 0 - 5 m. A: Häufig in Gezeitentümpeln. Diese Art ist ähnlich dem Strand-Schildbauch, unterscheidet sich aber durch Bänder auf den Körperseiten.

Opeatogenys gracilis Golfe du Lion, Frankreich

Seegras-Schildbauch

Seagrass clingfish

L: Bis 3 cm. V: Mittelmeer. T: 3 - 15 m. A: Ein hochspezialisierter Schildbauch, der nur in Seegraswiesen *(Cymodocea, Posidonia)* lebt, in Körperform und -farbe perfekt angepaßt. Eine der kleinsten Fischarten im Mittelmeer, auf dem Foto unten im Vergleich zu einer Seegras-Assel gezeigt.

ANGLERFISCHE ANTENNARIIDAE

Antennarius striatus Westatlantik

Gestreifter Anglerfisch

Striped frogfish

Länge: Bis 16 cm.
Verbreitung: Senegal bis Südafrika. St. Helena. Beide Seiten des Atlantik. Indopazifik.
Tiefe: 25 - 50 m.
Allgemein: Der Gestreifte Anglerfisch ist sehr variabel gefärbt. Typisch ist eine hellgelbe bis orange Körperfarbe (kann auch grün, grau oder braun sein) mit unregelmäßigen dunkelbraunen bis schwarzen länglichen Flecken oder Streifen. Manchmal kann der Anglerfisch (bis auf die helle „Angel") völlig schwarz sein.

Senegal-Anglerfisch

Senegal frogfish

L: Bis 28 cm. V: Westküste Afrikas von Marokko bis Angola. Madeira. T: 10 - 120 m.
A: Anglerfische sind eine der kuriosesten Fischfamilien. Sie sitzen wie ein Haufen Knetmasse auf dem Substrat. Ihre schuppenlose Haut ist oft von Warzen und fädigen Anhängen bedeckt. Ihre Farbe spiegelt meist die der Umgebung, wo sie ruhen, wider, oft bei Schwämmen. Daher sind sie so gut getarnt, daß sie oft übersehen werden - nicht nur von Tauchern, sondern auch von möglicher Beute. Der erste Rückenflossenstrahl der Lauerräuber sitzt zwischen den Augen und endet in einem Hautlappen (siehe Foto). Diese „Angel" ist frei beweglich und dient als zappelnder Köder, um Beute dicht an das Maul heranzulocken. Das Opfer wird dann ins riesige Maul gesaugt mit einer Bewegung, zu schnell, um vom menschlichen Auge wahrgenommen werden zu können. Die Eier werden in einer einzigen großen flottierenden gelatinösen Masse abgegeben.

Antennarius senegalensis **Kapverden**

Rückenfleck-Anglerfisch

Spotfin frogfish

L: Bis 9 cm. V: Azoren bis St. Helena. Gesamter Indopazifik. T: 10 - 300 m. A: Bei Madeira nicht selten, aber wegen der perfekten Tarnung sehr schwer zu entdecken. Rote Tiere sitzen oft bei roten Schwämmen. Das große Foto zeigt zwei Weibchen (mit dicken Bäuchen) und ein Männchen.

Antennarius nummifer **Madeira**

ANGLERFISCHE ANTENNARIIDAE

Histrio histrio **Azoren**

Sargasso-Anglerfisch

Sargassum frogfish

Länge: Bis 14 cm.
Verbreitung: Warme Gewässer des Atlantik. Azoren.
Tiefe: 0 - 10 m.
Allgemein: Pelagisch in flottierenden *Sargassum*-Algen. Dieser Anglerfisch imitiert die Farbe der ihn umgebenden Pflanzen und kann seine Färbung sehr schnell von hell nach dunkel wechseln. Er ist ein großer Räuber und Kannibale. Wenn er von unten bedroht wird, klettert der Sargasso-Anglerfisch sogar aus dem Wasser auf den Sargasso-Tang.

SEETEUFEL LOPHIIDAE

Lophius budegassa **Orkney Inseln, Schottland**

Kurzangel-Seeteufel

Short-spined anglerfish

L: Bis 100 cm, meist um 35 cm. V: Mittelmeer, Schwarzes Meer. Schottland bis Senegal. Kanaren. T: 5 - 500 m. A: Wird oft mit dem sehr ähnlichen *L. piscatorius* verwechselt. Hat weniger Rückenflossenstrahlen (9 - 10 gegen 11 - 12) und der dritte Hartstrahl ist viel kürzer.

Lophius piscatorius **Färöer, Dänemark**

Gewöhnlicher Seeteufel

Long-spined anglerfish

Länge: Bis 200 cm.
Verbreitung: Mittelmeer, Schwarzes Meer. Nordnorwegen bis zur Straße von Gibraltar. Azoren.
Tiefe: 10 - 500 m.
Allgemein: Die Seeteufel sind durch ihren abgeplatteten Körper unverwechselbar. Mit ihrem gigantischen Maul fangen sie sogar Seevögel, wenn diese zu nahe kommen. Der Gewöhnliche Seeteufel laicht von Februar bis Juli. Die Eimassen sehen wie lange, gelatinöse Schleier aus.

Rechte Seite: Typisches Habitat der Arten auf den nächsten Seiten, fotografiert im Skagerrak. ➤

HECHTDORSCHE MERLUCCIIDAE

Merluccius merluccius Jøsenfjord, Norwegen

Seehecht
Hake

L: 35 cm (Mittelmeer), 120 cm (Nordatlantik). V: Mittelmeer, Schwarzes Meer. Norwegen bis Marokko. T: 60 - 300 m. A: Tags hält er sich in für Taucher unerreichbarer Tiefe auf. Nachts steigt er auf, um Beutefische wie Heringe und Makrelen zu jagen. Geschätzter Speisefisch.

DORSCHE GADIDAE

Gadus morhua Färöer, Dänemark

Gadus morhua Boknafjord, Norway

Kabeljau, Dorsch
Cod

Länge: 50 - 80 cm, max. 150 cm (Gewicht 30 kg).
Verbreitung: Nordostatlantik von Norwegen bis zum Ärmelkanal. Nord- und Ostsee.
Tiefe: 1 - 600 m.
Allgemein: Der allseits bekannte Speisefisch ist auch für den UW-Fotografen sehr attraktiv, vorausgesetzt dieser paßt sich den Lieblingstemperaturen des Kabeljaus an: 0 - 10 °C. Dorschschwärme unternehmen Laich- und Freßwanderungen auf dem nordeuropäischen Kontinentalschelf. Ein besonderer Laichgrund liegt z.B. bei den Lofoten, wo sie von Februar bis April oberhalb von 200 m Tiefe laichen. Jungfische ernähren sich von Plankton, mit zunehmender Größe von Krebsen, Stachelhäutern, Ringelwürmer und Fischen wie Hering und Sandaal.

Wittling

Whiting

L: 30-40 cm, selten bis 70 cm.
V: Mittelmeer, Schwarzes Meer. Nordostatlantik von Island und Skandinavien bis Marokko. Nordsee und westliche Ostsee.
T: 25 - 100 m, selten bis 200 m.
A: Der Wittling lebt in Gruppen über Sand und Schlammböden auf dem Schelf und ernährt sich von Garnelen und kleinen Fischen. Früh im Jahr sammelt er sich in Schwärmen und laicht - je nach Gebiet - von Januar bis Juli bei 5 - 10 °C. Die Eier und planktonfressenden Larven verdriften und werden nach der Metamorphose zum Jungfisch bodenlebend. Manchmal sammeln sich Jungfische unter dem Schirm einer Qualle, vermutlich um durch die Nesselzellen des Hohltieres vor Freßfeinden geschützt zu sein (siehe unteres Foto); Wittlinge sind wichtige Nahrungsfische für größere Raubfische, so auch für ihre Verwandten, die Dorsche. Als Speisefisch ist der Wittling nicht von Bedeutung. Der in der Nordsee häufige Fisch wandert etwa ab Juni durch das Kattegatt in die westliche Ostsee ein.

Merlangius merlangus **Sognefjord, Norwegen**

Merlangius merlangus **Lofoten, Norwegen**

Schellfisch

Haddock

Länge: Bis 100 cm (Gewicht 12 kg).
Verbreitung: Nordostatlantik von Spitzbergen, Island, Norwegen bis zum Ärmelkanal. Nord- und westliche Ostsee.
Tiefe: 10 - 300 m.
Allgemein: Der wichtige Speisefisch lebt in Schulen im Freiwasser oder auch einzeln am Boden, wo er sich von Krebsen, Mollusken, Stachelhäutern, Fischlaich und kleinen Fischen ernährt. Nach lebhaften Balzspielen legt ein Weibchen bei 6 - 10 °C bis zu 1 Million Eier ab. Die befruchteten Eier sind planktonisch und werden mit der Strömung verdriftet.

Melanogrammus aeglefinus **Sognefjord, Norwegen**

Pollachius pollachius **Isle of Man, Irische See**

Pollack

Pollack

Länge: 60 - 90 cm, selten bis 130 cm.
Verbreitung: Nordostatlantik von Skandinavien bis zur Biskaya. Nord- und westliche Ostsee.
Tiefe: 1 - 200 m.
Allgemein: Der Pollack lebt als Jungfisch küstennah, Ältere wandern in tieferes Wasser über Felsen ab. Lebt nur zur Laichzeit in Schwärmen. Ein typischer Raubfisch, der sich als erwachsenes Tier fast ausschließlich von anderen Fischen ernährt (Hering, Sandaal, Wittling).

Pollachius pollachius **Jøsenfjord, Norwegen**

Pollachius virens **Bristol Channel, England**

Köhler, Seelachs

Saithe

L: 30-80 cm, selten bis 120 cm.
V: Von Island und Skandinavien über die Britischen Inseln bis Spanien. Nordsee und westliche Ostsee. T: 1 - 200 m.
A: Von dieser Art weiß man, daß sie 25 Jahre alt werden kann. An Knochenfischen in gemäßigten Breiten kann man nämlich relativ einfach das Alter bestimmen, indem man am größten der drei Otolithen (sogenannte Gehörknöchelchen) jahreszeitlich bedingte Wachstumsringe zählt. Sein Verhalten stimmt mit dem oben genannten Pollack überein und beide sind wichtige Speisefische.

Leng
Ling

Länge: 150 - 180 cm, selten bis 200 cm (Gewicht 30 kg). Verbreitung: Nordostatlantik von Skandinavien bis zur Biskaya. Nordsee und westliche Ostsee. Gelegentlich im westlichen Mittelmeer. Tiefe: Jungtiere in etwa 20 m, Adulte in 300 - 400 m. Allgemein: Der Taucher wird am ehesten einem der schön gemusterten Jungfische (siehe unteres Foto) küstennah über Felsgrund begegnen. Die Adulten dieser größten Dorschart leben einzeln im tieferen Schelfbereich, wo sie sich in erster Linie von Fischen (Heringe, andere Dorsche, Plattfische), aber auch von Krebsen, Mollusken und Stachelhäutern (Seesterne) ernähren. Der Leng laicht von März bis Juli in 50 bis 300 m Wassertiefe bis zu 60 Millionen Eier ab. Diese sind pelagisch, haben einen Durchmesser von 1 mm und enthalten einen Öltröpfchen als Auftriebshilfe.

Molva molva **Isles of Scilly, England**

Molva molva **Lofoten , Norwegen**

Dunkler Gabeldorsch
Larger forkbeard

L: 15 - 25 cm, max. 60 cm. V: Westl. Mittelmeer. Biskaya bis Marokko. T: 20 - 300 m, selten ab 20 m. A: Lebt nachtaktiv über Felsgrund, versteckt sich tags in Höhlungen. Wegen seiner Vorliebe für größere Tiefen gehört der einfarbig braune Fisch zu den seltenen Begegnungen für Taucher (der Jungfisch unten wurde in 45 m an der Küste Kroatiens fotografiert).

Phycis phycis **Costa Brava, Spanien**

Froschdorsch

Tadpole Fish

L: 25 - 30 cm. V: Norwegen bis Biskaya. Nordsee, westl. Ostsee. T: 10 - 15 m, selten bis 100 m. A: Einzelgänger auf Weichböden. Für den Fotografen ist es schwierig, ein gutes Portrait zu erlangen, weil bei der kleinsten Bewegung eine „Staubwolke" den Froschdorsch umhüllt.

Raniceps raninus **Grevelinger Meer, Niederlande**

Fünfbartelquappe

Five-Bearded Rockling

Länge: Bis 25 cm, max. 45 cm.
Verbreitung: Nordostatlantik: Island bis Portugal. Südliche Nordsee, westliche Ostsee.
Tiefe: 1 - 10 m.
Allgemein: Ein in der Gezeitenzone häufiger Fisch, der aber aufgrund seiner versteckten Lebensweise auf Schlammböden und im Muschelbruch für den Fotografen nicht einfach zu erkennen ist.

Ciliata mustela **Bantry Bay, Irland**

Zwergdorsch

Poor cod

Länge: 15 - 20 cm, selten bis 26 cm.
Verbreitung: Westliches und zentrales Mittelmeer. Norwegen bis Marokko. Nordsee, westliche Ostsee.
Tiefe: 20 - 300 m.
Allgemein: Diese Art ist sehr schwierig vom Franzosendorsch zu unterscheiden. Während dieser Ansätze von vertikalen breiten Streifen auf seinem Körper und einen weißen Flossensaum um die Afterflosse zeigt, fehlen diese Merkmale dem Zwergdorsch.

Trisopterus minutus **Gullmarsfjord, Schweden**

Franzosendorsch

Bib

Länge: 15 - 30 cm, selten bis 45 cm.
Verbreitung: Westliches und zentrales Mittelmeer. Norwegen bis Marokko. Nordsee und Skagerrak.
Tiefe: 20 - 300 m.
Allgemein: Die kleineren Exemplare dieser Art findet man küstennah, während die ausgewachsenen Franzosendorsche küstenferner in größeren Tiefen leben. Im Mittelmeer sieht man als Taucher diese Art aus der Familie der Dorsche am häufigsten. Im März bis April laicht der Franzosendorsch in 50 - 70 m Tiefe. Die pelagischen Eier driften mit der Strömung und enthalten keinen Öltropfen. Der bodengebundene Jungfisch wird bereits am Ende des ersten Lebensjahres geschlechtsreif. Franzosendorsche fressen mit Vorliebe Krebstiere, gelegentlich auch Borstenwürmer und kleine Fische.

Trisopterus luscus **Istrien, Kroatien**

Trisopterus luscus **Cornwall, England**

Gefleckte Seequappe

Spotted rockling

L: Bis 26 cm. V: Nur von den Azoren, Madeira, den Kanaren und der portugiesischen Küste bekannt. T: 1 - 10 m. A: Diese und die folgenden Quappenarten ernähren sich in erster Linie von Krebsen, aber auch von Algen. Auch kleinere Fische gehören zur Beute.

Gaidropsarus guttatus **Azoren**

Gaidropsarus mediterraneus **Adria, Kroatien**

Mittelmeer-Seequappe
Shore rockling

Länge: Bis 25 cm, max. 50 cm. Verbreitung: Mittelmeer (fehlt im Levantinischen Meer), Schwarzes Meer. Im Atlantik von Südnorwegen bis Gibraltar. Tiefe: Gezeitenzone bis 27 m. Allgemein: Die Laichzeit dieser attraktiven Art liegt in kühleren Gewässern wie um England im Juli bis August, während sie im Mittelmeer schon im Januar bis März beginnt. Dann verlassen die Seequappen ihr Felsküstenhabitat, um in größeren Tiefen zu laichen. Jungfische findet man häufig in Gezeitentümpeln. Die Körperfarbe ist dunkelbraun.

Gaidropsarus vulgaris **Orkney-Inseln, Schottland**

Dreibärtelige Seequappe
Common rockling

L: Bis max. 50 cm. V: Mittelmeer. Norwegen bis zur Algarve. T: 10 - 120 m. A: Leicht mit der Mittelmeer-Seequappe zu verwechseln, aber bei der Dreibärteligen Seequappe überwiegt auf dem Körper ein rosa Farbton.

HÖHLENFISCHE BYTHIDIDAE

Oligopus ater **Costa Brava, Spanien**

Schwarzer Höhlenfisch
Black fauvre

L: Bis 10 cm. V: Mittelmeer. T: 2 - 70 m. Eine weitere Art soll bis 500 m Tiefe leben. A: Dieser nachtaktive Fisch lebt selbst nachts tief zurückgezogen in Höhlen. Alle vorliegenden Fotos wurden nur unter schwierigen Umständen bei Nachttauchgängen in Höhlen geschossen. Das abgebildete Tier reagierte fluchtartig auf die Taucherlampe und konnte - da es 1975 noch kein TTL gab - nur mit viel Glück im Dunkeln fokussiert werden.

Atlantischer Schlangenfisch

Bearded brotula

Länge: Bis 75 cm.
Verbreitung: Senegal bis Namibia. Kapverden.
Tiefe: 5 - 650 m.
Allgemein: Mitglieder dieser weltweit verbreiteten Gattung leben allgemein in für Taucher nicht erreichbaren Tiefen, nicht so diese atlantische Art. Die sogar noch vor den Brustflossen liegenden Bauchflossen sind reduziert und werden - wie die Barteln am Kinn - als Fühler benutzt. Schlangenfische werden oft mit Welsen verwechselt, sind nachtaktiv und ernähren sich von Krebsen und Fischen.

Brotula barbata **Kapverden**

Gelbsaum-Bartmännchen

Yellowfin snake blenny

Länge: Bis 20 cm.
Verbreitung: Mittelmeer (nachgewiesen im Ligurischen Meer), Schwarzes Meer. Kanaren.
Tiefe: 2 - 15 m.
Allgemein: Im Vergleich mit der vorgenannten Art sind die Bauchflossen so weit "nach vorne gerückt", daß man sie als Bartfäden unter dem Kinn erkennt. Barteln wie die *Brotula*-Arten haben die Arten von *Ophidion* nicht.

Parophidion vassali **Kanaren**

Schwarzsaum-Bartmännchen

Blackfin snake blenny

Länge: Bis 30 cm.
Verbreitung: Mittelmeer, Schwarzes Meer. Im Atlantik von Südengland bis Senegal.
Tiefe: 10 - 150 m.
Allgemein: Die großen Augen dieses Fisches deuten auf seine Nachtaktivität hin. Nur dann kann man ihn fotografieren, wenn er sich auf Nahrungssuche nach benthischen Wirbellosen über Sandflächen begibt. Jungfische halten sich in Seegraswiesen auf. Es handelt sich um eine recht seltene Art in unserem Bereich.

Ophidion barbatum **Chalkidiki, Griechenland**

PARASITEN

An und in so gut wie jeder Tierart leben Parasiten aus ganz verschiedenartigen Tiergruppen wie zum Beispiel Einzeller, Plattwürmer, Egel und Krebse. Die meisten Parasiten sind auf eine oder ganz wenige sogenannte „Wirtsarten“ beschränkt. Es gibt also viel mehr parasitische als freilebende Tiere.

ALLE FTOS: JOHN NEUSCHWANDER

1. Die meisten Ruderfußkrebse (Copepoda) leben im Plankton. In dieser Gruppe gibt es aber auch viele parasitische Arten. Manche davon leben an den Kiemen von Fischen und sind in ihrer Form so stark abgewandelt, daß sie lange Zeit nicht einmal als Krebse erkannt worden sind. Andere Arten wie die hier abgebildeten *Caligus sp.* ähneln noch eher Krebsen. Sie sitzen auf der Haut vieler verschiedener Fischarten wie hier dem Seehasen und hüpfen bei Bedrohung wie Flöhe an andere Stellen.

2. Für ihr Wirtstier sind *Caligus*-Arten wahrscheinlich nicht weiter schädlich, weil sie sich hauptsächlich von Hautschleim ernähren. Die zwei langen Schnüre am Hinterleib der Ruderfußkrebse auf diesem Foto sind die Eisäcke. Der rote Punkt auf dem Vorderkörper ist das (unpaare) Auge.

3. Ebenfalls zu den Krebsen gehören die Asseln (Isopoda). Wie bei den Copepoden sind die meisten Arten freilebend. Zu den Parasiten gehören viele verschiedene Arten der Gattung *Nerocila.* Mit ihren nadelspitzen Fußkrallen klammern sie sich an Fischen fest und saugen Blut oder fressen Hautfetzen. Auf diesem Pollack vor der Küste Hollands sitzen gleich mehrere Fischasseln.

4. Die befallenen Fische haben kaum eine Möglichkeit, diese Plagegeister wieder loszuwerden. Für kleine Fische kann ein starker Befall von mehreren Fischasseln durchaus tödlich sein. Dieser Streifenschleimfisch von der Costa Brava ist möglicherweise dem Tode geweiht.

HELMUT DEBELIUS

REIMUND HÜBNER

5. Im östlichen Atlantik erst vor kurzem entdeckt (bisher nur aus dem westlichen Atlantik bekannt): Die große Fischassel *Nerocila acuminata.* Hier saugt ein sehr kräftiges Tier an einem Großaugenbarsch bei den Kanarischen Inseln.

6. Am Kopf dieses männlichen Leierfisches haben sich die Plagegeister dort angesiedelt, wo die Fischhaut weich ist. So am Auge und an den Lippen des an der Küste Norwegens lebenden farbenprächtigen Meeresbewohners.

FLORIAN GRANER

JOHN NEUSCHWANDER

7. Auch große Fische bleiben von Parasiten nicht verschont wie hier der größte aller im Bereich dieses Buches vorkommenden Fische, der Riesenhai. An seiner Rücken flosse erkennt man Seeläuse (Copepoden), die wie Fähnchen im Wind an den Flossen hängen.

EINGEWEIDEFISCHE CARAPIDAE

Carapus acus Madeira

Eingeweidefisch
Pearlfish
L: Bis 20 cm. V: Mittelmeer. Im Atlantik Madeira und Kanaren. T: 5 - 25 m. A: Ein Fisch mit ungewöhnlicher Heimat: Er lebt im Inneren von Seegurken, manchmal auch in Muscheln. Tagsüber hält er sich im Darm der Seegurke versteckt. Hier frißt er parasitisch an den Geschlechtsorganen der Seegurke, ohne das Wirtstier dabei erheblich zu beschädigen. Diese Hormonnahrung benötigt der Eingeweidefisch, um geschlechtsreif zu werden. Bei übermäßiger Belästigung stößt die Seegurke den Parasiten mitsamt den eigenen Eingeweiden aus! Nachts verläßt er den einzigartigen Schutz, um in den oberen Sandschichten Kleintiere zu jagen.

BUTTERFISCHE PHOLIDIDAE

Pholis gunnelleus Connemara, Irland

Butterfisch
Gunnel
L: Bis 25 cm. V: Nordnorwegen bis zur Biskaya. Nordsee und gesamte Ostsee. T: 1-40 m, im Winter bis 100 m. A: Gut getarnter Bodenfisch, den man beim Schnorcheln zwischen ufernahen Algen, auf Sand oder Felsen vorfindet. Butterfische sind Laichräuber.

STACHELRÜCKEN STICHAEIDAE

Chirolophus ascanii Färöer, Dänemark

Stachelrücken
Yarrell's blenny
L: Bis 25 cm. V: Im Ostatlantik von Großbritannien und Irland bis Norwegen und in die See von Murmansk, auch Färöer und Island. T: 15 - 280 m. A: Durch seinen Kopfputz unverwechselbar. Lebt zwischen Pflanzen auf Felsgrund und frißt Kleintiere und Algen.

Driftfisch

Driftfish

Länge: Bis 80 cm.
Verbreitung: Mittelmeer. Im Ostatlantik von den Azoren bis zu den Kanaren. Westatlantik.
Tiefe: 0 - 700 m.
Allgemein: Die an Korallenfische erinnernde Färbung des Jungfisches hat selbst im blauen Wasser der Hochsee ihre Bedeutung: Wie man auf dem Foto mit der Schildkröte sieht, löst sich der juvenile Driftfisch optisch hervorragend auf und gleicht einem Teil ihres Rückenpanzers. Dieses und das kleine Foto beweisen außerdem, daß sich Driftfische im Schutz von treibenden (oder langsam schwimmenden) Gegenständen oder Tieren aufhalten. Während Jungtiere Zooplankton fressen, ernähren sich Adulte auch von im Meer treibenden, nicht nesselnden Salpen (Tunikaten, Manteltiere).

Schedophilus ovalis **Azoren**

Quallenfresser

Medusafish

L: Bis 50 cm. V: Westliches Mittelmeer. Madeira, Azoren. T: 0 - 60 m. A: Fische dieser Familie findet man nur im offenen Meer. Jungfische dieser Art sind mit Quallen assoziiert, sogar mit der für Menschen gefährlichen Portugiesischen Galeere *Physalia physalis*. Sie leben im Schutz der Nesselzellen, wahrscheinlich ohne diese zu berühren - anders als die kuschelnden Clownfische aus dem Indopazifik. Allerdings sind die den Jungen Unterstand bietenden Quallen auch Nahrung für die adulten Fische! Die Färbung des Jungfisches weicht durch ein lebhaftes Fleckenmuster vom einfarbigen Blau des adulten Tieres ab.

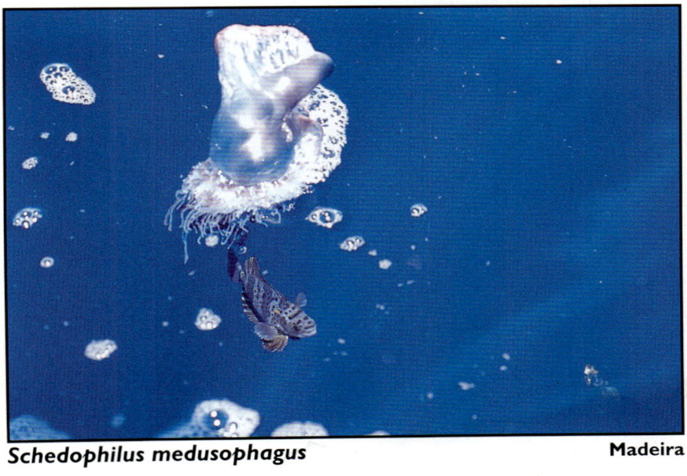

Schedophilus medusophagus **Madeira**

SEEWÖLFE ANARHICHADIDAE

Anarhichas lupus **Sognefjord, Norwegen**

Anarhichas lupus **Barents-See**

Seewolf

Wolffish

Länge: Bis 125 cm.
Verbreitung: Von Spitzbergen bis zum Ärmelkanal.
Tiefe: 1 - 500 m.
Allgemein: Der Seewolf sieht wie ein riesiger Schleimfisch ohne Bauchflossen aus. Sein Kopf ist groß; man sieht die Zähne vorne im Maul, auch wenn der Fisch nicht frißt. Am Gaumendach und gegenüber im Unterkiefer sitzen plattenförmige Mahlzähne, mit denen der Seewolf seine hartschalige Beute (Seeigel, große Krebse, Muscheln) knackt. Seltene Ausnahme unter den Fischen: Er hat eine innere Befruchtung. Ein paar Stunden nach der Kopulation legt das Weibchen einen Klumpen befruchteter Eier. Anfangs bewachen beide Elterntiere den Laich; nach ein oder zwei Tagen verschwindet das Weibchen und nur noch das Männchen wacht bis zum Schlüpfen der Jungen (siehe auch Seite 110) nach ungefähr zwei Monaten. Sie bleiben am Boden, bis ihr Dottersack aufgebraucht ist, dann schweben sie kurze Zeit im Plankton.

AALMUTTERN ZOARCIDAE

Zoarces viviparus **Oosterschelde, Niederlande**

Aalmutter

Eelpout

L: Bis 50 cm, aber meist nur bis 30 cm. V: Nordnorwegen bis zum Ärmelkanal. Ostsee. T: 1 - 40 m. A: Die Aalmutter wird auch Lebendgebärender Schleimfisch genannt. Wie der Name besagt, bekommt sie lebende Junge. Laichzeit ist August bis September. Nach einer Tragzeit von 4 Monaten gebiert das Weibchen 10 - 400 Junge, jedes etwa 4 cm lang. Sie können mit Butterfischen verwechselt werden, diese haben jedoch sehr auffällige Augenflecken entlang der Rückenflosse. Das Foto der Aalmutter rechts wurde bei der dänischen Ostsee-insel Bornholm gemacht.

ALLES FÜR DEN NACHWUCHS

Die meisten Fische stoßen Eier und Spermien im freien Wasser aus. Die befruchteten Eier treiben dann einem ungewissen Schicksal entgegen. Viele bodenlebende Fische sind dagegen nicht bereit, ihre Brut dem Schicksal ungeschützt zu überlassen. Sie bleiben bei den sich entwickelnden Eiern, bis die Larven schlüpfen. Nur von zwei indopazifischen Meeresfischen ist bekannt, daß darüberhinaus die Jungfische von beiden Elternteilen bewacht werden.

WERNER FIEDLER

1+2. Die Laichzeit des Seehasen reicht von Februar bis Mai. Je nach Größe legen die Weibchen bis zu 300000 Eier. Sobald die bis zu 20 cm großen Eiklumpen am Untergrund haften, verschwindet das hellblaue Weibchen, denn es hat ihren Beitrag zur Arterhaltung getan. Dasrot-orangene Männchen befruchtet und bewacht das Gelege sechs bis sieben Wochen lang und befächelt es mit Frischwasser bis die Jungen schlüpfen. Regelmäßig preßt der Fisch einen kräftigen Wasserschwall nach dem anderen aus seinem Maul über den Laich.

FLORIAN GRANER

3a+b. Die gelblichen Eier des Seehasen - hier in einem Muschelfeld - sind zwei bis drei Millimeter groß. Sie werden als sogenannter „Falscher Kaviar“ vermarktet. Als Nahrungsvorrat für die sich entwickelnden Larven enthalten die Eier Öltröpfchen, die auf dem Nahaufnahme gut zu sehen sind.

WERNER FIEDLER

WERNER FIEDLER

4. Einen ungewöhnlichen Brutplatz hat sich das Männchen des Purpur-Ansaugers an der Küste der Bretagne ausgesucht: Es nutzt die Schale einer Herzmuschel, an deren Inneres das Weibchen die Eier geheftet hat. Die Schale lag natürlich ursprünglich mit der Höhlung nach unten. Nur zur Dokumentation hat sie der Fotograf umgedreht, danach aber gleich wieder in ihren alten Zustand versetzt.

JOHN NEUSCHWANDER

JOHN NEUSCHWANDER

5. Auch die Schwarzgrundel vor der Küste Hollands hat eine leere Muschel gefunden, um ihre Eier vor Raub-feinden zu verstecken. Einige Eier sind als längliche Zäpfchen an der Öffnung der Muschel zu erkennen. Das Männchen bewacht und befächelt sie.

6. Das Männchen des Rotlippen-Blennies bewacht hier an der Küste von La Gomera, Kanaren, gleich mehrere Gelege in verschiedenen Entwicklungs-stadien. Offensichtlich ist es ihm gelungen, mehrere Weibchen dazu zu bewegen, ihre Eier bei ihm abzuliefern.

HELMUT DEBELIUS

TONY HOLM

7. Der Seewolf ist einer der wenigen Meeresfische mit innerer Besamung. Einige Stunden nach der Kopula legt das Weibchen einen großen Eiballen. Für ein bis zwei Tage bewachen beide Elterntiere - wie hier gezeigt - die Eier, doch dann überläßt das Weibchen die weitere Brutpflege dem Vater der Brut.

PETER WIRTZ

8. Während die bislang gezeigten Arten schon existierende Höhlen benutzen, gibt es einige Meeresfische - besonders im Bereich dieses Buches -, die wie die Vögel Nester bauen. Das Foto von der südfranzösischen Mittelmeerküste zeigt ein Pärchen des Grauen Lippfisches. Das Weibchen (vorne) steht kurz davor, in das vom Männchen aus Algen gebaute Nest zu schlüpfen, und dort ihre Eier abzulegen.

RUDIE KUITER

9. Bei den Seennadeln tragen die Männchen die Eier am Bauch, nachdem das Weibchen sie dort angeheftet hat. Bei einigen Arten liegen die Eier frei, während bei anderen zwei seitliche Falten am Bauch die Eier überdecken und schützen. Durch diese Falten hindurch kann man auf dem Foto erkennen, daß die Larven in den Eiern bereits Augenentwicklung haben.

JOHN NEUSCHWANDER

10. Die Männchen der Kardinalbarsche tragen den Eiballen des Weibchens im Maul bis zum Schlüpfen der Jungen. Zur Belüftung wird das Gelege vorsichtig durchgekaut. Allerdings müssen die Männchen die Nahrungsaufnahme einstellen, so lange sie Laich im Maul tragen. Maulbrüten ist zwar eine besonders effektive Methode, um das Gelege vor Räubern zu schützen, aber auch sehr anstrengend für das brütende Tier. Maulbrütende Männchen, wie hier ein Meerbarben-könig an der Küste Maltas, sind an der vorgewölbten Kehle leicht zu erkennen.

HALBSCHNÄBLER HEMIRHAMPHIDAE

Hemirhamphus balao **Madeira**

Halbschnäbler

Halfbeak

L: Bis 28 cm. V: Madeira, Kanaren. Golf von Guinea bis Angola. T: 0 - 10 m. A: Die epipelagisch dicht unter der Wasseroberfläche einzeln oder in kleinen Gruppen lebenden Halbschnäbler werden oft mit den Hornhechten verwechelt. Wie der Name besagt, haben erstere aber einen kurzen Oberkiefer, der vom Unterkiefer weit überragt wird. Beim vorsichtigen Anschwimmen sind die nicht auf gleicher Höhe stehenden Rücken- und Afterflossen aber ein besseres Identifikationsmerkmal dieser scheuen Jäger.

HORNHECHTE BELONIDAE

Belone belone **Ostsee**

Hornhecht

Garfish

L: Bis 90 cm. V: Mittelmeer. Nordsee bis Kanaren. T: 0 - 10 m. A: Rücken- und Afterflosse auf gleicher Höhe (siehe Halbschnäbler!). Oft direkt unter der Oberfläche, wo er kaum zu entdecken ist und auf kleine Fische lauert, die er mit Seitwärtsbewegung seiner Kiefer (kl. Foto) blitzartig schnappt.

ÄHRENFISCHE ATHERINIDAE

Atherina hepsetus **Toskanischer Archipel, Italien**

Mittelmeer-Ährenfisch

Southern sand smelt

L: Bis 10 cm. V: Mittelmeer, Schwarzes Meer. Galizien bis Madeira. T: 1 - 10 m. A: Ährenfische werden häufig mit Sardinen verwechselt. Sie sind jedoch nicht völlig silbern, sondern tragen nur einen silbernen Längsstreifen.

HALBSCHNÄBLER HEMIRHAMPHIDAE

Atlantik-Ährenfisch

Sand smelt

L: Bis 10 cm. V: Selten: Westliches Mittelmeer, südliche Nordsee. Kattegatt bis Marokko. Azoren, Madeira, Kanaren. T: 1 - 10 m. A: Ährenfische sind Futterfische für viele Raubfische. Um das Individuum zu schützen, schwimmen sie in riesigen Schwärmen im Flachwasserbereich der Küsten. Einzeln fotografieren kann man sie lediglich nachts, wenn sie am Bodengrund ruhen. Die Arten können nur von Fachleuten zuverlässig bestimmt werden (so wie hier geschehen).

Atherina presbyter **Oosterschelde, Niederlande**

SOLDATENFISCHE HOLOCENTRIDAE

Schwarzstreifen-Soldatenfisch

Blackbar soldierfish

Länge: Bis 22 cm.
Verbreitung: Kapverden, São Tomé, Principe, Ascension, St. Helena. Westatlantik.
Tiefe: 2 - 90 m.
Allgemein: Der bei Felsen und Riffen lebende Schwarzstreifen-Soldatenfisch ist in unserem Gebiet selten, im Westatlantik dagegen häufig. Der senkrechte schwarze Streifen auf dem Kiemenschlitz ist diagnostisch. Die Nahrung der nachtaktiven Art besteht aus bodenlebenden Wirbellosen wie Mollusken und Krebsen. Sie steht aber auch zur Dämmerung im freien Wasser, um pelagisches Zooplankton aufzunehmen. Im Gegensatz zur folgenden Unterfamilie Holocentrinae tragen die Arten der hier gezeigten Unterfamilie Myripristinae keinen Stachel am Kiemendeckel.

Myripristis jacobus **São Tomé**

Holocentrus adscensionis Ascension

Ascension-Husar

Ascension squirrelfish

L: Bis 35 cm. V: St. Paul's Rocks, Ascension. Gabun, Angola. W. Atlantik. T: 4 - 35 m. A: Arten der Unterfamilie haben kräftigen Stachel am Unterrand des Kiemendeckels. Nachtaktive Räuber, tags in Gruppen unter Felsüberhängen und in Höhlen. Begehrte Fotoobjekte. Kl. Foto von St. Helena.

Sargocentron hastatus Kapverden

Ostatlantik-Husar

Eastern Atlantic squirrelfish

L: Bis 25 cm. V: Süd-Portugal bis Angola. Kapverden. T: 10 - 100 m. A: Soldatenfische gehören im Bereich dieses Buches zu den beliebten Speisefischen. Auf den kapverdischen Fischmärkten findet man deshalb auch häufig den Ostatlantik-Husar, der an dem weißen, senkrechten Streifen auf dem Kiemendeckel gut zu erkennen ist. Wenn Soldatenfische tot sind, verblaßt ihr typischer roter Grundton sehr bald.

Sargocentron rubrum Ägäis, Türkei

Mittelmeer-Husar

Mediterranean squirrelfish

L: Bis 22 cm. V: Mittelmeer: Ägäis und Levantinisches Meer. Weitverbreitet im Indopazifik. Tiefe: 10 - 50 m. A: Bei dem Mittelmeer-Husar handelt es sich um einen der zahlreichen Einwanderer aus dem Roten Meer, die durch den Suez-Kanal ins Mittelmeer eingedrungen sind, wo sich diese Art immer noch westwärts ausbreitet. Verwechslungsmöglichkeit besteht nicht, da sie die einzige Art aus der Familie der Soldatenfische im Mittelmeer ist.

HERINGSKÖNIGE ZEIDAE

Heringskönig

John Dory

L: 20 - 90 cm.V: Mittelmeer, Schwarzes Meer. Norwegen bis Südafrika. Azoren, Madeira, Kanaren. T: 10 - 400 m. A: Unverwechselbar, typisch für den Bereich. Im temperierten Indopazifik sehr ähnliche Arten. Heringskönige sind begehrte Speisefische, die bis zu 20 kg Gewicht erreichen. Sie werden auf den Fischmärkten rund ums Mittelmeer teuer gehandelt. Der deutsche Populärname entstand aus der falschen Vorstellung, dieser Fisch führe die Heringsschwärme an, da er zumeist mit ihnen gefangen wurde. Der englische Name kommt vom Türsteher der Himmelspforte! Der majestätische Einzelgänger frißt Schwarmfische wie Heringe, Sardinen und Sprotten. Er nähert sich ihnen langsam, um plötzlich vorzustoßen und sie mit dem weit vorstreckbaren Maul einzusaugen. Jungtiere sind im Sommer in kleinen Gruppen an algenbewachsenen Felswänden zu beobachten.

Zeus faber **Scilly Isles, England**

Zeus faber **Korsika, Frankreich**

EBERFISCHE CAPROIDAE

Eberfisch

Boarfish

L: 5 - 16 cm. V: Mittelmeer. Norwegen bis Senegal. Oz. Ins. T: 40 - 600 m. A: Dieser merkwürdige und dem UW-Fotografen eher fremde Fisch lebt in Gruppen über tiefen Felsen- und Sandböden. Gelegentlich kommt er auch ins Flachwasser, aber nur nachts (Fotos).

Capros aper **Azoren**

FLÖTENFISCHE FISTULARIIDAE

Fistularia tabacaria Kapverden

Blauflecken-Flötenfisch

Bluespotted cornetfish

L: 60 -120 cm, max. bis 180 cm. V: Mauretanien bis Angola. Kapverden. Westatlantik. T: 1 - 25 m. A: Diese langgestreckte, nadelförmige Art ist häufig über Seegraswiesen und Riffen zu finden. Meist scheu, schwimmt bei Annäherung davon, ist aber gelegentlich neugierig und schwimmt dann dicht heran. Nachts wechselt er sein attraktives Farbkleid zu einem dunkelgebänderten Tarnmuster. Er ernährt sich von kleinen Fischen, die er mit seinem Röhrenmaul wie mit einer Pipette einsaugt.

TROMPETENFISCHE AULOSTOMIDAE

Aulostomus strigosus Kapverden

Atlantischer Trompetenfisch

Atlantic trumpetfish

L: 40 - 75 cm. V: Mauretanien bis Namibia. Oz. Ins. T: 2 - 30 m. A: Es gibt weltweit drei Arten der Familie in warmen Gewässern, deren Verbreitungsgebiete sich nicht überlappen. Diese Art ist auf den Ostatlantik beschränkt. Berühmt für ihre „Reitkunst", macht *A. strigosus* keine Ausnahme, wie bei den Kapverden dokumentiert. Hier schwimmen gleich zwei über dem atlantischen Zackenbarsch *Mycteroperca fusca*. Die Meister des Farbwechsels nutzen dessen Körper als Deckung, um somit besser an ihre Beute (kleine Riffbarsche) zu gelangen.

SCHNEPFENFISCHE MACRORAMPHOSIDAE

Macroramphosus scolopax Madeira

Schnepfenfisch

Snipefish

L: 10 - 20 cm. V: Mittelmeer. Südnorwegen (selten) bis Südafrika. Oz. Ins. T: 2 - 600 m. A: Unverwechselbar dank der langen Schnauze. Schwimmt in Gruppen und oft kopfüber. Jungfische bis 10 cm leben pelagisch, oft bei treibenden Algenbüscheln, größere über Fels.

PHÖNIX AUS DER FLASCHE

Er ist ein Symbol der Auferstehung und Unsterblichkeit: Phönix, das sagenhafte vogelähnliche Fabelwesen der Antike, dessen Lebensdauer 972 Menschenalter betrug. Wenn es sein Ende nahen fühlte, verbrannte es sich der Legende zufolge, und aus der Asche entstand ein neuer Phönix. Heute pflegen wir zu sagen, daß ein aus einem Zusammenbruch neuerstehendes Leben sich erhebt wie „Phönix aus der Asche“. Ob das auch für die Unterwasserwelt gilt?

BORUT FURLAN

GIANNI PECCHIAR

Zwar ist es noch nicht so weit, daß der marine Lebensraum zusammenbricht, aber dank des Menschen gibt es Anzeichen und Spuren dafür. An den entferntesten Plätzen der Erde, oft nur mit großem Aufwand von Expeditionscharakter erreichbar, findet man Hinterlassenschaften des Menschen, und das gilt auch unter Wasser. Um deutlicher zu werden: Das Meer ist als Mülldeponie entdeckt. Flaschen und Getränkedosen begegnet man als Taucher immer wieder, sei es an einem Ankerplatz im belebten Hafen einer Kanarischen Insel oder in einem norwegischen Fjord. Da helfen keine Appelle an die Vernunft: die Wasseroberfläche deckt schnell allen Müll zu.

HELMUT DEBELIUS

JÜRGEN WARNECKE

Ganz anders sehen viele Meeresbewohner solche Vorgänge. Für sie ist eine Getränkedose kein Müll, sondern ersehnter Lebensraum. Und wer paßt besser in eine leere Bierflasche als ein Schleimfisch? Geschützt von allen Seiten kann ihm kaum ein Räuber in seine Behausung folgen. Auch ein Krake nicht, von dem man sagt, daß er fähig sei, durch das kleinste Loch zu schlüpfen, wie hier in einen Schnorchel. Menschlicher Abfall im Meer: die Natur integriert ihn und von Substratlaichern wird er genutzt, um ihre Nachkommen darin großzuziehen.

Mehr als woanders - wen wundert's - findet man auch in unseren Breiten Zivilationsmüll im Meer. So im holländischen Zeeland, das nunmehr von der offenen Nordsee abgeschlossen ist. Eingewandert aus dem Süden ist die Schwarzgrundel *Gobius niger,* die man im Veerse Meer und im Grevelinger Meer heute beobachten kann. Aber in Zeeland gibt es nur große Steine an den Deichen mit wenigen Versteckmöglichkeiten für die Fische. Deshalb ist die Grundel froh, zur Fortpflanzungszeit im Frühjahr Blechdosen, alte Schuhe und was der Mensch sonst noch ins Wasser wirft, vorzufinden. Manchmal sieht man sie zwischen leeren Austerschalen

JOHN NEUSCHWANDER

hervorblicken. In der Balz sind die Grundeln weniger scheu und man kann die oft dunkelblau werdenden Tiere besonders da turteln sehen, wo Müll am Boden liegt, wie am Ankerplatz von Segelschiffen am Grevelinger Meer. Auch dieser Substratlaicher heftet seine elypsen-förmigen Eier in und an weggeworfene Dosen und Büchsen. Und wehe, man kommt ihnen als Fotograf dann zu nahe. Mutig verteidigen sie ihr Gelege so lange, bis die Jungen geschlüpft sind.

Natur - das ist nicht nur ein großes Wort, sondern auch ein verwässerter Begriff. Reduziert man das Wort Natur auf seine eigentliche Bedeutung, nämlich die Kennzeichnung des Teiles der Erde, der ohne menschliches Zutun zustande kam, so schrumpfen unsere Maßstäbe dahin. Das Bedürfnis nach Naturerlebnis ist groß und wächst offensichtlich im Gleichschritt mit der Bevölkerung, mit dem Wohlstand und der Mobilität der Bewohner von Industrie-Staaten. Zur gleichen Zeit aber opfert man die verbliebenen Reste ursprünglicher Natur materiellen Zielen. Ehe die Menschheit sich versah, hatte sie mit unbedachtem Tatendrang in all das, was die Evolution in nahezu vier Milliarden Jahren geformt hatte, soweit verändernd eingegriffen, daß die letzten Rückzugsgebiete freier Natur schnell aufzuzählen sind: die Eisregionen der Polkappen, die großen Wüsten und die Meere. Gerade letztere werden immer mehr zu einer „künstlichen Natur", die die Mitwirkung des Menschen nicht verleugnen kann. Es ist nicht abzusehen, ob und wann diese Entwicklung je gestoppt, geschweige denn umgekehrt werden kann. Es sei denn, Phönix, als Sinnbild des durch den Tod sich erneuernden Lebens, greift ein.....

STICHLINGE — GASTEROSTEIDAE

Gasterosteus aculeatus **Oostvoornse Meer, Niederlande**

Dreistachliger Stichling

Three-spined stickleback

L: 8 cm. V: Mittelmeer, Schwarzes Meer. Norwegen bis Algarve. T: 1 - 5 m. A: Süßwasser (europäische Flüsse außer Donau-System), Ästuare, Küstengewässer. Männchen im roten Hochzeitskleid betreibt Balz, Nestbau und Brutversorgung nach Eiablage (März bis Juli).

Spinachia spinachia **Boknafjord, Norwegen**

Seestichling

Fifteen-spined stickleback

L: Bis 22 cm. Männchen größer als Weibchen. V: Norwegen bis Biskaya. T: 1 - 10 m. A: Erste Rückenflosse mit 14 - 17 Hartstrahlen. Einzige Art der Gattung. Einzeln oder paarweise in Küstengewässern und Gezeitentümpeln mit Pflanzen. Frißt Wirbellose (Krebse) und Fische. In der Laichzeit (April bis Juni) baut das sonst braune Männchen im bläulichen Hochzeitskleid ein Nest aus Pflanzenteilen, in das vom Weibchen bis zu 200 Eier abgelegt werden.

PFEIFENFISCHE — SYNGNATHIDAE

Hippocampus guttulatus **Korsika, Frankreich**

Diese Familie beinhaltet einige der interessantesten Fische überhaupt, sowohl was ihr Verhalten als auch ihr Aussehen betrifft. Aus über 50 Gattungen kennt man etwa 220 Arten, die um den gesamten Erdball in warmen wie kalten Gewässern verbreitet sind. Die einzelnen Arten sind in der Lage, sich ihrem Lebensraum farblich anzupassen, wie die hier links und auf der ganzen Seite rechts gezeigten Langschnauzen-Seepferdchen. Weiteres zu dieser Art auf Seite 122.

Hippocampus guttulatus Costa Brava, Spanien

Langschnauzen-Seepferdchen

Long-snouted seahorse

L: 10 cm, max. 16 cm. V: Mittelmeer, Schwarzes Meer. Britische Inseln bis Marokko. Azoren, Madeira, Kanaren. T: 1 - 10 m. A: Von den drei vorgestellten Seepferdchen ist *H. guttulatus* die verbreitetste Art. Es unterscheidet sich von der folgenden Art durch die längere Schnauze sowie lange Hautfortsätze und lebt küstennah zwischen Seegras und zwischen Algen. Balz und Eiübertragung in die Bruttasche des Männchens erfolgen artspezifisch nach einem ritualisierten Verhaltensrepertoire. Das Männchen bewahrt die Eier (2 mm Ø) bis zum Schlüpfen in der Bruttasche auf. Nach 3 bis 5 Wochen schlüpfen 15 mm lange Jungfische. Der Schutz der Nachkommenschaft im Vater erhöht ihre Überlebenschance. Anmerkung: Der Gebrauch des Namens *H. ramulosus* für diese Art ist nicht korrekt. Das Typusexemplar im Museum in Paris ist keine europäische Art und seine Herkunft (Typuslokalität) ist unbekannt.

Hippocampus hippocampus Mallorca, Spanien

Kurzschnauzen-Seepferdchen

Short-snouted seahorse

L: Bis 12 cm. V: Schwarzes Meer, Mittelmeer, Azoren bis Golf von Guinea. T: 2 - 30 m. A: Wenige, aber meist grosse Hautfäden auf Kopf und Rücken und entlang des Schwanzes. Medianer Dorn über dem Auge. Schnauze ziemlich kurz. Sehr ähnlich *H. guttulatus*, diese Art hat aber mehr Rückenflossenstrahlen und eine längere Schnauze. In Algenriffen, sammeln sich in der Fortpflanzungszeit in seichten Habitaten. Färbung variiert mit Habitat und Tiefe. Wird oft getrocknet gehandelt, was nicht durch den Kauf derartiger Exemplare unterstützt werden sollte. Unten: Foto von den Azoren.

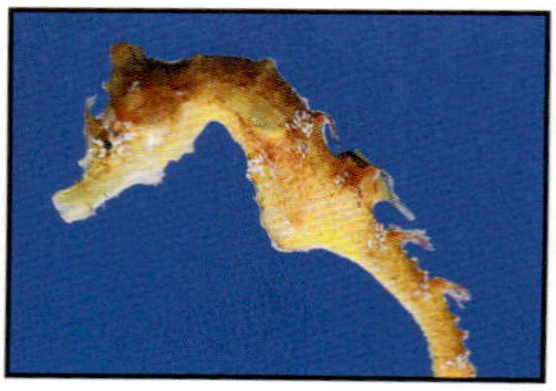

Westafrikanisches Seepferdchen

West African Seahorse

L: Bis 20 cm. V: Tropischer Ostatlantik (Mauretanien bis Angola und ozeanische Inseln). T: 1 - 25 m. A: Nur von der tropischen Küste Westafrikas bekannt, und wegen der dort kaum vorhandenen Tauchmöglichkeiten eine der am wenigsten bekannten Arten. Lebt in geschützten küstennahen Buchten und Häfen auf offenen Schlammsubstraten. Ein alter, falscher Name ist *Hippocampus punctulatus*.

Hippocampus deanei **São Tomé**

Grasnadel

Seagrass pipefish

L: Bis 35 cm. V: Mittelmeer, Schwarzes Meer. Norwegen bis Marokko. Kanaren. T: 4 - 20 m. A: Schnauze seitlich zusammengedrückt. Häufig in Seegraswiesen. Geschlechtsreif mit 12 cm. Laichzeit März bis Oktober. Junge schlüpfen mit 20 - 26 mm Länge. Ernährt sich von bodenlebenden Kleintieren.

Syngnathus typhle **Toskanischer Archipel, Italien**

Große Seenadel

Greater pipefish

L: Bis 46 cm. V: Mittelmeer, Schwarzes Meer. Norwegen bis Südafrika. Oz. Ins. T: 1 - 15 m. A: Die Schnauzenlänge beträgt mehr als die halbe Kopflänge. Die Große Seenadel lebt in Küstengewässern und Ästuaren auf Sand-, Schlamm- und Felsgrund, häufig in Seegraswiesen (Zostera).

Syngnathus acus **Cornwall, England**

Syngnathus abaster **Schwarzes Meer**

Kurzschnauzen-Seenadel

Short-snouted pipefish

L: Bis 21 cm (im Schwarzen Meer nur bis 15 cm). V: Mittelmeer, Schwarzes Meer. Südliche Biskaya bis Algarve. T: 1 - 5 m. A: Die Schnauzenlänge beträgt weniger als die halbe Kopflänge. Die euryhaline Art lebt zwischen Detritus und Vegetation über Sand- und Schlammböden. Sie laicht von April bis Oktober. Die Eier haben 2 mm Ø. Die Jungen schlüpfen mit 23 mm Länge.

Syngnathus rostellatus **Ostsee, Deutschland**

Kleine Seenadel

Lesser pipefish

L: Bis 17 cm. V: Südnorwegen, westliche Ostsee, südliche Nordsee, südliche Britische Inseln bis zur Biskaya. T: 1 - 18 m. A: Schnauzenlänge weniger als halbe Kopflänge. Lebt in Küstengewässern und Ästuaren auf Sandgrund, häufig in Seegraswiesen. Wird mit etwa 10 cm Länge geschlechtsreif und legt von April bis August Eier mit 1,5 mm Durchmesser. Die Jungen schlüpfen mit etwa 13 mm Länge. Ernährt sich von Schwebegarnelen (Mysidaceen).

Entelurus aequoreus **Irische See**

Große Schlangennadel

Snake pipefish

L: Bis 40 (Weib.), 60 (Männ.) cm. V: Norwegen bis Portugal. Azoren. T: 1 - 20 m. A: Einzige Art der Gattung, ozeanisch oder küstennah in Algen und Seegras. Im Juni/Juli legt ein Weibchen bis zu 1000 Eier in die Bauchfalte des Männchens. Frißt Schwebegarnelen (Mysidaceen).

Scorpaena maderensis **Kanaren**

Madeira-Drachenkopf

Madeira rockfish

L: Bis 15 cm (meist um 10 cm). V: Marokko bis Senegal. Azoren, Madeira, Kanaren, Kapverden. Wenige Nachweise aus dem westlichen Mittelmeer. T: 10 - 40 m. A: Einer der häufigsten Fische bei Madeira und den Kanaren. Sehr variabel in der Färbung von fast ganz Weiß (auf blankem Fels sitzend) bis Tiefrot. An den kleinen weißen, am Unterkiefer hängenden Hautläppchen zu erkennen (andere Arten können ähnliche Hautanhängsel haben, dann aber am Oberkiefer). Siehe auch Foto Seite 125.

Scorpaena laevis **Kapverden**

Afrikanischer Drachenkopf

African rockfish

Länge: Bis 35 cm.
Verbreitung: Mauretanien bis Kongo. Madeira, Kanaren, Kapverden.
Tiefe: 1 - 100 m.
Allgemein: Der Afrikanische Drachenkopf ist ein Lauerräuber auf Felsböden. Im Gegensatz zu den meisten anderen Arten der Familie ist er braun statt rötlich. Das Zentrum der ersten Rückenflosse trägt einen schwarzen Fleck.

Scorpaena loppei **Costa Brava, Spanien**

Zwergdrachenkopf

Dwarf rockfish

L: Bis 15 cm. V: Westliches Mittelmeer. Biskaya bis Mauretanien. T: 80 - 300 m. A: Lebt auf Weichböden. Ähnlich dem Afrikanischen Drachenkopf und unter Wasser schwer zu unterscheiden. Frißt Krabben.

Kleiner Drachenkopf

Small rockfish

Länge: Bis 20 cm, meist 15 cm.
Verbreitung: Mittelmeer und Schwarzes Meer. Südfrankreich bis Senegal. Azoren, Madeira, Kanaren.
Tiefe: 5 - 700 m.
Allgemein: Lebt nicht nur auf Fels-, sondern auch auf Sand- und Schlammböden, wo er sich von Krebsen und kleinen Fischen ernährt. Kurze Überaugenfortsätze (lang beim sehr ähnlichen *Scorpaena porcus*). Über die Vermehrung ist wenig bekannt, Laichzeit ist vermutlich im Mai.

Scorpaena notata **Adria, Kroatien**

Großer Drachenkopf

Great rockfish

Länge: Bis 50 cm, meist bis 30 cm.
Verbreitung: Mittelmeer. Ärmelkanal bis Senegal. Azoren, Madeira, Kanaren, Kapverden.
Tiefe: 10 - 300 m.
Allgemein: Der größte der ostatlantischen Drachenköpfe. Einer der besten Essfische, eine essentielle Zutat der berühmten französischen Fischsuppe Bouillabaisse. Wie auf dem großen Foto zu sehen, verläßt er nachts den Schutz des Riffs, um auf offenem Sandgrund zu jagen. Das kleine Foto unten wurde tagsüber an der Costa Calida, Spanien, gemacht.

Scorpaena scrofa **Kanaren**

Scorpaena mellissii St. Helena

St. Helena-Drachenkopf

St. Helena rockfish

Länge: Bis 23 cm.
Verbreitung: Nur von St. Helena bekannt.
Tiefe: 10 - 110 m.
Allgemein: Auf Felsen, auch zwischen Pflanzen und in Felsspalten. Die Rückenflosse mit ihren giftigen Hartstrahlen wurde bei Annäherung des Fotografen teilweise aufgerichtet.

Scorpaena plumieri St. Helena

Gepunkteter Drachenkopf

Spotted rockfish

Länge: Bis 45 cm.
Verbreitung: Im Ostatlantik nur von St. Helena und Ascension bekannt. Auch im Westatlantik und Ostpazifik.
Tiefe: 5 - 55 m.
Allgemein: Bei Störung zeigt dieser Drachenkopf hinter der Brustflossenbasis die charakteristischen weißen Punkte auf dunklem Hintergrund. Die Einwohner von St. Helena behaupten, er schmecke ein wenig nach Huhn.

Scorpaena porcus Costa Brava, Spanien

Brauner Drachenkopf

Brown rockfish

Länge: Bis 25 cm.
Verbreitung: Mittelmeer, Schwarzes Meer. Südirland bis Senegal. Azoren, Madeira, Kanaren.
Tiefe: 5 - 800 m.
Allgemein: Lebt nicht nur auf Fels-, sondern auch auf Sand- und Schlammböden. Lange Überaugenfortsätze (kurz beim sehr ähnlichen *Scorpaena notata*).

Insel-Drachenkopf

Island rockfish

Länge: Bis 12 cm.
Verbreitung: Nur von den Inseln St. Helena, Ascension und St. Paul's Rocks bekannt.
Tiefe: 3 - 30 m.
Allgemein: Bei Ascension und St. Helena ist die Art relativ häufig, sie wird wegen ihrer geringen Größe und versteckten Lebensweise aber oft übersehen.

Scorpaenodes insularis **Ascension**

Kleiner Rotbarsch

Small redfish

Länge: Bis 35 cm, meist 25 cm.
Verbreitung: Von Nordnorwegen und Südisland bis zu den Britischen Inseln. In der südlichen Nordsee und westlichen Ostsee selten.
Tiefe: 10 - 150, max. 760 m.
Allgemein: Diese Art ist ein Schwarmfisch, der innerhalb seines Verbreitungsgebietes weite Wanderungen unternimmt. Die Jungfische leben küstengebunden, ältere Exemplare wandern in tieferes Wasser. Der Kleine Rotbarsch ist lebendgebärend, die Larven schlüpfen bereits in der Mutter aus den Eiern. Das große Foto unten zeigt ein laichbereites Weibchen mit geschwollenem Bauch. Von größerem Nutzen für die Fischerei ist der Große Rotbarsch *(Sebastes marinus)*, der aber in für den UW-Fotografen nicht erreichbaren Tiefen vorkommt.

Sebastes viviparus **Jøsenfjord, Norwegen**

FRESSEN UND GEPRESSEN WERDEN

Die Nahrungskette im Meer beginnt mit pflanzlichen Organismen (Phytoplankton und Algen), die die Energie des Sonnenlichtes umsetzen. Von diesen ernähren sich zahllose Pflanzenfresser, zu denen auch viele Fische gehören. Jene wiederum bilden die Nahrung für größere Fische, die gemeinhin Raubfische genannt werden. Da auch diese selbst - zumindest während des Heranwachsens - von anderen Raubfischen gefressen werden, gibt es wohl keinen Fisch, der sich nicht vor Räubern hüten muß.

HELMUT DEBELIUS

1. Eidechsenfische liegen bewegungslos auf dem Meeresboden und warten darauf, daß ihnen ein Beutetier vor das zahnbewehrte Maul schwimmt. Dann packen sie blitzschnell zu. Gelegentlich haben sie aber das Maul zu voll genommen. Der Eidechsenfisch auf diesem Foto mußte den Riffbarsch wieder ausspucken, nachdem er vergeblich versucht hatte, ihn zu verschlingen. Der Riffbarsch hatte zwar einige Schrammen, ist aber wohl mit dem Schrecken davon gekommen.

PETER WIRTZ

2. Während der Beutefisch im vorherigen Foto ein Planktonfresser war, wird hier dokumentiert, daß Raubfische auch Raubfische fressen. Denn dieser Eidechsenfisch von Madeira hat einen kleinen Drachenkopf gepackt, der selbst auf ganz ähnlich lauernde Weise seine Beute überlistet.

HELMUT DEBELIUS

3. Beliebte Beutetiere der an atlantischen Riffen sehr häufigen Skorpionsfische stellen Krebstiere dar. Diese wissen vermutlich um ihre Gefährdung, denn sie verstecken sich tief in Höhlen und Felsspalten, wohin ihre Freßfeinde nicht folgen können. Trotzdem passiert es manchmal, daß ein Drachenkopf erfolgreich ist: Hier hat er eine Scherengarnele gepackt, die keine Chance hatte, zu entkommen.

4. Wenn man als Taucher das Wort Raubfisch hört, stellt man sich meistens einen Zackenbarsch vor. Eine der schönsten Arten im Atlantik ist dert Westafrikanische Juwelenbarsch, der auf diesem Foto von den Kapverdischen Inseln seinem Ruf als Räuber gerecht wird: Er verschlingt gerade einen Mönchsfisch, der sich ihm zu sehr genähert hat.

HELMUT DEBELIUS

RUDIE KUITER

5+6. Der Himmelsgucker lebt auf Sand- und Schlammböden. Er liegt oft eingegraben und gut getarnt im Sediment und lockt mit seinem zungenförmigen Fortsatz am Unterkiefer kleine Fische in seine Nähe, die er durch plötzliches Aufreißen des Maules erbeutet. Dieses Saugschnappen geschieht so schnell, daß man es kaum mit dem menschlichen Auge, geschweige denn mit der Kamera verfolgen kann. Immerhin: Der letzte Weg , den der abgebildete Kardinalbarsch nimmt, ist auf den beiden Fotos deutlich zu erkennen!

RUDIE KUITER

LAWSON WOOD

LAWSON WOOD

7+8. Der Seewolf ist ein Spezialist für ausgesprochen hartschalige Beute, die andere Fische nicht knacken können, wie zum Beispiel Seeigel, große Krebse und dickschalige Muscheln. Auf dem ersten Foto peilt er gerade einen großen, wehrhaften Taschenkrebs *(Cancer pagurus)* an. Die vorderen Zähne, die auf dem zweiten Foto gut zu sehen sind, dienen nur zum Ergreifen der Beute. Geknackt werden die Freßpakete dann mit straßenpflasterähnlichen Platten von Zähnen im Gaumen.

LAWSON WOOD

9. Gegen große Raubfische wie den Tarpun können sich die Ährenfische nur dadurch schützen, daß sie sich zu einem dichten Schwarm zusammen ballen. Es hilft dem Räuber nämlich nichts, mit offenem Maul in den Schwarm vorzustoßen, sondern er muß einen Opferfisch fixieren. Ist er nicht in der Lage, Einzelfische vom Schwarm abzutrennen, wird er niemals erfolgreich sein.

10+11. Der ostatlantische Riffbarsch *Abudefduf luridus* ist ein Substratlaicher, d.h., seine Eier kleben auf festem Untergrund und das Männchen bewacht das Gelege, bis die Fische schlüpfen. Da nähert sich eine Horde von fressgierigen Lippfischen. Es sind die Weibchen des Meerpfaus *Thalassoma pavo,*

HELMUT DEBELIUS

HELMUT DEBELIUS

die das silbrige Gelege sofort attackieren. Unter lautem Poltern (gut unter Wasser zu hören) versucht der Riffbarsch, die Lippfische wegzujagen. Aber schliesslich unterliegt er und kann nur mitansehen, wie sein Gelege total geplündert wird.

PETER WIRTZ

12. Die Frage, warum Raubfische manchmal sogar Artgenossen fressen - hier zum Beispiel ein Madeira-Drachenkopf -, ist eigentlich genau falsch herum gestellt. Die meisten Raubfische fressen selbstverständlich kleinere Tiere der eigenen Art. Eigentlich müßte man fragen, warum nicht alle Raubtiere auch kleine Artgenossen fressen. Kannibalismus entwickelt sich nur dann nicht, wenn die kleine Beute mit hoher Wahrscheinlichkeit das eigene Kind oder ein naher Verwandter ist.

Eutrigla gurnardus Oosterschelde, Niederlande

Grauer Knurrhahn
Grey gurnard

L: Bis 60 cm (meist 35 cm). V: Mittelmeer, Schwarzes Meer. Island bis Marokko. T: 5 - 140 m. A: Lebt nicht nur auf Weich-, sondern auch auf Felsböden. Ist im Sommer näher an der Küste, wo er in Ästuare eindringt. Laichzeit ist von Februar bis August.

Trigla lucerna Costa Calida, Spanien

Roter Knurrhahn
Tub gurnard

L: Bis 75 cm (meist 35 cm). V: Mittelmeer, Schwarzes Meer. Norwegen bis Mauretanien. Kanaren. T: 20 - 300 m. A: Der Rote Knurrhahn lebt auf Sand-, Schlamm- und Kiesböden. Sein Kopfprofil ist viel gestreckter als das von ähnlich gefärbten Knurrhähnen.

Aspitrigla obscura Madeira

Langflossen-Knurrhahn
Longfin gurnard

L: Bis 40 cm (meist 20 cm). V: Mittelmeer. Südirland bis Mauretanien. Azoren, Madeira, Kanaren. T: 5 - 170 m. A: Diese Art findet man auf Weichböden. Im Winter wandert sie in tieferes Wasser, um im Sommer wieder ins Flache zurückzukehren. Die Art ist am stark verlängerten zweiten Rückenflossenstrahl zu erkennen. Der Langflossen-Knurrhahn benutzt wie alle Artgenossen die spezialisierten unteren Strahlen seiner Brustflossen wie Finger zum Betasten des Bodens. An den „Fingerspitzen" sitzen Sinneszellen, die sogar schmecken, was sie berühren.

KNURRHÄHNE TRIGLIDAE

Gestreifter Knurrhahn

Streaked gurnard

L: Bis 40 cm. V: Mittelmeer. Großbritannien bis Südafrika. Azoren, Madeira, Kanaren. T: 5 - 150 m. A: Der Gestreifte Knurrhahn hat ein ziemlich steiles Kopfprofil im Vergleich zu *T. lucerna.* Seine Brustflossen sind besonders lang. Bei Bedrohung werden sie ausgebreitet und zeigen dann den auffälligen blauen Rand und die blauen Punkte der Unterseite (siehe kl. Foto). Wie die meisten Familienmitglieder kann diese Art ihre Schwimmblase durch spezielle Muskeln zur Vibration bringen und so ein knurrendes Geräusch erzeugen.

Trigloporus lastoviza **Costa Brava, Spanien**

FLUGHÄHNE DACTYLOPTERIDAE

Flughahn

Flying gurnard

L: Bis 50 cm. V: Ärmelkanal bis Angola. Azoren, Madeira, Kanaren, Kapverden. Westatlantik. T: 10 - 80 m. A: Lebt auf Schlamm-, Sand- und Felsböden. Bei Bedrohung breitet er schnell seine riesigen, fächerartigen Brustflossen aus. Mindestens einmal wurde ihre abschreckende Wirkung beobachtet. Normalerweise sind sie an die Körperseiten gelegt, und der Fisch "läuft" auf seinen Bauchflossen (nicht zu Verwechseln mit dem "Laufen" auf spezialisierten Brustflossenstrahlen der Knurrhähne). Trotz ihres Namens können Flughähne nicht segeln wie die Fliegenden Fische (Familie Exocoetidae).

Dactylopterus volitans **Balearen, Spanien**

Taurulus bubalis **Algarve, Portugal**

Taurulus bubalis **Isle of Man, Irische See**

Seebull

Sea scorpion

Länge: 12 - 15 cm, max. 18 cm. Verbreitung: Westliches Mittelmeer von Gibraltar bis in den Golf von Genua. Nordnorwegen bis Portugal.
Tiefe: 1 - 30 m, selten bis 100 m.
Allgemein: Groppen sind leicht mit Drachenköpfen zu verwechseln. Erstere tragen jedoch längliche Knochenhöcker auf dem Kopf. Daran und an den kräftigen Rückenflossenstrahlen kann man sich zwar verletzen, doch sind Groppen nicht giftig. Der Seebull kann sich seiner Umgebung farblich anpassen und kommt in vielen, z. T. augenfälligen Farbvarianten vor, wie die Fotos zeigen. Beim Schnorcheln läßt er sich gut beobachten, weil er auch in Gezeitentümpeln und zwischen veralgten Felsen vorkommt.

Myoxocephalus scorpius **Spitzbergen, Norwegen**

Seeskorpion

Bull rout

L: Bis 30 cm, selten bis 60 cm. V: Island bis Biskaya. Nordsee, Ostsee. T: 1 - 50 m. A: Die variabel gefärbte Art lebt auf allen Bodentypen, auch in Seegraswiesen, selten sogar im Brackwasser. Der Seeskorpion frißt Krebse und Fische.

STEINPICKER AGONIDAE

Steinpicker

Hooknose

Länge: Bis 15 cm.
Verbreitung: Nordnorwegen und Island bis zum Ärmelkanal. Nordsee, südliche Ostsee.
Tiefe: 1 - 270 m.
Allgemein: Lebt auf allen Bodentypen und frißt Krebse, Stachelhäuter und Fische. Laicht von Januar bis April. Da die Entwicklung der Eier etwa 12 Monate dauert, sind das ganze Jahr über zwischen Seetang Laichklumpen zu finden. Alle Arten der Familie sind mit Knochenplatten gepanzert. Ausgetrocknete Fische werden als Souvenirs angeboten!

Agonus cataphractus **Isle of Man, Irische See**

SEEHASEN CYCLOPTERIDAE

Seehase

Lumpsucker

L: Bis 70 cm. V: Norwegen bis Portugal. T: 1 - 150 m, selten bis 400 m. A: Rechts das blaue Weibchen, unten das orangene Männchen. Bauchflossen bilden eine Saugscheibe (ganz unten). Der angefärbte Rogen ist der "deutsche Kaviar" (siehe S. 108).

Cyclopterus lumpus **Bantry Bay, Irland**

SCHEIBENBÄUCHE — LIPARIDIDAE

Liparis liparis — Oosterschelde, Niederlande

Großer Scheibenbauch
Sea snail

L: Bis 15 cm. V: Island bis Ärmelkanal. Nordsee, westl. Ostsee. T: 1 - 100 m. A: Kaulquappenähnlicher Körperbau. Schleimige Haut ohne Schuppen. Frißt Kleinkrebse und Würmer.

Liparis montagui — Boknafjord, Norwegen

Kleiner Scheibenbauch
Montagu's sea snail

L: Bis 10 cm. V: Von Nordnorwegen bis Nordfrankreich. T: 0 - 20 m. A: Zeigt kräftige Farben und passt sie dem Untergrund (hier: Moostierchen auf Alge) an.

BARSCHE — PERCIDAE

Perca fluviatilis — Kieler Bucht, Ostsee

Flußbarsch
European perch

Länge: Bis 40 cm.
Verbreitung: Süßgewässer Europas. Brackwasser der Ostsee.
Tiefe: 1 - 20 m.
Allgemein: Trotz der habitatabhängigen, sehr variablen Färbung ist der Flußbarsch immer an dem schwarzen Fleck am Hinterende der ersten Rückenflosse zu erkennen. Das Foto aus der Ostsee zeigt, daß er als eigentlicher Süßwasserfisch tolerant gegenüber höherem Salzgehalt ist.

Wolfsbarsch

European seabass
Länge: Bis 100 cm.
Verbreitung: Mittelmeer und Schwarzes Meer. Von Norwegen bis Senegal.
Tiefe: 1 - 100 m.
Allgemein: Der als Speisefisch geschätzte Wolfsbarsch besiedelt häufig in kleinen Gruppen Schlick-, Sand- und Felsküsten. Er dringt auch ins Brackwasser der Flußmündungen ein. Als Taucher findet man ihn im Mittelmeer eher im Oberflächenbereich. Jungfische fressen Krebse, Würmer und Tintenfische, während ältere Tiere fast nur nach Fischen jagen.

Dicentrarchus labrax **Costa Calida, Spanien**

Dicentrarchus labrax **Galizien, Spanien**

Gefleckter Wolfsbarsch

Spotted seabass
Länge: Bis 70 cm.
Verbreitung: Mittelmeer. Niederlande bis Senegal. Kanaren.
Tiefe: 1 - 100 m.
Allgemein: Die kleinere der beiden bekannten Wolfsbarsch-Arten ist an den schwarzen Punkten auf den beiden Körperseiten zu erkennen. Je älter der Fisch wird, desto mehr Punkte bildet er aus. Darüberhinaus trägt er auf dem Kiemendeckel einen deutlichen schwarzen Fleck.

Dicentrarchus punctatus **Oosterschelde, Niederlande**

GOLDSCHÄTZE

Goldfärbung von Individuen (Xanthorismus) einer normalerweise anders gefärbten Art ist bei Fischen etwa so häufig wie Schwarzfärbung bei Säugetieren. So wie der schwarze Panther nichts anderes als ein rabenschwarzer Leopard ist, so ist der Goldfisch eine goldgelbe Defektmutante des braun gefärbten Giebels. Bei Goldlingen fehlen die schwarzen und braunen Pigmente, und die Farbzellen in der Haut enthalten nur goldfarbene Pigmente. Auch aus dem Mittelmeer und dem Atlantik ist dieses Phänomen bekannt.

HELMUT DEBELIUS

1. Der Variable Blennie *Parablennius pilicornis* ist normalerweise braun marmoriert und lebt im Flachwasserbereich der Felsküsten im westlichen Mittelmeer und auf beiden Seiten des Atlantiks. Besonders häufig findet man diesen Fisch um die Kanarischen Inseln.

2

HELMUT DEBELIUS

2. Sehr attraktiv für den tauchenden Fischbeobachter wirkt die goldfarbene Variante dieses *Parablennius pilicornis*. Ob die Goldfärbung wirklich nur - wie berichtet - bei den Weibchen der Art auftritt, müßte noch näher untersucht werden. Die meisten Weibchen sind völlig normal gefärbt.
Wie alle Schleimfische ist auch diese Art hochintelligent und deshalb sehr neugierig: Hier liest *Parablennius pilicornis* seine verbleibende Dekozeit vom Computer ab.

PETER WIRTZ

3. Der Makaronesische Zackenbarsch *Mycteroperca fusca* lebt nur bei den sogenannten „Makaronesischen Inseln", den Kapverden, den Kanaren, Madeira und den Azoren. Normalerweise ist diese Art braunsilbern gefleckt, ganz selten erfreut er den Taucher auch als Goldvariante.

4. Diese goldfarbenen Zackenbarsche nennen die Bewohner der Kanarischen Inseln „El Capitan", den Kapitän, und erzählen, daß er den normalgefärbten Artgenossen vorausschwimmt. Nicht alle Individuen sind komplett goldfarben, oft tragen sie schwarze oder weiße Flecken auf dem Körper oder den Flossen.

PETER WIRTZ

5. Der abgebildete Fisch, der an den weißen Flecken an Lippen und Schwanzflosse leicht zu identifizieren war, erreichte große Berühmtheit als „Der Gelbe von Garajau", einer Bucht an der Südküste von Madeira. Nach Beobachtungen eines dort lebenden Tauchlehrers verließ dieser auffällige Zackenbarsch jedes Jahr im September/Oktober die Bucht von Garajau, um im April des folgenden Jahres wieder zu erscheinen. Nach einer Beobachtungszeit von 12 Jahren verschwand er leider auf Nimmerwiedersehen. Viele Fische führen Jahreswanderungen durch, aber daß dasselbe Tier wie ein Zugvogel jedes Jahr an denselben Ort zurückkehrt, war bis dahin nicht bekannt.

NORBERT PROBST

HELMUT DEBELIUS

6. Ein großes, zweijähriges Männchen des Augenfleck-Lippfisches, *Symphodus ocellatus,* baut hier an der Costa Brava ein Nest aus Pflanzenmaterial, in denen die Weibchen ihre Eier ablegen sollen. Diese Männchen sind kräftiger gefärbt als nicht-territoriale Männchen und Weibchen.

7. Noch auffälliger sind Goldvarianten, die allerdings sehr selten sind. Der abgebildete Fisch wurde in einem Caulerpa-Feld im extremen Flachwasser in der griechischen Ägäis entdeckt. Auch an der Goldvariante ist der arttypische Augenfleck deutlich zu erkennen.

HELMUT DEBELIUS

ROGER LUBBOCK

8. Es wird den Leser erstaunen, den bekannten Diadem-Kaiserfisch *Holacanthus ciliaris* aus der Karibik in diesem Buch zu finden. Aber das Foto stammt von den St. Paul`s Felsen auf dem mittelatlantischen Rücken, wo diese Art nunmehr auch nachgewiesen ist. An den überschaubaren Felsen wurde nur eine kleine Population des Diadem-Kaiserfisches gezählt.

9. Trotzdem war der fotografierende Wissenschaftler total überrascht, außer normal gefärbten Tieren auch völlig „abartige" Färbungen zu finden. Wie weitere Forschungen ergaben, sind diese wie Koi-Karpfen aussehenden Kaiserfische keine neue Art, sondern nur eine Farbvariante des *Holacanthus ciliaris,* die vermutlich durch Inzucht innerhalb dieser kleinen Population entstanden ist. So wie die Goldfarbe xanthistischer Individuen durch das Fehlen von braunen Hautpigmenten entsteht, sind die weißen Stellen auf dem Körper des Kaiserfisches durch das Fehlen sämtlicher Farbpigmente verursacht worden.

ROGER LUBBOCK

Cephalopholis taeniops Kapverden

Westafrikanischer Juwelenbarsch

Westafrican coral grouper

L: 30 - 70 cm. V: Marokko bis Kamerun. T: 20 - 200 m. A: Dieser farbenprächtige Zackenbarsch ähnelt sehr dem indopazifischen *Cephalopholis miniata.* Riffgebunden, lauert er auf unvorsichtige Kleinfische wie Riff- (siehe S. 131) und Kardinalbarsche.

Epinephelus adscensionis São Tomé

Ascension-Zackenbarsch

Rock hind

Länge: 30 - 60 cm.
Verbreitung: Kapverden bis zum Kap der Guten Hoffnung. Ozeanische Inseln. Westatlantik.
Tiefe: 2 - 35 m.
Allgemein: Diese Art ist bei den Fischern von St. Helena besonders geschätzt, denn dort macht er 90 % der Bodenfischfänge aus. Junge Exemplare findet man in großen Gezeitentümpeln der Felsküste, Tiere über 50 cm Länge ziehen sich in tiefere Gewässer zurück.

Epinephelus caninus Ionische Inseln, Griechenland

Hundezahn-Zackenbarsch

Doogtooth grouper

L: Bis 150 cm. V: Mittelmeer. Marokko bis Senegal. T: 10 - 300 m. A: Diese Art wurde lange mit *E. marginatus* verwechselt. Der Populärname des Fisches bezieht sich auf die stark entwickelten Fangzähne, die größten aller Arten dieser Zackenbarsch-Gattung.

Brauner Zackenbarsch

Dusky grouper

L: Bis 150 cm. V: Mittelmeer. Portugal bis Südafrika. Oz. Ins. W.atlantik. T: 5 - 200 m. A: Einer der größten Küstenfische. Große Tiere sind 40 - 50 Jahre alt. Revierbildend, Einzelgänger, standorttreu, lebt in Höhlungen. Frißt Kraken, Krebse und Fische. *Epinephelus guaza* ist ein Synonym.

Epinephelus marginatus Côte d'Azur, Frankreich

Spitzkopf-Zackenbarsch

Goldblotch grouper

L: 50 - 140 cm. V: Mittelmeer. Spanien bis Nigeria. Kapverden. T: 10 - 300 m. A: Wie alle großen Zackenbarsche wechselt auch diese Art ihr Geschlecht. Sie wird mit etwa 40 cm zuerst ein Weibchen, bei etwa 80 cm zum Männchen.

Epinephelus costae Libanon

Mycteroperca rubra **Balearen, Spanien**

Gefleckter Zackenbarsch

Mottled grouper

L: Bis 80 cm. V: Mittelmeer. Marokko bis Angola. T: 15 - 200 m. A: Fischjäger, der auf Fels- und Sandböden lebt. Wie auf dem kleinen Foto zu sehen, gruppiert sich diese Art zur Balzzeit.

Mycteroperca fusca **Kapverden**

Atlantischer Insel-Zackenbarsch

Comb Grouper

Länge: Bis 80 cm.
Verbreitung: Azoren, Madeira, Kanaren, Kapverden.
Tiefe: 10 - 50 m.
Allgemein: Diese Art wurde in der Literatur mit der vorherigen Art jahrelang verwechselt. Den Unterschied kann man als Taucher nicht erkennen: Der Insel-Zacki hat auf der Innenseite der Kiemenbögen weniger Dornfortsätze. Bei den Kapverden ist er ein häufiger, aber scheuer Tauchpartner, der nicht einfach zu fotografieren ist. Siehe auch GOLDSCHÄTZE auf Seite 141.
Das obere Foto links zeigt ein 80 cm adultes Tier, das untere links einen 30 cm langen heranwachsenden Insel-Zackenbarsch, der gelegentlich von Trompetenfischen begleitet wird (siehe kl. Foto).

Wrackbarsch

Wreck fish

Länge: Bis 200 cm, meist 60 - 80 cm.
Verbreitung: Mittelmeer. Südnorwegen über Schottland und Irland bis Südafrika. Nicht in der Nordsee. St. Paul's Rocks, Azoren, Madeira, Kanaren, Kapverden. Westatlantik.
Tiefe: 1 - 450 m, soll aus 1000 m gefangen worden sein.
Allgemein: Erwachsene Tiere sind solitär, während Jungfische epipelagisch in kleinen Gruppen, oft unter Treibgut oder Jetties, siehe unteres Foto, anzutreffen sind. Der über Fels- und Schlammböden lebende Einzelgänger ernährt sich von Krebsen, Mollusken und auch Fischen.
Im Mittelmeer laicht er während der Sommermonate. Als gutes Erkennungsmerkmal dienen ausgeprägte Höcker auf dem Kopf und rauhe Knochenkanten auf den Kiemendeckeln.

Polyprion americanus **Azoren**

König-Sägebarsch

Blacktail comber

L: Bis 35 cm. V: Äußerstes westliches Mittelmeer. Biskaya bis Mauretanien. Azoren, Madeira, Kanaren. T: 5 - 90 m. A: Revierbildender Einzelgänger über Felsböden, der Wirbellose und Fische frißt.

Serranus atricauda **Kanaren**

Serranus cabrilla — Adria, Kroatien

Sägebarsch

Comber

L: 20 - 40 cm. V: Mittelmeer, Schwarzes Meer. Südengland bis Südafrika. Azoren. Madeira, Kanaren, Kapverden. T: 2 - 500 m. A: Der Populärname dieser Art stammt vom gesägten Hinterrand des Vorkiemendeckels. Der Sägebarsch ist auch in *Posidonia*-Wiesen anzutreffen.

Serranus hepatus — Toskanischer Archipel, Italien

Beutelbarsch

Brown comber

L: 10 - 15 cm. V: Mittelmeer. Portugal bis Senegal. T: 5 - 100 m. A: Der dunkle Fleck mitten in der Rückenflosse ist artspezifisch. Der Körper ist im Vergleich zu den anderen Sägebarschen eher gedrungen und hochrückig.

Serranus sp. — São Tomé

São Tomé-Sägebarsch

São Tomé comber

L: 5 cm (Foto). V: Golf von Guinea. T: 10 m. A: Ähnlich dem Schriftbarsch. Wie alle Arten der Gattung ist auch diese ein Zwitter (Simultanhermaphrodit). Zwei Tiere ergeben immer ein Paar, sie müssen sich nur noch darüber einig werden, wer beim Ablaichen Eier und Sperma abgibt.

Schriftbarsch

Painted comber

L: 20 - 36 cm. V: Mittelmeer, Schwarzes Meer. Biskaya bis Mauretanien. Oz. Ins. T: 1 - 150 m. A: Häufiger, revierbildender Einzelgänger. Tags meist mit einem blauen Fleck auf dem Bauch, der nachts noch ausgeprägter ist, siehe kleines Foto.

Serranus scriba **Nördliche Sporaden, Griechenland**

Mittelmeer-Fahnenbarsch

Mediterranean fairy basslet

Länge: 10 - 20 cm.
Verbreitung: Mittelmeer. Portugal bis Angola. Azoren, Madeira, Kanaren.
Tiefe: 30 - 200 m.
Allgemein: Dieser häufigste Fahnenbarsch in unserem Bereich (*Callanthias* ruber lebt für Taucher zu tief) lebt in Schwärmen vor Höhlen, Grotten und Überhängen. Alle Fische im Schwarm sind Weibchen, bis auf das größte Tier, ein Männchen. Stirbt das Männchen, wandelt sich das größte Weibchen in ein Männchen um. Der „Urvater" der in tropischen Gebieten weitverbreiteten und beliebten *Pseudanthias*-Fahnenbarsche ernährt sich von Planktonkrebsen, Fischlarven, die er im Freiwasser aufschnappt. Der dritte Rückenflossenstrahl und die Bauchflossen sind - wie auf dem unteren Foto zu erkennen - fahnenartig verlängert. Daher der Name.

Anthias anthias **Azoren**

Anthias anthias **Balearen, Spanien**

ZACKENBARSCHE — SERRANIDAE

Paranthias furcifer — São Tomé

Kreolenbarsch

Creole basslet

Länge: Bis 27, meist 10 -20 cm.
Verbreitung: Golf von Guinea. In der Karibik häufig.
Tiefe: 15 - 70 m.
Allgemein: Dieser Fahnenbarsch bevorzugt tiefer gelegene Riffe, wo er sich in Höhlen und Felsspalten aufhält. Er zieht sich bei Annäherung von Tauchern schnell zurück. Schwimmt in kleinen Gruppen (Ostatlantik) bis großen Schwärmen (Karibik) und ernährt sich von Zooplankton.

Holanthias fronticinctus — St. Helena

St. Helena-Fahnenbarsch

St. Helena basslet

Länge: Bis 22 cm.
Verbreitung: Nur von St. Helena bekannt.
Tiefe: 20 - 110 m.
Allgemein: Auch diese Art wechselt das Geschlecht: Das größere Männchen trägt dann einen verlängerten 2. Bauch- und 3. Afterflossenstrahl. Untypisch für Fahnenbarsche ist die Schwanzflosse nicht gegabelt, sondern abgerundet (Weibchen), später durch Verlängerung der mittleren Flossenstrahlen zugespitzt (Männchen).

SEIFENBARSCHE — GRAMMISTIDAE

Rypticus saponaceus — Kapverden

Atlantischer Seifenbarsch

Atlantic soapfish

L: 20 - 32 cm. V: Kapverden bis Golf von Guinea. St. Helena. Westatlantik. T: 2 - 60 m. A: Ein inaktiver Fisch, der meist an Felsvorsprüngen „gelehnt" tagsüber zu finden ist. Ernährt sich nachts von Fischen wie Kardinalbarschen.

Meerbarbenkönig

Mediterranean cardinalfish

Länge: 10 - 12, max. 15 cm.
Verbreitung: Mittelmeer. Portugal bis Golf von Guinea. Azoren, Madeira, Kanaren, Kapverden.
Tiefe: 10 - 200 m.
Allgemein: Der jedem Mittelmeertaucher bekannte Fisch lebt tagsüber schwarmweise in Höhlen. Nachts geht er einzeln auf Planktonjagd. Zur Fortpflanzung nimmt das Männchen die sehr kleinen, zu einem Ballen verklebten Eier (ca. 20.000) kurz nach dem Ablaichen ins Maul und bewahrt sie in der Mundhöhle, die dabei stark gedehnt wird, bis zum Schlüpfen (siehe Seite 111). Der Eiballen bleibt frei beweglich und wird zur Sauerstoffversorgung gewendet. Das Tier auf dem kleinen Foto war einer von nur drei Fischen, die der Autor bei einem 50-Minuten-Tauchgang vor der mit Dynamit leergefischten Küste des Libanon in 1977 fand.

Apogon imberbis **Kanaren**

Apogon imberbis **Ionische Inseln, Griechenland**

Schwarzfleck-Kardinalbarsch

Axillary cardinalfish

L: Bis 11 cm. V: St. Helena, Ascension. T: 4 - 35 m. A: Typisch für diese südatlantische Art ist der schwarze Fleck an der Basis der Brustflosse. Die in diesem Bereich von farbenprächtigen Kelchkorallen überzogenen Höhlenwände sind sein Habitat, wobei er auch kopfüber unter der Decke schwebt. Der nachtaktive Fische jagt dann vor seinem Unterschlupf vorbeidriftende Planktontierchen.

Apogon axillaris **St. Helena**

BLAUBARSCHE — POMATOMIDAE

Pomatomus saltator — **Madeira**

Blaubarsch

Bluefish

Länge: Bis 110 cm.
Verbreitung: Im Ostatlantik von Portugal bis Südafrika. Mittelmeer und Schwarzes Meer.
Tiefe: 1 - 200 m.
Allgemein: Blaubarsche werden häufig mit Bernsteinmakrelen verwechselt, sind jedoch viel schlanker. *P. saltator* ist ein schnellschwimmender Räuber des offenen Wassers, der meist in Gruppen jagt. Er nähert sich nur selten der Küste. Blaubarsche, die eine Schule Beutefische angreifen, töten nachweislich mehr Tiere, als sie fressen und hinterlassen eine „Wolke von Blut".

GROSSAUGENBARSCHE — PRIACANTHIDAE

Heteropriacanthus cruentatus — **Madeira**

Glasauge

Glasseye

L: 30 cm. V: Beide Seiten des Atlantik. Im Ostatlantik von Madeira und den Kanaren bis Südafrika. T: 5 - 300 m. A: Das Glasauge wird häufig mit dem Atlantischen Großauge verwechselt. Letzteres hat jedoch niemals silberne Rückenstreifen, die das Glasauge immer zeigt.

Priacanthus arenatus — **Azoren**

Atlantisches Großauge

Atlantic bigeye

L: Bis 40 cm, meist 15 - 20 cm. V: Beide Seiten des Atlantik. Im Ostatlantik von Mauretanien bis Südafrika. Azoren, Madeira, Kanaren, Kapverden, São Tomé, St. Helena. T: 10 - 75 m. A: Das Atlantische Großauge wird oft mit dem Glasauge verwechselt, es hat jedoch niemals silberne Rückenstreifen. Seine Farbe variiert von einfarbig rot bis einfarbig silbern. Ein Erkennungsmerkmal, gut im Foto zu sehen, ist der schwarze Fleck an der Basis der Bauchflosse. Die Art ist nachtaktiv. Jungtiere bilden Schulen von bis zu mehreren Tausend Individuen.

TORPEDOBARSCHE MALACANTHIDAE

Sand-Torpedobarsch

Sand tilefish

L: Bis 60 cm. V: Beide Seiten des Atlantik. Im Ostatlantik bekannt von der Insel Ascension. T: 10 bis mindestens 50 m.
A: Leicht an seier langgestreckten Form und den langen Schwanzflossenlappen zu erkennen. Torpedobarsche leben einzeln oder paarweise auf Sandflächen, schwimmen typischerweise dicht über dem Boden und spurten über kurze Distanzen, um die Umgebung zu erkunden. Unter Steinen bauen sie Gruben in den Sand. Oft hat ein Fisch mehrere Gruben in seinem Jagdgebiet, um sich bei einer möglichen Gefahr schnell verstecken zu können. Daher sind sie sehr schwierig zu fotografieren.

Malacanthus plumieri **Westatlantik**

KOBIAS RACHYCENTRIDAE

Kobia

Cobia

Länge: Bis 200 cm.
Verbreitung: Gesamter tropischer Atlantik.
Tiefe: 2 - 50 m.
Allgemein: Es gibt nur eine Art in dieser Familie. Während juvenile Kobias deutlich gestreift sind, werden adulte Tiere einfarbig graubraun. Die kleinen schwimmen einzeln, die großen eher in Gruppen, auch im flachen Wasser. Oft auch als Begleiter von großen Knorpelfischen (wie hier ein Walhai) zu sehen.

Rachycentron canadum **Kapverden**

SCHIFFSHALTER ECHENEIDAE

Remora

Common remora

Länge: Bis 62 cm.
Verbreitung: Mittelmeer. Tropischer Atlantik bis in den temperierten Ärmelkanal.
Tiefe: Oberflächennah, hängt von dem Wirtstier ab.
Allgemein: Dieser massig wirkende Schiffshalter lebt meist nur mit sehr großen Knorpelfischen wie Mantas und ozeanischen Haien zusammen. Der Artname stammt aus dem Lateinischen und bedeutet so viel wie Behinderung.

Remora remora **Madeira**

Echeneis naucrates **Kanaren**

Gestreifter Schiffshalter

Striped remora

Länge: Bis 100 cm.
Verbreitung: Im westlichen Mittelmeer. Im östlichen als Rotmeer-Einwanderer. Sonst im trop. und subtropischen Atlantik.
Tiefe: Oberflächennah, hängt vom Wirtstier ab.
Allgemein: Wie das obere Foto zeigt, wird dieser Fisch seinem Namen gerecht, denn gerade ist er dabei, sich am Schiffsrumpf anzusaugen. Aber normalerweise zieht er große Knorpelfische wie einen Mantarochen vor. Die Art ist auch manchmal paarweise freischwimmend zu sehen, siehe Seite 156. Am gestreiften Farbmuster deutlich von anderen Schiffshaltern zu unterscheiden.

Remorina albescens **Westatlantik**

Weißer Schiffshalter

White remora

Länge: Bis 30 cm.
Verbreitung: Madeira bis Südafrika.
Tiefe: Hängt vom Wirtstier ab.
Allgemein: Durch seine helle Färbung gut an seinen Wirtstieren, wie hier einem Walhai, auszumachen. Haftet sonst gern an Mantas, dort in Mundnähe, in der Mund- oder Kiemenhöhle.

PER ANHALTER DURCH DIE GALAXIS

Es gibt in den Weltmeeren eine kleine, aber jedem Taucher bekannte Familie, die durch ein ungewöhnliches Verhalten auffällt. Man erkennt diese Fische an einer Saugscheibe auf dem Kopf und Rücken, ähnlich einer Profilsohle. Es ist die völlig umgewandelte erste Rückenflosse, die dazu benutzt wird, sich mit Unterdruck an andere Fische, Wale und Delphine, Schildkröten und sogar an Schiffsrümpfe anzuheften. Da die Lamellen der Saugplatte nach hinten gerichtet sind, vergrößert sich die Saugwirkung, je schneller der Transporteur schwimmt.

STEVE DROGIN

1. Auf einem Manta-Rochen vor der Küste Madeiras reiten hier gleich 2 Große Schiffshalter. Da sie mit der Rückenflosse angesaugt sind, zeigt der Bauch der Schiffshalter nach oben. Ohne „eine Flosse zu rühren", schwimmen diese Anhalter durch alle Weltmeere.

2. Als Jungtiere fressen die Schiffshalter Parasiten von der Haut ihrer Wirte, sind also durchaus nützlich für sie. Große Schiffshalter dagegen haben ein viel zu großes Maul, um noch kleine Parasiten zu packen. Die meisten Arten sind Räuber, die sich aus der Deckung ihres Trägers in einen Fischschwarm stürzen und dort ihre Beute schlagen. Als Erwachsener ist der Große Schiffshalter nicht mehr für seinen Transporteur nützlich. Im Gegenteil: Wie auf dem Foto zu sehen, hat die Saugscheibe auf diesem Mobula-Rochen einen heftigen Bluterguß verursacht. Sogar die Form der Lamellen läßt sich auf diesem Wundmal erkennen.

WINFRIED PERSINGER

3. Viel schlanker als der Große Schiffshalter ist der ebenfalls im westlichen Mittelmeer und im Atlantik vorkommende Gestreifte Schiffshalter. Das abgebildete Jungtier hat sich einen großen Braunen Zackenbarsch als Träger ausgesucht. Es ist mehrfach dokumentiert worden, daß gerade diese Art sich auch gern an Taucherbeine anheftet.

HELMUT DEBELIUS

HELMUT DEBELIUS

4. Obwohl sie schlechte Schwimmer sind und keine Schwimmblase besitzen, können diese Anhalter - wenn es sein muß - auch selbst schwimmen. Abgebildet sind gleich zwei Gestreifte Schiffshalter, möglicherweise ein Pärchen. Die Schiffshalter waren schon den alten Griechen bekannt, bei denen sie äußerst unbeliebt waren. Sie glaubten nämlich an geheime Kräfte dieser Fische, die die Fahrt ihrer Schiffe vermindern und diese sogar zum Halten bringen konnten.

5. Ein seltener Anblick: Zwei Schiffshalter verschiedener Herkunft kleben auf dem Rücken eines Walhais. Zusammen reisen der Gestreifte und der Weiße Schiffshalter als Anhalter durch die Meere....

HELMUT DEBELIUS

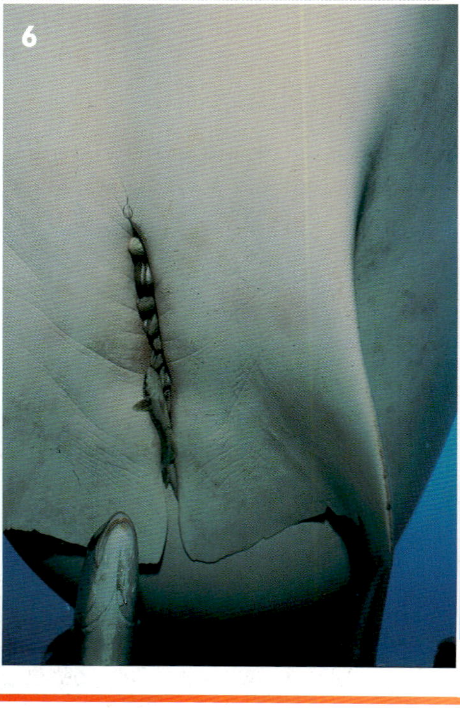

DOUG PERRINE

6. Zwei ungewöhnliche Verhaltensformen werden hier dokumentiert: Acht kleine Schiffshalter schauen aus der Kloake eines Walhai-Weibchens direkt in die Kamera eines ziemlich überraschten Fotografen. Offensichtlich fühlen sie sich dort ausgesprochen wohl und sicher. Dies gilt auch für einen anderen Schiffshalter, der sogar im Spritzloch desselben Walhais mitreist.

DOUG PERRINE

Pseudocaranx dentex Kanaren

Gelbflossen-Makrele

Guelly jack

L: Bis 80, meist nur bis 40 cm. V: Mittelmeer. Azoren bis Südafrika. T: 4 - 200 m. A: Diese weitverbreitete Art zieht in kleinen Trupps (siehe Seite 157) oder auch riesigen Schulen küstennah umher. Jungfische assoziieren sich einzeln mit den unterschiedlichsten Meeresfischen, s.Seite 165.

Alectes ciliaris Kapverden

Fadenmakrele

Threadfin mirrorfish

Länge: Bis 130, meist bis 100 cm.
Verbreitung: Senegal bis Südafrika. Kapverden.
Tiefe: 5 - 100 m.
Allgemein: Jungtiere dieser Art zeigen extrem lange Rücken- und Afterflossenstrahlen, daher der Name.

Caranx crysos Azoren

Rauchflossen-Makrele

Blue runner

Länge: Bis 55, meist bis 35 cm.
Verbreitung: Mittelmeer. Azoren bis Angola.
Tiefe: 2 - 20 m.
Allgemein: Ein Fisch des offenen Meeres, der nur selten in Küstennähe kommt. Manchmal schwimmt eine kleine Gruppe dieser Art in großen Schwärmen anderer Stachelmakrelen mit.

Pferde-Makrele

Crevalle jack

Länge: Bis 100, meist bis 60 cm.
Verbreitung: Mittelmeer. Portugal bis Südangola. Westatlantik.
Tiefe: 1 - 350 m.
Allgemein: Bevorzugt klares Freiwasser, schwimmt selten über Riffen. Junge Tiere neigen zu Schwarmbildung, ältere zum Einzelgängertum. Am schwarzen Fleck auf der Brustflosse zu erkennen.

Caranx hippos **Balearen, Spanien**

Großaugen-Makrele

Horse-eye jack

L: Bis 80, meist bis 50 cm.
V: Im Ostatlantik selten: Madeira und Golf von Guinea. Sonst Westatlantik. T: 1 - 30 m.
A: Eher um fernab von Küsten gelegenen Inseln zu finden. Schwimmt aber auch in Ästuare und Flüsse, wie im Golf von Guinea beobachtet.

Caranx latus **St. Paul's Rocks**

Schwarze Makrele

Black jack

Länge: Bis 90, meist bis 70 cm.
Verbreitung: Azoren, Madeira, Kapverden, Ascension, Golf von Guinea. Südafrika.
Tiefe: 15 - 65 m.
Allgemein: Eine Gruppe von Schwarzen Makrelen wurde vom in einer Höhle tauchenden Autor tagsüber dabei beobachtet, wie sie gezielt in den sehr dunklen Teil hineinstießen, um dort versteckte Kardinalbarsche und Großaugen zu erbeuten. Mit Erfolg. Sonst an tieferen Dropoffs in Riffnähe zu finden.

Caranx lugubris **Kapverden**

Elagatis bipinnulata São Tomé

Regenbogenrenner

Rainbow runner

Länge: Bis 120, meist bis 80 cm.
Verbreitung: Mittelmeer (selten). Golf von Guinea; Südafrika. Tropischer Atlantik.
Tiefe: 1 - 40 m.
Allgemein: Lebt in kleinen Gruppen oder großen Schwärmen im Freiwasser und an Steilwänden. Bevorzugt Strömung. Durch den schlanken Kopf und Körper gut von anderen Stachelmakrelen zu unterscheiden. Der bislang einzige Nachweis aus dem Mittelmeer stammt von 1846, als etwa 10 Tiere vor Genua gefangen wurden.

Naucrates ductor Azoren

Pilotmakrele

Pilotfish

Länge: Bis 70, meist 35 cm.
Verbreitung: Mittelmeer. Von Großbritannien bis Südafrika.
Tiefe: 1 - 15 m.
Allgemein: Während die Jungfische noch gelbschwarz gestreift sind, zeigt das große Foto die typische Schwarzweiß-Streifung der häufigen Pilotmakrele.

Selene dorsalis Kapverden

Bodengucker

Lookdown fish

Länge: Bis 32 cm, meist 24 cm.
Verbreitung: Portugal, Madeira, Kapverden. Senegal bis Namibia.
Tiefe: 1 - 10 m.
Allgemein: Unverkennbar durch das extrem steile Kopfprofil ist diese Stachelmakrele nicht zu verwechseln. Schwimmt in einer nach vorne geneigten Position über dem Grund scheinbar nach unten schauend. Daher der Name.

Große Bernsteinmakrele

Greater amberjack

Länge: Bis 190, meist 110 cm.
Verbreitung: Mittelmeer. Südengland bis Südafrika.
Tiefe: 20 - 335 m
Allgemein: Die 5 Arten der Bernsteinmakrelen sind sich äußerlich sehr ähnlich. Im Nordostatlantik handelt es sich bei Tieren über 100 cm Länge, wie hier abgebildet, aber immer um *Seriola dumerili!* Sie schwimmt in küstennahen Gewässern in kleinen Schulen oder einzeln. Ihre Nahrung besteht aus Riffischen, die sie überfallartig angreift.

Seriola dumerili **Madeira**

Südatlantik-Bernsteinmakrele

South-Atlantic amberjack

Länge: Bis 190 cm, meist 100 cm.
Verbreitung: St. Helena; Südafrika.
Tiefe: 10 - 50 m.
Allgemein: Ein in Südafrika beliebter Anglerfisch (lokaler Rekord 33 kg), der bei 190 cm Länge etwa 60 kg wiegt. Die südatlantische Art schwimmt in großen Schulen in der Kapregion und folgt im Südwinter den Sardinenschwärmen. Ein Bericht von St. Helena aus dem Jahre 1835 sagt, daß dort in 5 Jahren 350 Stück gefangen wurden. In der Fangsaison 1982/83 wurden im Südsommer von September bis März dagegen nur 110 kg (wenige Exemplare) angelandet. Die Fänge werden mit Langleinen, Handleinen und gelegentlich mit der Harpune gemacht.

Seriola lalandi **St. Helena**

Seriola carpenteri — **Balearen, Spanien**

Mittelmeer-Bernsteinmakrele

Mediterranean amberjack

Länge: Bis mindestens 48 cm.
Verbreitung: Mittelmeer. Biskaya (selten), Marokko und Kapverden bis Angola.
Tiefe: 10 - 200 m.
Allgemein: Eine an der westafrikanischen Festlandsküste relativ häufige Bernsteinmakrele. Ihre Nahrung besteht aus Kalmaren und Fischen. Die Adulten leben in Schulen im Freiwasser oder auch in Bodennähe. Diese Art wurde früher mit *Seriola dumerili* verwechselt, daher sind die überlappenden Verbreitungsgebiete beider Arten noch schlecht definiert.

Seriola fasciata — **Madeira**

Kleine Bernsteinmakrele

Lesser amberjack

Länge: Bis 70 cm.
Verbreitung: Madeira. Westatlantik.
Tiefe: 10 - 130 m.
Allgemein: Diese Art wurde früher mit *Seriola carpenteri* verwechselt, daher sind die überlappenden Verbreitungsgebiete beider Arten noch schlecht definiert. Bei Madeira ist diese Art lokal durchaus häufig. Sie ernährt sich von Kalmaren und Fischen. Junge Bernsteinmakrelen leben noch ozeanisch, ältere Tiere eher in Küsten- und Bodennähe.

Seriola rivoliana — **Kanaren**

Augenstreifen-Bernsteinmakrele

Almaco jack

Länge: Bis 100 cm.
Verbreitung: Portugal, Azoren, Madeira, Kanaren. Zirkumtropisch.
Tiefe: 30 - 140 m.
Allgemein: Die Verbreitung im Ostatlantik ist wegen der Verwechslung mit anderen Bernsteinmakrelen nicht gut bekannt. Jungtiere leben pelagisch unter abgerissenen Pflanzen und anderem Treibgut. Die Adulten sind selten in Küstennähe zu finden und daher vielleicht die mehr ozeanisch lebende unserere 5 Arten.

Ostatlantische Gabelmakrele

Common pompano

Länge: Bis 70 cm, meist 35 cm.
Verbreitung: Mittelmeer. Dänemark (selten) bis Südangola.
Tiefe: 1 - 200 m.
Allgemein: Junge und adulte Gabelmakrelen schwimmen oft in kleinen Trupps im klaren Wasser entlang von Sandstränden, wo sie sich von bodenlebenden Tieren (kleine Krebse, Mollusken, Fische) ernähren. Sie gehören zu den Stachelmakrelen, die keine Knochenschilder entlang der Seitenlinie aufweisen.

Trachinotus ovatus **Azoren**

Westatlantische Gabelmakrele

Orangefin pompano

Länge: Bis 70 cm, meist 35 cm.
Verbreitung: Kapverden bis Gabun.
Tiefe: 1 - 200 m.
Allgemein: Von der vorhergehenden Art unterscheidet sich diese Gabelmakrele durch den auffälligen, leuchtend orangen Fleck in der Afterflosse (siehe Foto). Dafür sind die schwarzen Flossenränder weniger breit. Auch sie lebt über Weichböden (Sand- und Schlamm), wobei die älteren Tiere tiefer vorkommen.

Trachinotus teraia **Kapverden**

Weißmaul-Stachelmakrele

Cottonmouth kingfish

Länge: Bis 45 cm, meist 25 cm.
Verbreitung: Tropischer Westatlantik.
Tiefe: 1 - 40 m.
Allgemein: Der Populärname bezieht sich auf die weiße Zunge, Gaumen und Maulboden; Schlund und Maulinnenseiten sind schwarz. Die pelagische Art bildet große Schwärme im Freiwasser.

Uraspis secunda **Westatlantik**

Trachurus mediterraneus **Adria, Kroatien**

Mittelmeer-Bastardmakrele

Mediterranean horse mackerel

Länge: Bis 50 cm.
Verbreitung: Mittelmeer, Schwarzes Meer. Biskaya bis Mauretanien.
Tiefe: 10 - 500 m.
Allgemein: Ein typischer Vertreter der Stachelmakrelen mit großen Knochenschildern entlang der Seitenlinie. Durch diese kann man auch unter Wasser die Bastardmakrelen trotz ihres insgesamt recht makrelenähnlichen Erscheinungsbildes von den echten Makrelen (Familie Scombridae, siehe unten) unterscheiden.

Trachurus trachurus **Ärmelkanal, England**

Gewöhnliche Bastardmakrele

Common horse mackerel

L: Bis 60 cm, meist 30 cm. V: Mittelmeer, Schwarzes Meer (selten). Südnorwegen und Island bis zum Golf von Guinea. T: 10 - 200 (auch 500) m. A: Das Fleisch der Bastardmakrelen ist weniger fett und damit trockener als das der Makrele, daher auch weniger gefragt. Sie ernähren sich von Kleinkrebsen, Fischen und Kalmaren.

Trachurus picturatus **Azoren**

Atlantische Bastardmakrele

Atlantic horse mackerel

Länge: Bis 60 cm.
Verbreitung: Westliches Mittelmeer. Biskaya bis Mauretanien. Azoren, Madeira, Kanaren.
Tiefe: 10 - 370 m.
Allgemein: Die Arten der Bastardmakrelen sind nur durch abzählbare Merkmale und daher unter Wasser praktisch nicht voneinander zu unterscheiden. Allein im Mittelmeer kommen mindestens 3 Arten parallel vor, die zudem noch lokale Rassen bilden.

ANSCHMIEGSAM

Erwachsene Tiere der Gelbschwanz-Stachelmakrele bilden riesige Schwärme, die den Taucher manchmal neugierig umkreisen und dann wie auf ein geheimnisvolles Signal hin plötzlich alle abdrehen und ins Blau entschwinden. Jungtiere haben kräftiger gefärbte Flossen als Erwachsene. Junge Gelbschwanz-Stachelmakrelen schließen sich manchmal anderen, größeren Fischen an und folgen ihnen so dicht, daß man oft meint, die Körper der Fische berühren sich. Warum wohl ?

ALLE FOTOS: PETER WIRTZ

Jungtier mit einer Rotbrasse.

Die Antwort auf diese Frage ist nicht bekannt. Es gibt (mindestens) drei mögliche Gründe. Erstens: Die jungen Gelbschwanz-Stachelmakrelen könnten Putzerfische sein. Beim Putzen wurden sie aber bisher nicht gesehen; außerdem bräuchten sie dann nicht so dichtauf und hartnäckig hinter Ihrem einmal ausgewählten Partner mitschwimmen. Zweitens: Es könnte sich um eine Freßgemeinschaft handeln, in der die kleinen Stachelmakrelen von der Nahrung profitieren, die ihr Partner findet. Tatsächlich wurde beobachtet, daß sie ebenfalls fressen, wenn ihr Begleiter im Sand wühlt. Aber auch hier fehlt die Erklärung, warum sie so dicht an ihrem Partner schwimmen und für manche der Vergesellschaftungen, wie die der sehr kleinen Stachelmakrelen mit großen Zackenbarschen ist eine Fressgemeinschaft doch sehr unwahrscheinlich. Drittens: Die kleinen Sta-

Jungtier mit Zebrabrasse.

Zwei sehr kleine Jungtiere mit Braunem Zackenbarsch.

chelmakrelen benutzen ihre großen Partner als Schutzschild. Dicht an ihrem Körper sind sie vor Raubfeinden geschützt, die Fische ihrer Größe gerne fressen, so große wie ihren Partner aber nicht mehr. Die Vergesellschaftung ausgerechnet mit einem Zackenbarsch ist nur auf den ersten Blick paradox. Mit Zackenbarschen schwimmen nämlich nur besonders kleine Stachelmakrelen, die als Beute für den mächtigen Raubfisch viel zu klein sind.

Erwachsene Gelbschwanz-Stachelmakrelen umkreisen einen Taucher.

Heranwachsende Gelbschwanz-Stachelmakrele mit Marmorbrasse.

Dorado

Dolphin fish

Länge: Bis 200 cm, meist 100 cm.
Verbreitung: Mittelmeer. Nordwestspanien bis Südafrika und alle ozeanischen Inseln.
Tiefe: 2 - 100 m.
Allgemein: Der im Leben prächtig gefärbte Fisch (siehe Foto) ist von UW-Fotografen, Anglern und Feinschmeckern sehr begehrt. Es gibt eine weitere, sehr ähnliche Art *(C. equiselis)* der Gattung. Da beide weltweit in tropischen und subtropischen Meeren verbreitet sind, ist eine exakte Bestimmung nicht immer gewährleistet. Die Freiwasserbewohner kommen gelegentlich auch in Küstennähe, folgen Schiffen und formen unter Treibgut kleine Trupps. Ihre Nahrung besteht aus epipelagische Fischen, aber auch Krebsen nd Kalmaren. Eier und Larven der Goldmakrelen sind pelagisch, d. h. sie werden über weite Strecken von den Meeresströmungen verdriftet.

Coryphaena hippurus **Azoren**

Afrikanischer Gabelschwanz-Schnapper

African forktail snapper

L: Bis 50 cm. V: Senegal bis Sierra Leone. Kapverden, São Tomé. T: 30 - 300 m.
A: *Apsilius*-Arten sind viel schlanker als die typischen *Lutjanus*-Schnapper. *A. fuscus* lebt pelagisch. Das Foto zeigt drei Tiere, die auf die Putzerdienste eines jungen *Bodianus speciosus* warten.

Apsilius fuscus **São Tomé**

Lutjanus griseus Westatlantik

Grauer Schnapper

Grey snapper

Länge: Bis 98 cm.
Verbreitung: Beide Seiten des Atlantik. Im Ostatlantik von Senegal bis Kongo. Kapverden, Fernando Poo.
Tiefe: 0 - 120 m.
Allgemein: Der Graue Schnapper zeigt oft, aber nicht immer, ein dunkelbraunes Band von der Schnauzenspitze quer über das Auge. Tagsüber schwimmt er in kleinen Schulen, die sich in der Dämmerung auflösen. Die Art dringt in Brack- und Süßwasserhabitate ein.

Lutjanus goreensis São Tomé

Gorea-Schnapper

Gorean snapper

Länge: Bis 80 cm.
Verbreitung: Senegal bis Kongo. São Tomé.
Tiefe: 5 - 40 m.
Allgemein: Die Art ist an der hellblauen Linie unter dem Auge zu erkennen. Das Foto zeigt ein Tier, das darauf wartet, von einem jungen *Bodianus speciosus* „geputzt" zu werden. Junge Gorea-Schnapper dringen weit in Flußmündungen bis ins Süßwasser ein.

Ocyurus chrysurus Kapverden

Gelbschwanz-Schnapper

Yellowtail snapper

L: Bis 80 cm. V: Beide Seiten des Atlantik. Im Ostatlantik nur bei den Kapverden. T: 1 - 180 m. A: Der leuchtend gelbe Körperstreifen und Schwanz machen diese Art unverwechselbar. Der Gelbschwanz-Schnapper ist neugierig und nähert sich oft dem Taucher.

Parapristipoma latifrons Kapverden

Guinea-Grunzer

Guinea grunt

Länge: Bis 35 cm.
Verbreitung: Weil diese Art in der Vergangenheit mit dem Afrikanischen Streifengrunzer verwechselt wurde, ist ihre genaue Verbreitung unbekannt! Golf von Guinea, Kapverden.
Tiefe: 10 - 100 m.
Allgemein: Eine der häufigsten Arten bei den Kapverden, wo sie große Schulen bildet. Vier weiße Linien sind manchmal auf jeder Körperseite sichtbar. Der UW-Fotograf kann sich den Grunzer-Schulen leicht nähern. (Siehe Seite 169).

Parapristipoma octolineatum Kanaren

Afrikanischer Streifengrunzer

African striped grunt

L: 25 cm, max. 50 cm. V: Mittelmeer (selten). Portugal bis Angola. Madeira, Kanaren, Kapverden. T: 10 - 180 m. A: Oft in kleinen Gruppen. Frißt Schnecken und Krabben. Wie der lateinische Artname („achtgestreift") sagt, hat die Art vier weiße Streifen auf jeder Körperseite.

Pomadasys incisus Kanaren

Bastard-Grunzer

Bastard grunt

Länge: Bis 36 cm.
Verbreitung: Westliches und südliches Mittelmeer. Ostatlantik von Marokko bis Angola. Madeira, Kanaren, Kapverden.
Tiefe: 10 - 100 m.
Allgemein: Bildet riesige Schulen, meist an der Grenze von Fels- und Sandgrund. Der Bastard-Grunzer laicht im Sommer. Er frißt viele verschiedene bodenlebende Wirbellose und Fische.

SCHNAPPER — LUTJANIDAE

Rogers Grunzer

Rogers grunt

Länge: Bis 40 cm, max. 60 cm.
Verbreitung: Senegal bis Angola. Kapverden.
Tiefe: 5 - 25, max. 90 m.
Allgemein: Auf den ersten Blick könnte man Rogers Grunzer für einen Umberfisch halten, aber die lange Schnauze verrät den Grunzer. Auch fehlen ihm die schwarzen, weißgerandeten Flossen des Meerraben (siehe unten). Über Biologie und Verhalten dieser Art, die oft paarweise schwimmt, ist wenig bekannt.

Pomadasys rogeri **Kapverden**

PIKARELLEN — CENTRACANTHIDAE

Gefleckte Pikarelle

Blotched picarel

L: 25 cm. V: Mittelmeer, Schwarzes Meer. Portugal bis Mauretanien. T: 5 - 170 m. A: Viel hochrückiger als andere *Spicara*-Arten, mit leuchtendblauen Linien auf Kopf und Körper. Bildet große Schulen.

Spicara maena **Golfe du Lion, Frankreich**

Schnauzen-Pikarelle

Picarel

Länge: Bis 20 cm.
Verbreitung: Mittelmeer, Schwarzes Meer. Atlantikküste Portugals.
Tiefe: 5 - 130 m.
Allgemein: Lebt auf Sand- und Schlammböden. Das Foto zeigt ein Tier bei Nacht, daher ist der tags dunkle Fleck in der Körpermitte nun hell. Frißt Kleinkrebse und Mollusken. Laichzeit ist März bis Mai. Mit 2 Jahren werden Weibchen zu Männchen.

Spicara flexuosa **Ionische Inseln, Griechenland**

Boops boops Kanaren

Gelbstrieme

Bogue

L: 10 - 15 cm. V: Mittelmeer, Schwarzes Meer. Norwegen bis Angola. Oz. Ins. T: 0 - 300 m. A: Länglicher als andere Meerbrassen. Hellbraune Längslinien nur von nahem zu sehen; auf Distanz erscheinen die Tiere silbrig und werden oft für Ährenfische oder Heringsartige gehalten.

Diplodus annularis Adria, Kroatien

Ringelbrasse

Annular seabream

L: 24 cm. V: Frankreich bis Mauretanien. Kanaren (Madeira: *D. sargus!*). T: 1 - 90 m. A: Ein schwarzer Ring um den Schwanzstiel ist charakteristisch. Lebt auf Sand- und Felsböden sowie in Seegraswiesen. Jungtiere im Brackwasser. Geschlechtsreif nach einem Jahr bei 10 cm Länge.

Diplodus bellottii Kapverden

Senegal-Brasse

Senegal seabream

Länge: Bis 30 cm.
Verbreitung: Ein Nachweis aus dem westlichen Mittelmeer bei Malaga. Im Ostatlantik von Südspanien bis Senegal. Kapverden.
Tiefe: 2 - 100 m.
Allgemein: Die Senegal-Brasse bildet große Schwärme. Sie lebt carnivor und frißt Bodenwirbellose. Laichzeit ist April bis Juni.

Zahnbrasse

Common dentex

Länge: Bis 100 cm, meist nur bis 50 cm.
Verbreitung: Mittelmeer, sehr selten im Schwarzen Meer. Im Ostatlantik von Großbritannien bis Senegal. Madeira, Kanaren.
Tiefe: 15 - 150 m.
Allgemein: Die Zahnbrasse lebt dicht über Felsboden mit reichlich Pflanzenwuchs, siehe das brilliante Foto. Um ein solches Foto mit Blitz zu machen, braucht es einen erfahrenen UW-Fotografen, da der silbrige Fisch schwer reflexfrei auf Film zu bannen ist. Jungtiere schwimmen in Gruppen, ältere jagen lieber einzeln. Frißt Fische und Kopffüßer; erreicht bis zu 10 kg Gewicht.

Dentex dentex **Kanaren**

Dickkopf-Zahnbrasse

Lump-headed bream

Länge: Bis 100 cm, meist nur bis 50 cm.
Verbreitung: Mittelmeer, außer dem kühlen Nordwesten. Im Ostatlantik von Portugal bis Angola, Madeira, Kanaren.
Tiefe: 15 - 300 m.
Allgemein: Junge Dickkopf-Zahnbrassen ziehen Flachwasser vor, ältere leben nur im Tiefen. Bei Jungtieren sind der dritte und vierte Rückenflossenstrahl stark verlängert (siehe Foto). Die Art wechselt ihr Geschlecht von männlich nach weiblich, was weniger häufig ist. Adulte Weibchen entwickeln einen großen Buckel auf dem Kopf. Wie auf dem Foto zu sehen ist, hat diese Brasse große Zähne, um schlüpfrige Beute wie Fische und Tintenfische zu packen.

Dentex gibbosus **Madeira**

Diplodus cervinus — Kanaren

Zebra-Brasse

Zebra bream

L: Bis 55 cm. V: Mittelmeer. Golf von Gascogne bis Senegal. Madeira, Kanaren. T: 2 - 80 m. A: In kleinen Gruppen über Felsgrund. Unterarten: *D. c. cervinus* (Mittelmeer, Ostatlantik), *D. c. hottentotus* (Südostküste Südafrikas), *D. c. omanensis* (arabische Halbinsel).

Diplodus fasciatus — Kapverden

Kapverden-Streifenbrasse

Cape Verde bream

Länge: Bis 40 cm.
Verbreitung: Nur von den Kapverden bekannt.
Tiefe: Von 2 bis mindestens 30 m.
Allgemein: Oft mit deutlich gelbem Bauch. Aber auch *Diplodus cervinus* kann einen gelben Bauch haben, daher ist die Gültigkeit von *D. fasciatus* als eigene Art fraglich.

Diplodus prayensis — Kapverden

Praya-Brasse

Praya bream

Länge: Bis 35 cm.
Verbreitung: Nur von den Kapverden bekannt.
Tiefe: 2 - 100 m.
Allgemein: Diese Art ist *Diplodus vulgaris* sehr ähnlich und könnte sogar mit ihr identisch sein. Sie ist omnivor und frißt Bodenwirbellose und Pflanzen.

Zweibindenbrasse

Two-banded bream

Länge: Bis 45 cm, meist bis 20 cm.
Verbreitung: Mittelmeer. Im Ostatlantik von Frankreich bis Angola. Madeira, Kanaren.
Tiefe: 2 - 90 m.
Allgemein: Diese häufige Art lebt dicht über Fels- und Sandböden. Jungtiere kann man auch in Seegraswiesen finden. Die Geschlechtsreife wird nach 2 Jahren bei etwa 17 cm Länge erreicht.

Diplodus vulgaris **Madeira**

Cadenats Geißbrasse

African white bream

Länge: Bis 45 cm, meist 25 cm.
Verbreitung: Ostatlantik von der Biskaya bis Senegal. Madeira, Kanaren.
Tiefe: 2 - 100 m.
Allgemein: Unterscheidet sich von *D. sargus sargus* (siehe nächste Seite) durch mehr Mahlzähne (Molaren) und zwei dunkle Streifen auch bei großen Exemplaren. Eine der häufigsten Arten entlang der Küsten des subtropischen Ostatlantiks.

Diplodus sargus cadenati **Kanaren**

Diplodus sargus sargus **Costa Brava, Spanien**

Große Geißbrasse

White bream

Länge: Bis 45 cm, meist 25 cm.
Verbreitung: Mittelmeer und Schwarzes Meer.
Tiefe: 2 - 50 m.
Allgemein: Die dunklen Streifen der Jungfische verschwinden bei Adulten (über 20 cm). Die Große Geißbrasse schwimmt meist in Gruppen und lebt dicht über Fels- und Sandböden sowie in Seegraswiesen. Jungtiere können ins Brackwasser eindringen. Die Geschlechtsreife wird nach 2 Jahren bei etwa 17 cm Länge erreicht.

Diplodus sargus lineatus **Kapverden**

Gestreifte Geißbrasse

Striped white bream

Länge: Bis 25 cm.
Verbreitung: Nur von den Kapverden bekannt.
Tiefe: Von 2 bis mindestens 25 m.
Allgemein: Wie der Name nahelegt, hat *D. sargus lineatus* ausgeprägtere Seitenstreifen. Auch diese Unterart ist - wie alle anderen - omnivor und frißt Bodenwirbellose und Pflanzen.

Diplodus puntazzo **Adria, Kroatien**

Spitzbrasse

Sharpsnout seabream

Länge: Bis 60 cm, meist bis 25 cm.
Verbreitung: Mittelmeer, Schwarzes Meer. Im Ostatlantik vom Golf von Gascogne (Frankreich) bis Sierra Leone. Kanaren, Kapverden.
Tiefe: 2 - 150 m.
Allgemein: Die Art ist omnivor und ernährt sich von Würmern, Muscheln, Garnelen und Algen. Sie lebt dicht über Fels- und Sandböden. Jungtiere dringen sogar ins Brackwasser ein.

Brandbrasse

Saddle bream

Länge: Bis 30 cm, meist 15 - 20 cm.
Verbreitung: Mittelmeer. Im Ostatlantik von der Biskaya bis Angola. Madeira, Kanaren, Kapverden.
Tiefe: 1 - 30 m.
Allgemein: Diese Art ist leicht am weißen Rand um den schwarzen Schwanzfleck zu erkennen. Die Brandbrasse schwimmt meist in Gruppen über Felsböden und Seegraswiesen. Laichzeit ist April bis Juni.

Oblada melanura **Adria, Italien**

Marmorbrasse

Striped bream

L: Bis 55 cm.V: Mittelmeer. Biskaya bis Südafrika. Kanaren, Kapverden. T: 2 - 150 m. A: In Schulen über Weichböden, auch im Brackwasser. Frißt Würmer und Muscheln, die aus dem Boden ausgegraben werden, siehe Foto unten. Geschlechtswechsler von männlich nach weiblich.

Lithognathus mormyrus **Kanaren**

Achselfleckbrasse

Axillary bream

L: Bis 36 cm. V: Mittelmeer. Dänemark bis Senegal. Oz. Ins. T: 5 - 450 m. A: Jungtiere im Flachwasser, ältere viel tiefer. Schwarzer Fleck an Brustflossenbasis ist typisch. Geschlechtswechsler von männlich nach weiblich. Geschlechtsreife nach 2 Jahren bei 15 cm Länge.

Pagellus acarne **Madeira**

Pagellus bellotii **Adria, Kroatien**

Bellots Rotbrasse

Red pandora

Länge: Bis 40 cm.
Verbreitung: Südwestliches Mittelmeer. Gibraltar bis Angola. Kanaren.
Tiefe: 10 - 250 m.
Allgemein: Diese Art frißt Bodenwirbellose und kleine Fische. Mit zunehmender Größe wechselt sie das Geschlecht von weiblich nach männlich. Zum Laichen kommt sie näher an die Küste.

Pagellus erythrinus **Madeira**

Kleine Rotbrasse

Common pandora

Länge: Bis 60 cm, meist 20 - 30 cm.
Verbreitung: Im Ostatlantik von Schweden und Großbritannien südwärts bis Senegal. Madeira, Kanaren, Kapverden.
Tiefe: 5 - 300 m.
Allgemein: Die Kleine Rotbrasse lebt einzeln oder in kleinen Gruppen über Sand- und Felsböden. Sie wandert im Winter in tieferes Wasser, im Sommer in flacheres. Mit etwa 3 Jahren und 18 cm Länge wechselt die Art ihr Geschlecht von weiblich nach männlich.

Pagrus pagrus **Kanaren**

Gewöhnliche Rotbrasse

Common bream

Länge: Bis 80 cm.
Verbreitung: Mittelmeer. Im Ostatlantik vom Ärmelkanal südwärts bis Mauretanien. Azoren, Madeira, Kanaren.
Tiefe: 10 - 300 m.
Allgemein: Jungtiere sind leicht an den weißen Schwanzflossenspitzen zu erkennen und leben im Flachwasser. Adulte kommen viel tiefer vor, können jedoch im Winter gelegentlich auch im Flachen angetroffen werden. Laichzeit ist April bis Juni. Die Art ist carnivor und frißt hauptsächlich Krabben, Mollusken und kleine Fische.

Rotbandbrasse

Red-banded seabream

Länge: Bis 80 cm.
Verbreitung: Südliches und östliches Mittelmeer. Im Ostatlantik von Portugal bis Angola. Kanaren.
Tiefe: 10 - 200 m.
Allgemein: Junge Rotbandbrassen leben im Flachwasser. Man kann sie leicht an den roten Bändern und verlängerten Rückenflossenstrahlen erkennen (Foto unten). Dieses Farbmuster bleibt auch bei adulten Weibchen schwach sichtbar (Foto oben). Adulte Männchen sind jedoch silbrig-rosa. Lebt über bewachsenen Hartböden.

Pagrus auriga **Kanaren**

Blaufleckbrasse

Blue-spotted seabream

Länge: Bis 90 cm.
Verbreitung: Süd- und Ostküsten des Mittelmeeres. Im Ostatlantik von Portugal bis Angola. Kanaren.
Tiefe: 10 - 200 m.
Allgemein: Die Art frißt hauptsächlich Muscheln und Krabben, aber auch Fische. Die Geschlechtsreife wird nach 2 Jahren bei etwa 20 cm Länge erreicht. Mit zunehmender Länge wandelt sie ihr Geschlecht von weiblich nach männlich.

Pagrus coeruleostictus **Kanaren**

Spondyliosoma cantharus ♂ **Adria, Kroatien**

Spondyliosoma cantharus ♀ **Zypern**

Spondyliosoma cantharus ♂ **Madeira**

Streifenbrasse

Black bream

Länge: Bis 60 cm, meist 20 - 30 cm.
Verbreitung: Mittelmeer. Von Südnorwegen bis Angola. Madeira, Kanaren, Kapverden.
Tiefe: 5 - 150 m.
Allgemein: Ein sorgfältiger Vergleich der Fotos links führte zu einer überraschenden Entdeckung: Territoriale Männchen der Mittelmeer- und Atlantik-Populationen zeigen sehr verschiedene Farbmuster. Gehören sie wirklich zur gleichen Art? Die schwachen gelben Linien auf dem Körper der Weibchen sind nur von nahem zu erkennen, aus der Ferne erscheinen sie silbern. Die Streifenbrasse lebt dicht über Sand- und Felsböden sowie in Seegraswiesen. Sie ist omnivor und frißt kleine Wirbellose, meist Krebse, und Algen. Laichzeit ist Februar bis Mai. Die Eier werden auf dem Grund abgelegt und vom Männchen bewacht.

Goldstrieme

Cow bream

L: Bis 50 cm, meist 15 - 25 cm. V: Mittelmeer und Schwarzes Meer. Von der südlichen Nordsee bis Sierra Leone. Azoren, Madeira, Kanaren, Kapverden. T: 1 - 20 m. A: Die Goldstrieme ist leicht an goldenen Streifen auf hellgrünem Körper zu erkennen. Sie lebt in Gruppen über Sand-, Schlamm- und Felsböden sowie in Seegraswiesen. Jungtiere sind omnivor und fressen kleine Bodenwirbellose sowie Pflanzen. Adulte sind fast ausschließlich herbivor (pflanzenfressend). Wenn sie *Caulerpa*-Algen gefressen haben, können sie für Menschen giftig sein. Die Art erreicht ihre Geschlechtsreife bei etwa 20 cm Länge. Später wechselt sie das Geschlecht von männlich nach weiblich. Wegen ihres schönen Farbmusters und ihrer eleganten Bewegungen ist die Goldstrieme bevorzugtes Objekt der UW-Fotografen.

Sarpa salpa **Balearen, Spanien**

Sarpa salpa **Costa Brava, Spanien**

Goldbrasse

Gilt-head bream

L: Bis 70 cm. V: Mittelmeer. Großbritannien bis Senegal. Kanaren, Kapverden. Zur Zeit kommt die Art nicht bei Madeira vor, aber man hat dort gerade mit ihrer Marikultur (Zucht im Meer) begonnen, und es ist nur eine Frage der Zeit, bis die ersten Tiere entkommen. Niemand weiß, was dann passieren wird. T: 15 - 150 m. A: Jungtiere leben im Flachwasser, Adulte meist tiefer. Die Goldbrasse wechselt das Geschlecht von männlich nach weiblich. Sie wird nach 1 bis 2 Jahren bei 20 - 30 cm Länge geschlechtsreif.

Sparus aurata **Costa Brava, Spanien**

OCEANOPOLIS

Die Reede von Brest an der atlantischen Küste Frankreichs beherbergt eines der modernsten Aquarien Europas. Seit der Eröffnung 1990 entdeckten nun schon über zwei Millionen Besucher die Welt von Océanopolis. Das erfolgreiche Konzept der Hi-Tech-Anlage besteht aus einer ausgewogenen Mischung von Erlebnis und Information. Hier bekommt man als Besucher vielfältige Eindrücke vom Atlantik und seinen Bewohnern.

2

ALLE FOTOS: CHRISTOPH GERIGK

1

1. Im Aquarienbereich empfängt den Besucher eine schummerige Stimmung. Durchleuchtete Displays, Bildschirme und zyklisch angeleuchtete Modelle von Meeressäugern in Originalgröße lassen eine geheimnisvolle Atmosphäre entstehen. Unterstützt wird dieser Effekt durch das gebrochene Tageslicht, das in allen nur erdenklichen Grüntönen durch die Tangwälder der großen Kaltwasseraquarien strahlt. Allen wichtigen Lebensräumen des Nordostatlantiks sind Becken gewidmet wie hier eine mit Muscheln bewachsene Felswand und Laminarien, Schwämme sowie Hornkorallen.

2. Das weit ausladende, weiße Gebäude gleicht einem riesigen Krabbenpanzer. Das Innere des steinernen Krustentieres wird durch große Glasfronten teilweise von Tageslicht durchflutet. Es gibt zwei Ebenen in Océanopolis: den Ausstellungsbereich und die Aquariensektion. Letztere zieht die Besucher in besonderem Maße an.

3+4+5. Das Wasser für die insgesamt 500.000 Liter umfassende Anlage wird aus der angrenzenden Reede von Brest zugeleitet. Neben den vierzehn Hauptaquarien befinden sich hinter den Kulissen im Quarantänebereich noch weitere siebzig Becken. Die aufwendige Technik dient vor allem dazu, die gezeigten Ökosysteme so exakt wie möglich zu reproduzieren, sprich naturgemäßen Betrieb zu garantieren.
Die tägliche Tauchershow stellt für viele Besucher „die" Attraktion in Océanopolis dar. Sie versammeln sich nach Ankündigung vor dem „Grand Tombant", diesem mit gewinkelten Glasfronten größten Becken im Haus. Links und rechts der Verglasung sind zwei Bildschirme installiert. Per Oberflächenschlauch mit Preßluft versorgt, steigt ein Taucher im Trockenanzug in das Becken hinab. Auf dem Kopf trägt er entweder einen transparenten Acryl-Helm mit eingebautem Mikrofon oder eine Vollgesichtsmaske mit über der Stirn angebrachten Fernsehkamera für Außenbildschirme.
Fasziniert verfolgen die Zuschauer, wie der Taucher mit Nagelrochen, Katzenhaien spielt und besonders den Kindern Einzelheiten der Fische an der Scheibe zeigt und übers Mikrofon erklärt. Wenn dann gefüttert wird, kommen auch die scheuen Fische wie der Heringskönig herbeigeschwommen. Nach der Animation haben die Zuschauer über die Tiere vor Europas Küsten eine Menge dazugelernt und vielleicht ein etwas anderes Bewußtsein der „Ware" Fisch gegenüber bekommen. Das Ziel von Océanopolis ist es, den Menschen das Meer näherzubringen.

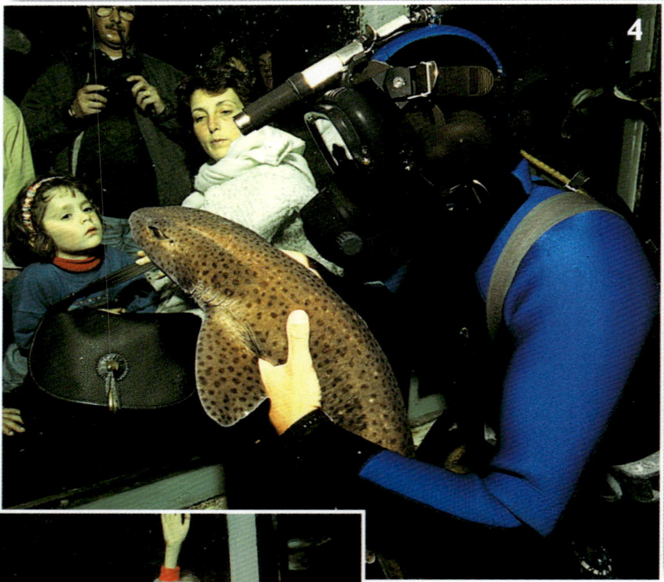

Meerrabe

Brown meagre

L: Bis 35 cm, max. 50 cm. V: Mittelmeer, Schwarzes Meer. Ärmelkanal bis Senegal. Kanaren, Kapverden.
Tiefe: 5 - 100 m.
Allgemein: Nachtaktive, küstennah über Fels- und Sandböden lebende Art. Typisch sind die pechschwarzen Bauch- und Afterflossen mit weißen Hartstrahlen an der Vorderkante. Lebt paarweise oder in kleinen Gruppen zwischen Felsen, in Höhleneingängen, unter Überhängen, an Steilabfällen und auch in Seegraswiesen. Man sieht den Meerraben oft ohne Vorwärtsbewegung „schweben", nur mit den weichen Rücken- und Bauchflossen undulierend. Er frißt kleine Fische, Garnelen und Weichtiere. Laichzeit im Mittelmeer ist März bis August. Dann erzeugt das Männchen Grunz- und Krächzlaute mit der Schwimmblase, die als Resonanzkörper von paarigen Muskeln (zwischen Bauchfell und Schwanzmuskulatur) zum Schwingen gebracht wird (daher Meerrabe).

Sciaena umbra **Costa Calida, Spanien**

Sciaena umbra **Golf von Gabes, Tunesien**

Kanaren-Umber

Canary drum

Länge: Bis 40 cm, max. 63 cm. Verbreitung: Westliches Mittelmeer. Biskaya bis Angola. Kanaren, Kapverden.
Tiefe: 50 - 300 m.
Allgemein: Lebt über Schlamm- und Sandgrund, Jungtiere küstennäher. Rücken mit dunklen Längsstreifen. Schwimmblase einfach karottenförmig ohne Anhänge. Frißt kleine Garnelen, Würmer und andere Bodenwirbellose. Laichzeit ist Spätfrühling bis Frühherbst.

Umbrina canariensis **Kanaren**

UMBERFISCHE — SCIAENIDAE

Umbrina rhonchus **Kanaren**

Gewöhnlicher Umber

Common drum

Länge: Bis 40 cm, max. 70 cm.
Verbreitung: Mittelmeer, Schwarzes Meer. Biskaya bis Senegal. Kanaren, Kapverden.
Tiefe: 1 - 100 m.
Allgemein: Lebt ortstreu über Schlamm- und Sandböden sowie Seegraswiesen, Jungtiere oft in Ästuaren. Den Rücken überziehen braunviolett gesäumte Goldstreifen. Laichzeit ist April bis Juni. Auch im nördlichen Roten Meer zu finden (durch den Suez-Kanal eingewandert).

MEERBARBEN — MULLIDAE

Mulloidichthys martinicus **São Tomé**

Martinsbarbe

Yellow goatfish

L: 15 - 30 cm. V: Tropischer Westatlantik von Florida bis Brasilien. Kapverden, São Tomé, Ascension, St. Helena. T: 2 - 70 m. A: Diese westatlantische Barbe ist ostwärts bis zu den ozeanischen Inseln vorgedrungen, jedoch noch nicht bis zum afrikanischen Festland. Ihr weißer Körper zeigt am Rücken blaue, olive oder rote Schattierungen, die Flossen sind weiß oder gelblich. Ein gelber Streifen läuft entlang der Seitenlinie bis zur gelben Schwanzflosse. Frißt einzeln oder in Gruppen Bodenwirbellose über Sand und Kies.

Pseudupeneus prayensis **Kapverden**

Westafrika-Barbe

West African goatfish

Länge: 30 - 35, max. 55 cm.
Verbreitung: Westliches Mittelmeer. Marokko bis Angola. Kapverden.
Tiefe: 10 - 300, meist 30 - 50 m.
Allgemein: Diese Barbe lebt küstennah über Sand- und Schlammböden. Ihr Körper ist rosa mit 3 oder 4 roten Längsstreifen. Sie frißt Bodenwirbellose; sonst ist über Biologie und Verhalten sehr wenig bekannt. Erst vor 10 Jahren wurde sie an der Mittelmeerküste Spaniens gefunden.

Rote Meerbarbe

Red mullet

L: 10 - 20, max. 30 cm. V: Mittelmeer, Schwarzes Meer. Nordsee bis Senegal. Azoren, Kanaren. T: 10 - 100, max. 300 m. A: In Gruppen über Weichböden. Das steile Kopfprofil macht sie unverwechselbar. Der Populärname ist jedoch irreführend, da die Färbung stark variiert: Von sehr hell mit einem rötlichen Streifen entlang der Seitenlinie bis zu dunkel gefleckt (nachts). Zwei Kinnbarteln, charakteristisch für alle Familienmitglieder, tragen Tast- und Geschmacksorgane, die zum Aufspüren vergrabener Beute (Krebse, Würmer, Weichtiere) benutzt werden. Sand wird ins Maul genommen, nach Beute durchfiltert und aus den Kiemenschlitzen wieder ausgestoßen.

Mullus barbatus **Schwarzes Meer**

Streifenbarbe

Striped mullet

L: 20 - 25, max. 40 cm. V: Mittelmeer, Schwarzes Meer. Ärmelkanal bis Senegal. Azoren, Madeira, Kanaren. T: 2 - 80 m. A: Von der Roten Meerbarbe durch eine gestreifte Rückenflosse zu unterscheiden. Wechselt wie viele Arten der Familie von einem Tag-Farbmuster zu einer Nacht-Tarn/Ruhefärbung, die man in Ruhephasen auch tags sehen kann. Wenn Barben am Boden nach Futter suchen (oft Seite an Seite in einer Reihe), wirbeln sie Sand und Schlamm auf, was andere Fische anlockt, die sich Happen vom Tisch der Barben zu schnappen versuchen. Barben sind hochgeschätzte Speisefische.

Mullus surmuletus **Toskanischer Archipel, Italien**

Kyphosus sectatrix Kapverden

Kyphosus sectatrix Kanaren

Bermuda-Ruderbarsch

Bermuda sea chub

L: 40 - 50, max. 75 cm. V: Mittelmeer (selten). Marokko bis Golf von Guinea. Azoren, Madeira, Kanaren, Kapverden, Ascension, St. Paul's Rocks. Tropischer Westatlantik von Florida bis Brasilien. T: 1 - 30 m. A: Körperform oval, Maul klein, voller hockeystock-förmiger Zähne. Lebt über Sand, Fels und pflanzenbewachsenen Böden nahe Riffen und Steilwänden, auch in Lagunen. Schwimmt oft schnell in kleinen Gruppen nahe der Oberfläche. Auch unter Sargasso-Tang zu finden. Aus der Ferne einfarbig silbern oder grau; wenn sich der Taucher vorsichtig nähert, werden feine, gelbe Körperlängslinien und ein weißgerandeter Streifen von der Schnauze bis unter das Auge und auf den Kiemendeckel sichtbar. Manchmal bekommt der Körper kurzzeitig ein Schachbrettmuster. Die Art frißt Algen, kleine Krebse und Weichtiere. Über ihre Vermehrung ist nichts bekannt. Die Schwesterart *K. incisor* ist sehr ähnlich, beide Arten schwimmen oft zusammen und sind unter Wasser nicht zu unterscheiden.

Girella stubeli Kapverden

Grüner Ruderbarsch

Green chub

L: Bis 24 cm. V: Nur bei den Kapverden. T: 3 - 18 m. A: Über Biologie und Verhalten dieser Bodenfischart ist wenig bekannt. Leicht an einem senkrechten, grünen Streifen auf der Körperseite zu erkennen. Ein sehr ähnlicher, neritischer Verwandter ist *G. zonata*.

Westafrikanischer Kaiserfisch

Westafrican angelfish

Länge: Bis 45 cm.
Verbreitung: Vom Senegal bis zum Kongo. Kapverden.
Tiefe: 2 - 50 m.
Allgemein: Diese Art ist entlang der Küste des tropischen Westafrikas weit verbreitet und für diesen Bereich endemisch. Wie viele andere Kaiserfische dieser Gattung macht *Holacanthus africanus* beim Heranwachsen einen dramatischen Farbwechsel durch. Wie auf dem unteren Foto erkennbar, ist der Fisch bei einer Länge von 4 cm zunächst tiefblau, wechselt als Jugendlicher (mittleres Foto) mit etwa 10 cm zu seinem beige-braunen Alterskleid, das auch oliv-ocker (oberes Foto, 30 cm Länge) ausfallen kann. Arttypisch ist der dunkle Fleck oberhalb des Kiemendeckels. Bei seinen ersten Tauchgängen um die Kapverden 1975 war der Autor von diesem seltenen Kaiserfisch so fasziniert, daß er einige lebende Exemplare mit zurück nach Deutschland nahm. Die Art schwimmt einzeln und ist sowohl in Felsspalten als auch über offenem Sandboden anzutreffen, siehe kleines Foto unten.

Holacanthus africanus **Kapverden**

Holacanthus africanus **Kapverden**

Holacanthus africanus **Ghana**

Holacanthus ciliaris St. Paul's Rocks

Diadem-Kaiserfisch

Queen angelfish

L: Bis 45 cm. V: Westatlantik von Florida bis Brasilien. T: 5 - 40 m. A: Von dieser Art hat sich eine kleine Population bei den St. Paul's Rocks gebildet, siehe auch S. 143.

Atlantischer Zwergkaiser

Atlantic dwarf angelfish

L: Bis 5 cm. V: Ascension. T: 3 - 25 m. A: Dieser ausgesprochen attraktive Zwergkaiserfisch lebt nur bei der zentralatlantischen Insel Ascension, wo er erst 1974 entdeckt wurde. Sein Farbmuster weist eine bemerkenswerte Ähnlichkeit mit dem Karibischen Zwergkaiser *C. argi* auf. Der Lebensraum des Atlantischen Zwergkaisers besteht aus Felsen- und Schottergrund, wo er in kleinen Gruppen (siehe unteres Foto) umherschwimmt.

Centropyge resplendens Ascension

Franzosen-Kaiserfisch

French angelfish

Länge: Bis 45 cm.
Verbreitung: Ascension, St. Paul's Rocks. Westatlantik von Florida bis Brasilien.
Tiefe: 5 - 100 m.
Allgemein: Diese Kaiserfisch-Art schwimmt häufig paarweise über Felsböden. Jungtiere leben auch über Sandgrund, aber immer in der Nähe schutzbietender Löcher oder Spalten. Sie "putzen" größere Fische und schwimmen mit unverwechselbar flatterhaften Bewegungen. Tauchern gegenüber sind diese herrlichen Tiere wenig scheu.

Pomacanthus paru **Ascension**

Pomacanthus paru **St. Paul's Rocks**

FALTERFISCHE CHAETODONTIDAE

Igel-Falterfisch

Hedgehog butterflyfish

L: Bis 11 cm. V: St. Helena, Ascension. T: 15 - 35 m. A: Eine der seltensten Arten aus der beliebten Falterfisch-Familie. Im Verbreitungsgebiet nicht selten. Nahe verwandt mit *C. obliquus* (siehe unten).

Chaetodon dichrous **St. Helena**

Chaetodon obliquus St. Paul's Rocks

St. Paul-Falterfisch

St. Paul butterflyfish

L: Bis 11 cm. V: Nur bekannt von den St. Paul's Rocks. T: 55 - 80 m. A: Dieser mit der vorhergehenden Art verwandte, aber tiefer lebende Falterfisch wird hier zum ersten Mal in einem Bestimmungsbuch gezeigt.

Chaetodon striatus St. Paul's Rocks

Gestreifter Falterfisch

Banded butterflyfish

L: Bis 15 cm. V: St. Paul's Rocks. Im Westatlantik von New Jersey bis Brasilien. T: 5 - 20 m. A: Diese karibische Falterfischart ist auch um die St. Paul's Rocks häufig. Dort findet man sie paarweise schwimmend sogar in Tiefen unterhalb von 50 m.

Chaetodon sanctaehelenae Kanaren

St. Helena-Falterfisch

St. Helena butterflyfish

L: Bis 12 cm. V: Ascension, St. Helena. T: 1 - 25 m. A: Kommt in größeren Gruppen von 20 bis 30 Tieren vor. Neueste nördliche Verbreitung siehe S. 223.

Wellen-Falterfisch

Marcella butterflyfish

L: Bis 14 cm. V: Senegal bis Kongo. Kapverden. T: 35 - 95 m. A: Diese Art gehört zu den wenigen tieflebenden Falterfischen. Sie schwimmt einzeln, selten paarweise. Schwierig unter Wasser zu fotografieren.

Chaetodon marcellae **Kapverden**

Hoeflers Falterfisch

Hoefler's butterflyfish

Länge: Bis 20 cm.
Verbreitung: Mauretanien bis Angola. Selten bei den Kanaren, nicht bei den Kapverden.
Tiefe: 10 - 150 m.
Allgemein: Eine von drei sich sehr ähnelnden westafrikanischen Falterfischarten. Diese Art trägt immer einen schwarzen Fleck am Oberende des hinteren Körperbandes, auch als adulter Fisch. Soll Hartsubstrat bevorzugen, ist aber auch von Weichböden bekannt. Hoeflers Falterfisch wurde bislang kaum unter Wasser fotografiert.

Chaetodon hoefleri **Ghana**

Robuster Falterfisch

Robust butterflyfish

Länge: Bis 15 cm.
Verbreitung: Mauretanien bis Golf von Guinea. Kapverden.
Tiefe: 30 - 70 m.
Allgemein: Der Robuste Falterfisch ist die häufigste Art der Familie entlang der Küste des tropischen Afrikas. Besonders zahlreich ist er in den Felsenriffen im Golf von Guinea. Meist schwimmt er paarweise, wobei - wie bei allen Falterfischen - äußerlich kein Geschlechtsunterschied festzustellen ist. Bei juvenilen Tieren ist der schwarze Fleck am oberen Ende des letzten Körperbandes noch ausgeprägt, siehe kleines Foto.

Chaetodon robustus **Kapverden**

Südafrikanischer Falterfisch

South African butterflyfish

Länge: Bis 18 cm.
Verbreitung: Südafrika.
Tiefe: 10 - 120 m.
Allgemein: Hier handelt es sich um eine subtropische Art, die nur von den Küsten Südafrikas bekannt ist. Es ist die einzige Art der Familie, die sowohl im Atlantik als auch im Indik vorkommt. Es handelt sich um eine gültige Art und nicht um ein Synonym von *Chaetodon hoefleri.* Die beiden schwarzen Flecken am Oberende des hinteren Körperbandes sind arttypisch.

Chaetodon marleyi **Lambert's Bay, Südafrika**

Weißer Büschelbarsch

White hawkfish

Länge: Bis 7 cm.
Verbreitung: Nur bei der Insel Ascension.
Tiefe: 3 - 25 m.
Allgemein: Der weiße Büschelbarsch sitzt meist auf den fingerförmigen Auswüchsen von krustenbildenden Kalkalgen auf Felsen in 3 bis 10 m Tiefe, ist aber auch in Felsspalten und auf Geröll bis in 25 m Tiefe zu finden. Endemische Art.

Amblycirrhitus earnshawi **Ascension**

Rotpunkt-Büschelbarsch

Redspotted hawkfish

Länge: Bis 10 cm.
Verbreitung: St. Helena. Westatlantik.
Tiefe: 5 - 25 m.
Allgemein: Wer bereits in der Karibik getaucht hat, dem wird dieser Büschelbarsch bekannt vorkommen. Aber an der Tatsache, daß das Foto im südlichen Atlantik entstanden ist, wird ein erheblich erweitertes Verbreitungsgebiet nachgewiesen. Der rotgepunktete Kopf ist arttypisch. Auch wenn keine Korallen vorhanden sind, kauern Büschelbarsche auf ihren ausgestreckten Bauchflossen auf dem Substrat.

Amblycirrhitus pinos **St. Helena**

Westafrikanischer Büschelbarsch

Westafrican hawkfish

Länge: Bis 18 cm.
Verbreitung: Elfenbeinküste bis São Tomé.
Tiefe: 5 - 10 m.
Allgemein: Das bisher bekannte Verbreitungsgebiet dieser Art wird durch das Foto von São Tomé erweitert. Wie alle Büschelbarsche ist auch dieser ein Lauerräuber, der sich von kleinen Fischen ernährt.

Cirrhitus atlanticus **São Tomé**

Abudefduf luridus **Kanaren**

Neon-Riffbarsch

Bluefin damselfish

L: Bis 15 cm. V: Azoren, Madeira, Kanaren, Kapverden. Senegal. T: 2 - 30 m. A: Bewohnt küstennahe Felsgebiete, oft nahe Sandflächen. Jungtiere in Gezeitentümpeln.

Abudefduf saxatilis **Kapverden**

Feldwebel-Riffbarsch

Sergeant Major

Länge: Bis 17 cm.
Verbreitung: Kapverden bis Angola. Oz. Ins. Westatlantik.
Tiefe: 1 - 15 m.
Allgemein: Eine im Atlantik weitverbreitete Art, die in Schulen schwimmt und im offenen Wasser nach Plankton jagt.

Abudefduf taurus **Ghana**

Stier-Riffbarsch

Night Sergeant

L: Bis 17 cm. V: Kapverden bis Angola. Westatlantik. T: 1 - 5 m. A: Bevorzugt flache, felsige Regionen nahe der Küste. Häufig im Brandungsbereich unter Überhängen. Auch nachts aktiv. Juvenil links, adult unten.

Mittelmeer-Mönchsfisch

Mediterranean damselfish

Länge: Bis 15 cm.
Verbreitung: Mittelmeer, Schwarzes Meer. Südportugal.
Tiefe: 1 - 20 m.
Allgemein: Dies ist der Fisch, der dem Taucher im Mittelmeer am häufigsten begegnet, siehe auch Doppelseite 196 - 197 (Fotos von den Balearen). Während die adulten Tiere im freien Wasser schwimmen, verstecken sich die neonfarbenen Juvenilen am Grund oder in Felsspalten.

Chromis chromis **Ionische Inseln, Griechenland**

Atlantischer Mönchsfisch

Atlantic damselfish

Länge: Bis 14 cm.
Verbreitung: Azoren, Madeira, Kanaren bis zum Golf von Guinea.
Tiefe: 5 - 45 m.
Allgemein: Das große Foto zeigt ein laichendes Pärchen dieser Art, vorn das erregte Männchen, hinten das normal gefärbte Weibchen. Beide schwimmen über ihren an den Felsen haftenden Eiern und verteidigen diese gegen Angreifer wie räuberische Lippfische (siehe auch S. 133).

Chromis limbata **Madeira**

Chromis cadenati Ghana

Cadenats Mönchsfisch

Cadenat's damselfish

Länge: Bis 16 cm.
Verbreitung: Senegal bis Ghana.
Tiefe: 20 - 60 m.
Allgemein: Cadenats Mönchsfisch lebt über Felsgrund. Ihre gelben Flossen sind blau gesäumt. Der Körper ist auf dem Rücken gelb und seitlich gelb und weiß gestreift.

Chromis lubbocki Kapverden

Lubbocks Mönchsfisch

Lubbock's damselfish

L: Bis 13 cm. V: Nur Kapverden. T: 1 - 15 m. A: Lubbocks Mönchsfisch lebt küstennah über Felsgrund. Seine gelblichen Flossen sind blau gesäumt. Der Körper zeigt ein regelmäßiges Muster von hellen Schuppen mit dunklen Rändern.

Chromis multilineata St. Helena

Brauner Mönchsfisch

Brown damselfish

Länge: Bis 4 cm.
Verbreitung: São Tomé, Ascension, St. Helena. Westatlantik.
Tiefe: 2 - 40 m.
Allgemein: Man sieht den Braunen Mönchsfisch meist nahe Steilwänden und Fleckriffen. Die Ränder der Rückenflosse und die Spitzen der Schwanzflosse sind gelb. Die Basis der Brustflosse ist schwarz. Auf den letzten Strahlen der Rückenflosse sitzt ein typischer weißer Fleck.

Kapverden-Riffbarsch

Cape Verde damselfish
Länge: Bis 16 cm.
Verbreitung: Nur von den Kapverden bekannt.
Tiefe: 0 - 20 m.
Allgemein: Der Kapverden-Riffbarsch lebt küstennah über Felsgrund. Körper und Schwanzstiel sind dunkelbraun, die Schwanzflosse ist weiß. Juvenile sind völlig gelb mit einem blauen Fleck, der unter den Augen beginnt und bis zu den Weichstrahlen der Rückenflosse reicht.

Similiparma hermani **Kapverden**

Schöner Schorsch

Beaugregory
Länge: Bis 7 cm.
Verbreitung: In unserem Gebiet nur von den Kapverden bekannt. Westatlantik.
Tiefe: 0 - 5 m.
Allgemein: Der Schöne Schorsch lebt auf Fels- und Sandgrund, in Seegraswiesen und Korallenriffen. Das große Foto zeigt ein typisches Jungtier in Gelb und Blau, das kleine Foto zeigt einen gelblichbraunen Adulten. Die Art ist im Westatlantik häufig.

Stegastes leucostictus **Kapverden**

Stegastes lubbocki Ascension

Ascension-Schorsch

Ascension damselfish

L: Bis 3 cm. V: Nur von Ascension bekannt. T: 1 - 50 m.
A: Diese erst kürzlich beschriebene Art ist über Fels- und Geröllboden sehr häufig. Etwa einen Meter über dem Grund schwimmend jagt der Ascension-Schorsch Plankton.

Stegastes imbricatus Ghana

Kapverden-Schorsch

Cape Verde damselfish

Länge: Bis 10 cm.
Verbreitung: Senegal bis Angola. Kanaren, Kapverden.
Tiefe: 0 - 25 m.
Allgemein: Der Kapverden-Schorsch lebt über Fels- und Sandboden. Juvenile haben einen auffälligen schwarzen Fleck mit leuchtendblauem Rand auf Flosse und Körper in der Mitte der Rückenflosse.

Stegastes sanctipauli St. Paul's Rocks

St. Pauls-Schorsch

St. Paul's damselfish

Länge: Bis 9 cm.
Verbreitung: Nur von St. Paul's Rocks bekannt.
Tiefe: 1 - 10 m.
Allgemein: Die endemische Art lebt in Felstümpeln, über Fels- und Geröllboden und auch in Korallenriffen. Juvenile sind fast einfarbig gelb mit einem dunklen Streifen nahe dem Rand der Rückenflosse und ohne blauen Rand um den schwarzen Rücken-Augenfleck.

Korallen im Mittelmeer. ►

Bodianus insularis **St. Helena**

Bodianus insularis **Ascension**

Insel-Schweinslippfisch

Insular hogfish

Länge: Bis 30 cm.
Verbreitung: St. Helena, Ascension, St. Paul's Rocks.
Tiefe: 2 - 50 m.
Allgemein: Die Arten der Gattung Bodianus bilden innerhalb der Lippfische eine eigene Unterfamilie. Der Insel-Schweinslippfisch lebt küstennah auf riffartigem Felsgrund, aber auch auf Sandflächen. Die gelben Jungtiere kann man gelegentlich in großen Felstümpeln finden. Der Populärname dieser Fische bezieht sich auf ihre großen, schweinshauerartigen Zähne. Sie fressen hartschalige Wirbellose wie Krabben, Schnecken und kleine Seeigel. Es gibt 4 Arten im Ostatlantik. Alle sind protogyne Geschlechtswechsler: Jungtiere werden erst zuerst Weibchen, einige der größten Weibchen werden Männchen.

Bodianus pulchellus **São Tomé**

Kuba-Schweinslippfisch

Spotfin hogfish

Länge: Bis 15 cm.
Verbreitung: São Tomé. Westatlantik von Florida bis Brasilien.
Tiefe: 15 - 25, selten bis 120 m.
Allgemein: Eine farbenfrohe, westatlantische Art, die über Riffen und Felsgrund lebt und in unserem Gebiet nur von São Tomé bekannt ist. Jungtiere vergesellschaften sich mit anderen Arten und „putzen" größere Fische.

Roter Schweinslippfisch

Red hogfish

Länge: Bis 30 (max. 65) cm. Verbreitung: Senegal. Azoren, Madeira, Kanaren, Kapverden. Tiefe: 15 - 50 (max. 200) m. Allgemein: Bodenfisch auf Felsgrund. Große, alte Männchen haben schweinshauerartige Zähne, daher der Name. Jungtiere sind anders gefärbt als Adulte. Größte Lippfischart im subtropischen Ostatlantik.

Bodianus scrofa Kapverden

Bodianus scrofa Madeira

Schwarzstreifen-Schweinslippfisch

Blackbar hogfish

L: Bis 25 (max. 50) cm. V: Marokko bis Gabun. Kapverden. Auch im Indopazifik. T: 10 - 40 m. A: Auf riffartigem Felsgrund und in Seegraswiesen. Wechselt das Geschlecht von weiblich zu männlich. Geschlechter verschieden gefärbt.

Bodianus speciosus Kapverden

Xyrichthys blanchardi **St. Helena**

Blanchards Schermesserfisch

Blanchard's cleaver wrasse

Länge: Bis 23 cm.
Verbreitung: Nur von St. Helena und Ascension bekannt.
Tiefe: 15 - 40 m.
Allgemein: Lokal mäßig häufig, lebt bodennah über grobem, hellen Sandgrund, nicht jedoch auf feinem, schwarzen, vulkanischen Sand. Es gibt zwei Farbphasen: Jungtiere sind braunorange, ältere Tiere ab 15 cm haben eine graugrüne oder schiefergraue Grundfarbe. Die großen Fotos links zeigen ein Männchen (oben) und ein Weibchen (Mitte).

Xyrichthys blanchardi **Ascension**

Xyrichthys sanctaehelenae **St. Helena**

St. Helena-Schermesserfisch

St. Helena cleaver wrasse

Länge: Bis 27 cm.
Verbreitung: Nur von St. Helena und Ascension bekannt.
Tiefe: 17 - 30 m.
Allgemein: Bodenfisch auf grobem Sand. Jungtiere und die Primärphase der Adulten sind gelb und leben in flacherem Wasser als die geschlechtsreifen Sekundärtiere. Bisher wurden nur Einzeltiere, keine Paare beobachtet. Große, hellpurpurne Exemplare sind wahrscheinlich Männchen.

Mittelmeer-Schermesserfisch

Cleaver wrasse

Länge: 15 - 20 (max. 35) cm.
Verbreitung: Mittelmeer. Portugal bis Gabun. Azoren, Madeira, Kanaren, Kapverden, São Tomé. Tropischer Westatlantik.
Tiefe: 1 - 50 m, im Winter tiefer.
Allgemein: Der gesamte Körper des Gewöhnlichen Schermesserfisches ist seitlich stark zusammengedrückt, sein Kopfprofil ist steil und vorne scharfkantig. Er lebt küstennah auf Sand- und Schlammgrund, meist bei (auch in) Seegraswiesen. Zum Schlafen gräbt er sich etwa 20 cm tief ein. Bei Annäherung von Tauchern oder Bedrohung durch Feinde tauchen alle Schermesserfische blitzschnell in den Sand ab. Kopf- und Körperform unterstützen dieses Fluchtverhalten. Jungtiere sind blaßrosa gefärbt und werden zu blaßgrünen Weibchen. Größere Tiere werden zu dunkleren Männchen mit Querbändern, die Reviere haben und verteidigen. Das Alter kann bis zu 8 Jahren betragen.
Die Fotos zeigen ein Männchen (oben), Weibchen (Mitte), Jungtier (unten). Kleines Foto unten: Weibchen vor dem Eintauchen in den Sand.

Xyrichthys novacula **Balearen, Spanien**

Xyrichthys novacula **Kanaren**

Xyrichthys novacula **Toskanischer Archipel, Italien**

Coris julis **Azoren**

Coris julis **Korsika, Frankreich**

Coris julis **Algarve, Portugal**

Meerjunker

Rainbow wrasse

L: 15 - 20 (max. 25) cm. V: Mittelmeer, südliches Schwarzes Meer. Norwegen bis Gabun. Azoren, Madeira, Kanaren. T: 1 - 50 (max. 120) m. A: Der Meerjunker lebt vom Seichtwasser an über algenbewachsenem Felsgrund und in Seegraswiesen. Laichzeit ist der Sommer, Eier und Larven sind pelagisch. Jungtiere „putzen" häufig andere Fische. Die Art ernährt sich von Kleinkrebsen und Mollusken.

Die meisten Lippfischarten sind protogyne Geschlechtswechsler, d. h. sie sind zuerst Weibchen, die später ihr Geschlecht wechseln und zu prächtig gefärbten Sekundär- oder Supermännchen (rechts, sogenannte Terminalfärbung) werden. Beim Meerjunker gibt es ausserdem noch Primärmännchen, wie Weibchen aussehende Männchen, die nicht durch Geschlechtsumwandlung entstanden sind, sondern nach der Juvenilphase (unten) direkt zu Männchen geworden sind. Aus einem Jungtier kann also entweder ein Primärmännchen oder ein Weibchen werden; aus Weibchen wiederum werden später Supermännchen. Weibchen und Primärmännchen sind in ihrer sogenannte Initialfärbung (Rücken rotbraun, Bauch weiß, Kiemendeckel mit kleinem blauen Augenfleck) nicht zu unterscheiden (unten links). Die rechts gezeigte Färbung ist für Mittelmeer-Tiere typisch. Bei den Kanaren, Madeira, den Azoren und an der nordspanischen Atlantikküste gibt es eine andere, deutlich verschiedene Terminalfärbung (links oben): Das rote Zackenband ist stark reduziert; am Hinterende des Körpers (hell beim mediterranen Farbtyp) befindet sich ein großer verwaschener scharzer Fleck, der bis auf den Schwanzstil zieht. Im westlichen Mittelmeer gibt es beide Farbtypen.

ABSTAUBER

In allen Meeren der Welt gibt es Freßgemeinschaften zwischen Fischen verschiedener Arten. In der Regel ist eine der beiden Arten diejenige, die Nahrung aufstöbert, während die andere Art nicht etwa mithilft, sondern lediglich als „Abstauber“ profitiert.

PETER WIRTZ

1. Wenn Meerbarben im Sand wühlen, kommen oft Fische verschiedener Arten und schauen ihnen dabei „über die Schultern“. Manchmal legt die Meerbarbe nämlich gleich zwei Würmer frei und während sie den einen frißt, hat ihr Begleiter schon den anderen geklaut. Auf dem Foto von Madeira schwimmt gleich eine gierige Truppe hinter der Meerbarbe, nämlich Zweibinden-Brassen und ein Kugelfisch.

JOHN NEUSCHWANDER

2. Andere Arten, wie der Meerjunker, picken nach kleinen Partikeln in der Sandwolke, die die Meerbarbe beim Wühlen erzeugt. Attrappenversuche des deutschen Biologen Hans Fricke zeigten, daß diese Sandwolke der auslösende Reiz ist, der die Begleitfische von weither anlockt. Sie schwimmen in die Nähe der Sandwolke, zögern aber zunächst. Erst die Kombination Sandwolke und Attrappe mit Meerbarbenform und -zeichnung bewirkte das komplette Folgeverhalten.

PETER WIRTZ

3. Der Knurrhahn schwimmt langsam über den Sand und tastet dabei mit den vorderen Strahlen der Brustflosse wie mit Fingern nach Nahrung im Boden. Dabei scheucht er manchmal kleine Krebse auf, die versuchen, seitlich zu fliehen. Darauf hat der Weitaugenbutt nur gewartet.

HELMUT DEBELIUS

4. Wenn der Große Kammseestern *Astropecten aranciacus* auf der Suche nach Beute über den Sandboden gleitet, schwimmt ihm oft ein kleiner Weitaugenbutt voraus. Er schnappt nach kleinen Krebstieren, die vor dem Seestern fliehen. Der räuberische Seestern dagegen frißt nur große Tiere wie Schnecken, Muscheln und Sandseeigel.

HELMUT DEBELIUS

5. Der Butt hält sich meistens in der Beuge der beiden nach vorne zeigenden Seesternarme auf. Wenn der Weitaugenbutt einmal stehenbleibt, krabbelt der Seestern über ihn, ohne ihm Verletzungen zuzufügen.

PETER WIRTZ

6. An der Küste von Madeira und der Kanarischen Inseln kann man noch eine andere solche Freßgemeinschaft beobachten. Dicht hinter einer langsam über den Sandgrund laufenden Atlantischen Schamkrabbe *Cryptosoma cristata* schwimmt ein Weitaugenbutt und schnappt nach Tieren, die die Schamkrabbe aufstöbert. Der holländische Biologe Koos den Hartog beobachtete auch kleine Petermännchen, die der Schamkrabbe folgten. Manchmal schwammen sogar ein Butt und ein Petermännchen einträchtig hinter derselben Krabbe her. Tauchte allerdings ein zweiter Butt oder ein zweites Petermännchen auf, gab es Ärger: zwei Fische derselben Art tolerierten einander nicht.

Coris atlantica Kapverden

Kapverden-Junker

Cape Verdes wrasse

L: Bis 20 cm. V: Senegal bis Gabun, Kapverden, São Tomé. T: 2 - 20 m. Diese jetzt als gültig anerkannte Art wurde lange für eine Farbvariante von *Coris julis* gehalten. Weibchen in Gruppen, Männchen extrem territorial. Sozialstruktur wahrscheinlich ähnlich wie bei *Coris julis*. Links zwei Weibchen, Männchen unten.

Thalassoma ascensionis St. Helena

Ascension-Junker

Ascension wrasse

Länge: Bis 12 cm.
Verbreitung: St. Helena, Ascension.
Tiefe: 1 - 30 m.
Allgemein: Lebt küstennah über Felsgrund und in Seegraswiesen. Über Biologie und Verhalten dieser Art ist nur sehr wenig bekannt. Die Arten der Gattung *Thalassoma* sind in allen warmen Meeren weit verbreitet und gehören zu den buntesten Lippfischen. Sie sind bekannte Bewohner der Korallenriffe, jeder Taucher ist mit diesen neugierigen, kleinen Fischen vertraut.

Thalassoma ascensionis Ascension

Meerpfau

Turkish wrasse

Länge: 14 - 20 (max. 28) cm.
Verbreitung: Mittelmeer. Portugal bis Gabun. Azoren, Madeira, Kanaren, São Tomé.
Tiefe: 1 - 50 (max. 150) m.
Allgemein: Auch der Meerpfau durchläuft wie *Coris julis* einen Geschlechts- und Farbwechsel. Die lebhaft gelb, grün, braunrot und blau gemusterte Art trägt einen schwarzen Fleck in der Rückenmitte. Adulte Männchen sind an den lang ausgezogenen Spitzen der Schwanzflosse zu erkennen. Lebt küstennah über Felsgrund und in Seegraswiesen. Der tagaktive Dauerschwimmer schläft nachts im Sand vergraben. Jungtiere „putzen“ häufig andere Fische. Der Meerpfau bevorzugt warmes Wasser. Rechts oben ist ein Männchen zu sehen, darunter ein Jungtier. Seite 133 zeigt Weibchen.

Thalassoma pavo **Balearen, Spanien**

Thalassoma pavo **Sardinien, Italien**

Schuppenflossen-Lippfisch

Scaly-rayed wrasse

Länge: Bis 28 cm.
Verbreitung: Mittelmeer. Norwegen bis Gabun. Azoren, Madeira, Kanaren.
Tiefe: 18 - 250 m.
Allgemein: Körper schlank. Rückenflosse mit schwarzem Fleck am Übergang von Hart- zu Weichstrahlen. Meist ein zweiter Fleck am Oberende des Schwanzstiels. Lebt einzeln küstennah auf Fels- und Sandgrund, im Norden des Verbreitungsgebietes in geringeren Tiefen als im Süden.

Acantholabrus palloni **Jøsenfjord, Norwegen**

Centrolabrus trutta **Madeira**

Centrolabrus trutta **Kanaren**

Atlantischer Lippfisch

Atlantic wrasse

Länge: Bis 10 (max. 18) cm.
Verbreitung: Mittelmeer (sehr selten). Madeira, Kanaren.
Tiefe: 2 - 15 m.
Allgemein: Eine der häufigsten Flachwasserarten auf Felsen und in Seegraswiesen um die atlantischen Inseln. Männchen sind während der Laichzeit auffällig grün gefärbt, sonst unscheinbar braun wie die Weibchen. Nester werden aus Pflanzenmaterial und kleinen Steinen gebaut. Die Fotos links zeigen ein Männchen (oben) und ein Weibchen (Mitte).

Centrolabrus exoletus **Gardsundfjord, Norwegen**

Kleinmäuliger Lippfisch

Rock cock

Länge: Bis 18 cm.
Verbreitung: Südnorwegen und Britische Inseln bis Portugal. Auch bei Grönland.
Tiefe: 1 - 20 m.
Allgemein: Bewohner der Algenzone, in Seegraswiesen nahe Felsen. Weniger weit verbreitet als der verwandte *C. rupestris*. Keine schwarzen Flecken. Afterflosse mit 5 Hartstrahlen. Laicht von Mai bis Juli an Algen ab. Bis 6 Jahre alt. Männchen wachsen schneller als Weibchen. Frißt benthische Wirbellose. Sonstige Lebensweise weitgehend unbekannt.

Klippen-Lippfisch

Goldsinny

L: 10 - 15 cm. V: Mittelmeer, Schwarzes Meer. Norwegen bis Marokko. T: 1 - 50 m. A: Je ein großer schwarzer Fleck am Beginn der Rückenflosse und auf dem Schwanzstiel. Weit verbreitet in der felsigen Algenzone.

Ctenolabrus rupestris **Golf von Gabes, Tunesien**

Schuppenwangen-Lippfisch

Scalycheek wrasse

Länge: Bis 22 cm.
Verbreitung: Westliches Mittelmeer. Nordsee bis Mauretanien. Westatlantik.
Tiefe: 1 - 50 m.
Allgemein: Der Schuppenwangen-Lippfisch lebt küstennah über Felsgrund und in Seegraswiesen. Laichzeit ist das Frühjahr.

Symphodus bailloni **Algarve, Portugal**

Grauer Lippfisch

Grey wrasse

L: 10 - 17 cm. V: Mittelmeer, Schwarzes Meer. Biskaya bis Algarve. T: 1 - 20 m. A: Trägt einen schwarzen Fleck unterhalb der Seitenlinie auf der Schwanzwurzel. Vorderkiemendeckelrand fein gesägt. Lebt bevorzugt in Schwärmen über Sandgrund nahe Seegraswiesen und begleitet oft bodenwühlende Fische, denen er Nahrungstiere wegschnappt. Oft auch in Lagunen und pflanzenbewachsenen Ästuaren zu finden. Männchen bauen in der Laichzeit Nester. Die Art ist für Seewasseraquarien gut geeignet.

Symphodus cinereus **Algarve, Portugal**

Symphodus mediterraneus **Azoren**

Symphodus mediterraneus **Costa Brava, Spanien**

Mittelmeer-Lippfisch

Axillary wrasse

Länge: 10 - 16 (max. 20) cm.
Verbreitung: Mittelmeer. Portugal bis Nordmarokko. Azoren, Madeira, Kanaren.
Tiefe: 1 - 50 m.
Allgemein: Küstennah über Fels mit Algen und in Seegraswiesen. Schwarzer Fleck oberhalb der Seitenlinie auf der Schwanzwurzel. Vorderkiemendeckel (Präoperculum) fein gesägt. Die bunten Männchen bauen und bewachen im Frühsommer Nester aus Algen und Sand (Foto links oben). Das Foto Mitte links zeigt ein unbuntes Weibchen. Für Seewasseraquarien gut geeignet.

Symphodus doderleini **Adria, Kroatien**

Doderleins Lippfisch

Doderlein's wrasse

Länge: Bis 12 cm.
Verbreitung: Nur im Mittelmeer.
Tiefe: 2 - 40 m.
Allgemein: Lebt küstennah in Seegraswiesen. Ernährt sich von Moostierchen (Bryozoen), Würmern, kleinen Mollusken und Flohkrebsen. Laichzeit ist von Mai bis Juli.

Augenfleck-Lippfisch

Ocellated wrasse

Länge: 8 - 14 cm.
Verbreitung: Mittelmeer, Schwarzes Meer.
Tiefe: 1 - 30 m.
Allgemein: Küstennah in Schwärmen über Seegraswiesen und Felsgrund mit Algen. Schwarzer Fleck unterhalb der Seitenlinie auf der Schwanzwurzel. Kiemendeckel oft mit grünem Augenfleck, bei der gelbgrünen und orangen Farbvariante jedoch nur schwach. Präoperculum fein gesägt. In der Laichzeit (Mai bis Juli) werden die Männchen aggressiv (siehe Foto oben); sie bauen dann Nester aus Algen (Cystoseria). Jungtiere „putzen" andere Fische. Frißt Moostierchen, Hydrozoen, Röhrenwürmer, Garnelen, Flohkrebse und Mollusken. Für Seewasseraquarien gut geeignet.

Symphodus ocellatus **Adria, Kroatien**

Symphodus ocellatus **Ionische Inseln, Griechenland**

Goldmaid

Corkwing wrasse

Länge: 15 - 30 cm.
Verbreitung: Westliches Mittelmeer. Norwegen bis Marokko. Azoren.
Tiefe: 5 - 30 m.
Allgemein: Schwarzer Fleck quer über die Stirn bis hinter die Augen, oft ein zweiter unterhalb der Seitenlinie auf der Schwanzwurzel. Färbung sehr variabel, beide Geschlechter verschieden. Präoperculum fein gesägt. Küstennah über algenbewachsenem Felsgrund, in Seegraswiesen und Lagunen. Frißt Mollusken und Krebse.

Symphodus melops **Irische See**

Symphodus rostratus Sporaden, Griechenland

Schnauzen-Lippfisch

Long-snouted wrasse

Länge: 8 - 15 cm.
Verbreitung: Mittelmeer, Schwarzes Meer.
Tiefe: 1 - 15 m.
Allgemein: Durch konkave (eingebuchtete) Stirn und spitze Schnauze gekennzeichnet, die schnell weit vorgestreckt werden kann, um Garnelen zu erbeuten. Präoperculum fein gesägt. Der Schnauzenlippfisch lebt küstennah über felsigem Algengrund und in Seegraswiesen, wo man ihn oft in Schräghaltung schwimmen sieht. Die Männchen bauen aus Steinchen und leeren Molluskenschalen Nester in Felsmulden.

Symphodus rostratus Korsika, Frankreich

Symphodus tinca Costa Brava, Spanien

Pfauen-Lippfisch

Peacock wrasse

L: 20 - 25 (max. 35) cm. V: Mittelmeer, Schwarzes Meer. Nordspanien bis Marokko. T: 1 - 50 m. A: Auf Fels und in Seegraswiesen. Häufigster Lippfisch im Mittelmeer, größte Art der Gattung. Nimmt oft Sand vom Boden auf, kaut ihn durch und spuckt ihn aus.

Schwarzschwanz-Lippfisch

Black-tailed wrasse

Länge: 10 - 14 cm.
Verbreitung: Mittelmeer.
Tiefe: 1 - 30 m.
Allgemein: Der bekannteste Putzerlippfisch im Mittelmeer (siehe auch Seite 78). Einzeln oder paarweise „bedient“ er Fische an markanten Stellen, oft in der Nähe von Seegraswiesen. Die „Kunden“ schwimmen kopfunter, Maul und Kiemendeckel weit offen. Auf diese Aufforderung hin suchen die Putzer nach Parasiten (meist außen verankerte Krebse) sowie loser Haut und Schuppen.

Symphodus melanocercus **Adria, Kroatien**

Fünffleck-Lippfisch

Five-spotted wrasse

Länge: 10 - 15 (max. 20) cm.
Verbreitung: Mittelmeer, Schwarzes Meer. Biskaya bis Algarve.
Tiefe: 1 - 30 m.
Allgemein: Fünf dunkle Flecken entlang der Rückenflosse sind typisch: Zwei bei den Hartstrahlen, drei weitere, mehr oder minder deutliche, bei den Weichstrahlen. Allerdings sind die Flecken oft als seitlich versetzte Querstreifen auf dem Körper ausgebildet. Lebt küstennah versteckt zwischen Algen und in Felsspalten, auch in Seegraswiesen. Im Sommer im extremen Flachwasser zwischen Steinen. Baut in der Laichzeit Nester aus Algen und Sand in Mulden.

Symphodus roissali **Costa Calida, Spanien**

Labrus bergylta Cornwall, England

Flecken-Lippfisch

Ballan wrasse

Länge: 30 - (selten) 60 cm.
Verbreitung: Westliches Mittelmeer (selten). Norwegen bis Mauretanien. Azoren, Madeira, Kanaren.
Tiefe: 1 - 25 m.
Allgemein: Die großen Schuppen sind gelbgrün oder braun gesäumt. Ansonsten sehr variabel in der Färbung (Foto oben von England, unten von Portugal). Keine äußeren Geschlechtsunterschiede! Küstennah über algenbewachsenem Felsgrund. Jungtiere oft in der Gezeitenzone. Frißt Mollusken und Krebse. Kann bis 18 Jahre alt werden. Einer der wenigen Lippfische mit schmackhaftem Fleisch.

Labrus bergylta Algarve, Portugal

Labrus merula Adria, Kroatien

Amsel-Lippfisch

Brown wrasse

Länge: 15 - 30 (max. 48) cm.
Verbreitung: Mittelmeer. Portugal bis Marokko. Azoren.
Tiefe: 1 - 50 m.
Allgemein: Adulte beider Geschlechter sind einfarbig dunkelbraun, -grün oder -graublau, manchmal mit leichter Marmorierung. Ein hellblauer Saum an den unpaaren Flossen ist arttypisch. Juvenile sind viel heller gefärbt und tragen zahlreiche Tupfen. Lebt küstennah auf Felsen und in Seegraswiesen.

LIPPFISCHE LABRIDAE

Kuckuck-Lippfisch

Cuckoo wrasse

L: 20 - 40 cm. V: Mittelmeer. Norwegen bis Senegal. Azoren bis Kanaren. T: 2 - 80 m. A: Weibchen und Primärmännchen rötlich, Sekundärmännchen größer und bunt. Lebt küstennah über Felsgrund mit Algen und in Seegraswiesen. Kleine Fotos: Männchen, darunter Weibchen.

Labrus bimaculatus **Bretagne, Frankreich**

PAPAGEIFISCHE SCARIDAE

Europäischer Papageifisch

European parrotfish

L: 20 - 30 (max. 50) cm.V: Mittelmeer. Azoren bis Senegal. T: 2 - 35 m. A: Im Flachwasser auf Fels- und Sandgrund. Einzige Papageifischart, bei der die Weibchen bunter (rot-gelb) sind als die grauen Männchen. Kleine Fotos: Weibchen und (darunter) Jungtier.

Sparisoma cretense **Madeira**

Sparisoma strigatum St. Helena

Schwarzflecken-Papageifisch

Strigate parrotfish

Länge: Bis 36 (max. 48) cm.
Verbreitung: Nur von St. Helena und Ascension bekannt.
Tiefe: 1 - 20 m.
Allgemein: Diese Art ist mäßig häufig im Flachwasser zu finden. Sie schwimmt in Gruppen bis zu 6 Individuen. Jungtiere leben etwa 15 - 20 m tief über Geröll auf Sandflächen, Adulte flacher auf Felsgrund in 1 - 15 m Tiefe.

Sparisoma rubripinne Archipelago de Noronha

Grüner Papageifisch

Redfin parrotfish

Länge: Bis 35 cm.
Verbreitung: Wenige sichere Nachweise von Senegal bis zum Golf von Guinea. Westatlantik.
Tiefe: 1 - 12 m.
Allgemein: Im Flachwasser auf Riffen und Felsgrund. Schwimmt häufiger als andere Papageifischarten in der Zone der Wellenbewegung. Fortbewegung wie die verwandten Lippfische durch synchrones „Flügelschlagen" der Brustflossen. Frißt Algen und Seegras.

Scarus hoefleri Kapverden

Hoeflers Papageifisch

Hoefler's parrotfish

Länge: Bis 60 cm.
Verbreitung: Senegal bis Kongo. Kapverden.
Tiefe: 5 - 15 m.
Allgemein: Lebt küstennah auf Felsgrund. Die Vorderzähne der Papageifische sind zu schnabelähnlichen Zahnplatten verschmolzen, mit denen Algen, Kalkalgen und Korallen abgeschabt und anschließend zwischen runden Mahlzähnen zerkleinert werden. Innenseite der Kiemendeckel mit Schleimdrüsen, die einen „Schlafsack" für die Nacht produzieren.

BALLASTFAHRER

Die Verbreitungsgebiete der verschiedenen Fischarten werden seit vielen Jahrzehnten von Fischereibiologen und Systematikern studiert und sind deshalb auch für den Bereich dieses Buches im allgemeinen bekannt. Wo zum Beispiel der Westafrikanische Doktorfisch lebt, steht in vielen Fachbüchern geschrieben. Um so erstaunter ist der Spezialist, wenn er dann erfährt, daß ein Fisch weit außerhalb seines normalen Verbreitungsgebietes gefunden wurde. Meistens kann man über die Ursache nur spekulieren. Manchmal haben Aquarianer ihre Fische einfach ausgesetzt, in der Regel werden sie aber als Jungtiere im Ballastwasser von Schiffen verschleppt.

PETER WIRTZ

1. Der St. Helena-Falterfisch ist bisher nur von den einsamen Inseln St. Helena und Ascension im südlichen Atlantik bekannt, wo man ihn auch in großen Schwärmen antrifft. Schon zweimal (1993 und 1997) wurde er allerdings in der Nähe des internationalen Hafens von Santa Cruz de Tenerife (Kanarische Inseln) gesehen, wo auch dieses Foto entstand. Beide Male handelte es sich um ein Einzeltier, das recht einsam durch die Gegend schwamm. Vermutlich sind beide *Chaetodon sanctaehelenae* als Larve im Ballastwasser von Schiffen weit nach Norden gelangt.

HELMUT DEBELIUS

2. Nie wurde der Westafrikanische Doktorfisch im Mittelmeer gesehen, denn sein Verbreitungsgebiet beginnt bei Angola und endet im Norden an der atlantischen Küste von Marokko. Ein Taucher entdeckte 1994 ein erwachsenes Exemplar vor Haifa, also an der Mittelmeerküste Israels. Er fing den ihm völlig unbekannten Fisch und gab ihn einem israelischen Fischspezialisten, der ihn eindeutig als *Acanthurus monroviae* identifizierte. Diese Art wird nicht in Aquarien gehalten und ist also nicht von einem Aquarianer ausgesetzt worden. Somit ist auch in diesem Fall zu schließen, daß es sich um einen Ballastwasserfahrer gehandelt hat.

Ammodytes tobianus — Cornwall, England

Sandaal

Sandeel

Länge: Bis 20 cm.
Verbreitung: Von Island, Norwegen und England südlich bis ins westliche Mittelmeer.
Tiefe: 1 - 30 m.
Allgemein: Sandaale sind kleine aalartige Fische, die entlang der Sandküsten des Nordatlantiks extrem häufig sein können. Sie liegen oft eingegraben im Sand oder schwimmen in enormen Schulen. Sandaale sind von großer wirtschaftlicher Bedeutung, da sie eine der Hauptnahrungsquellen für viele Nutzfische wie Hering und Kabeljau darstellen. Sie sind auch Grundnahrung für viele Seevögel wie z. B. Papagei- und Sturmtaucher.

Ammodytes tobianus — Kieler Bucht, Ostsee

PETERMÄNNCHEN — TRACHINIDAE

Trachinus draco — Ionische Inseln, Griechenland

Großes Petermännchen

Greater weever

L: Bis 40 cm. V: Mittelmeer, Schwarzes Meer. Norwegen bis Marokko. Oz. Ins. T: 1 - 300 m. A: Meist eingegraben im Sand, wo es auf kleine Beutefische lauert. Die erste Rückenflosse trägt kräftige Hartstrahlen mit Giftdrüsen an der Basis. Ihr Stich ist extrem schmerzhaft.

PETERMÄNNCHEN — TRACHINIDAE

Gestreiftes Petermännchen

Streaked weever

L: Bis 42 cm. V: Mittelmeer. Golf von Cadiz, Spanien, südwärts bis Angola. Kanaren. T: 2 - 100 m. A: Die beiden häufigen Petermännchen des Mittelmeeres unterscheiden sich deutlich in der Farbe. Das Gestreifte Petermännchen gräbt sich seltener im Sand ein und liegt oft offen auf dem Sand. Sein Stich ist genauso schmerzhaft, wie der vom Großen Petermännchen. Erste Hilfe: Einreiben der Wunde mit Kaliumpermanganat-Lösung und/oder die Wunde so heiß wie möglich baden.

Trachinus radiatus — **Kanaren**

HIMMELSGUCKER — URANOSCOPIDAE

Himmelsgucker

Stargazer

L: Bis 35 cm. V: Mittelmeer, Schwarzes Meer. Golf von Gascogne, Frankreich, bis Senegal. Madeira, Kanaren. T: 10 - 400 m. A: Einzige Art der Familie im Mittelmeer. Meist völlig eingegraben im Sand, daher schwer zu entdecken. Gift-Dorn am Kiemendeckel. Ein roter, wurmförmiger Fortsatz an der Unterlippe dient zum Anlocken kleiner Fische und auch zum Säubern des Kopfes. Zu elektrischen Organen umgewandelte Muskeln geben bis zu 50 Volt ab. Die gelähmte Beute hat keine Chance zu entkommen und wird verschlungen.

Uranoscopus scaber — **Balearen, Spanien**

Labrisomus nuchipinnis **Kanaren**

Haariger Schleimfisch

Hairy blenny

L: Bis 20 cm. V: Beide Seiten des Atlantiks. Madeira bis Angola. T: 1 - 10 m. A: Lauerräuber, der kleine Fischen wie andere Schleimfische und Grundeln frißt. Lebt an Felsenküsten, besonders auf dicht mit Pflanzen bewachsenem Grund. Männchen links, Weibchen unten.

Malacoctenus africanus **Senegal**

Senegal-Schleimfisch

Senegal blenny

Länge: Bis 8 cm.
Verbreitung: Nur von Senegal bekannt.
Tiefe: Von 1 bis mindestens 10 m.
Allgemein: Beschuppte Schleimfische sind eng verwandt mit Dreiflossen-Schleimfischen und echten Schleimfischen. Wie die meisten Arten dieser drei Familien lebt der Senegal-Schleimfisch an Felsenküsten. Wegen seiner unauffälligen Färbung wird er oft übersehen.

DREIFLOSSEN-SCHLEIMFISCHE — TRIPTERYGIIDAE

Helcogramma obtusirostre **Ascension**

Ascension-Dreiflossen-Schleimfisch

Ascension triplefin

L: Bis 3,5 cm. V: Nur bei Ascension. T: 0 - 2 m. A: Lebt in Gezeitentümpeln und zwischen Steinen. Männchen sind viel dunkler als Weibchen. Dreiflossen-Schleimfische sind leicht an den drei Rückenflossen zu erkennen. Die meisten Arten dieser Familie sind weniger als 10 cm lang und leben an Felsküsten. In Ostatlantik und Mittelmeer leben vier weitere Arten.

Kleiner Dreiflossen-Schleimfisch

Small tripleflin

L: Bis 5 cm. V: Mittelmeer. T: 2 - 20 m. A: Bevorzugt dunkle Stellen, besonders die Eingänge zu Höhlen. Territoriale Männchen haben einen roten Körper und einen pechschwarzen Kopf. Weibchen und nicht-territoriale Männchen haben auch einen rötlichen Körper, aber der Kopf ist eher grau als schwarz. Es gibt zwei Unterarten: *T. m. minor* aus dem westlichen Mittelmeer hat keinen schwarzen Fleck auf dem Schwanz (großes Foto), *T. m. melanurus* aus dem südlichen und östlichen Mittelmeer zeigt diesen (kleines Foto).

Tripterygion melanurus **Toskanischer Archipel, Italien**

Roter Dreiflossen-Schleimfisch

Red triplefin

Länge: Bis 8 cm.
Verbreitung: Mittelmeer, Schwarzes Meer. Atlantikküste Marokkos.
Tiefe: 0 - 6 m.
Allgemein: Das Foto zeigt ein Laichpaar: Territoriale Männchen sind rot mit schwarzem Kopf. Weibchen und nicht-territoriale Männchen sind grau mit dunklen Bändern, das letzte Band vor der Schwanzflosse ist gleich den vorherigen (siehe nächste Art). Laichsaison: Mai bis August.

Tripterygion tripteronotus **Golfe du Lion, Frankreich**

DREIFLOSSEN-SCHLEIMFISCHE TRIPTERYGIIDAE

Tripterygion delaisi **Costa Brava, Spanien**

Gelber Dreiflossen-Schleimfisch

Yellow triplefin

L: Bis 9 cm. V: Mittelmeer. England bis Senegal. Oz. Ins. T: 3 - 40 m. A: Territoriale Männchen sind gelb mit schwarzem Kopf. Weibchen und nicht-territoriale Männchen sind weniger farbig (Foto unten). Typisch: Letztes Band vor der Schwanzflosse dunkler als die anderen.

SCHLEIMFISCHE BLENNIIDAE

Aidablennius sphynx **Adria, Slovenien**

Sphinx-Schleimfisch

Sphinx blenny

Länge: Bis 8 cm.
Verbreitung: Mittelmeer, Schwarzes Meer. Ein Nachweis von der Atlantikküste Marokkos.
Tiefe: 1 - 3 m.
Allgemein: Bevorzugt horizontale, sonnenbeschienene, algenbewachsene Felsen. Männchen haben eine sehr hohe, segelartige erste Rückenflosse, wie auf dem Bild rechts zu sehen. Die Art ist an einem grünen Augenfleck mit rotem Rand hinter dem Auge zu erkennen. Laichsaison ist April bis Juni.

Entomacrodus cadenati **Senegal**

Westafrikanischer Felsenspringer

Westafrican rockhopper

Länge: Bis 7 cm.
Verbreitung: Küste Afrikas von Senegal bis Kamerun. São Tomé, Kapverden.
Tiefe: 0 - 2 m.
Allgemein: Diese westafrikanische Art sitzt an Felsen in der Brandungszone. Zwischen den Wellen ist sie oft der Luft ausgesetzt. Als Pflanzenfresser schabt sie mit vielen, kleinen Zähnen Algen von den Steinen.

Rotlippen-Schleimfisch

Redlip blenny

Länge: Bis 18 cm.
Verbreitung: Senegal bis Angola. Azoren, Madeira, Kanaren, Ascension, St. Helena.
Tiefe: 1 - 10 m.
Allgemein: Der Rotlippen-Schleimfisch ist eine der größten Schleimfischarten im Ostatlantik und in den ersten Metern unter der Oberfläche recht häufig. Er ist ein Pflanzenfresser, der mit vielen, kleinen Zähnen Algen von den Steinen schabt. Das Foto zeigt ein Männchen, das den Laich (rechts im Hintergrund) bewacht. Schleimfische haben keine Schuppen, daher fühlen sich ihre Körper glatt an. Sie sind bodenlebende Fische, die Adulten haben keine Schwimmblase mehr. Die meisten Arten sind unter 10 cm lang.

Ophioblennius atlanticus **Kanaren**

Schmetterlings-Schleimfisch

Butterfly blenny

Länge: Bis 18 cm.
Verbreitung: Mittelmeer, Schwarzes Meer. Irland und Schottland bis Marokko. Azoren.
Tiefe: 10 - 450 m.
Allgemein: Der Schmetterlings-Schleimfisch ist unverwechselbar durch seine große Rückenflosse mit dem auffälligen schwarzen Fleck. Er wird nur selten im Flachwasser angetroffen und ist in 100 bis 200 m Tiefe häufiger. Er lebt hauptsächlich von Schnecken. Die Bauchflossen der Schleimfische liegen vor den Brustflossen („an der Kehle") und sind auf ein paar wenige Strahlen reduziert; Schleimfische benutzen sie, um sich über den Grund aufzurichten.

Blennius ocellaris **Azoren**

Coryphoblennius galerita **Madeira**

Montagus Schleimfisch

Montagu's blenny

Länge: Bis 8 cm.
Verbreitung: Mittelmeer, Schwarzes Meer. Schottland bis Mauretanien. Azoren, Madeira, Kanaren.
Tiefe: 0 - 2 m.
Allgemein: Der einzige Schleimfisch mit einem unpaaren, fleischigen Anhängsel („Tentakel") zwischen den Augen. Er sitzt auf Felsen weit oben in der Brandungszone und verbringt besonders nachts einige Zeit außerhalb des Wassers.

Hypleurochilus aequipinnis **Senegal**

Westafrikanischer Gefleckter Schleimfisch

West African speckled blenny

Länge: Bis 6 cm.
Verbreitung: Senegal bis São Tomé.
Tiefe: 1 - 5 m.
Allgemein: Der Westafrikanische Gefleckte Schleimfisch lebt an Felsenküsten. Ein sehr ähnlicher Schleimfisch im Westatlantik ist erst kürzlich als eigene Art beschrieben worden. In Ost- und Westatlantik gibt es viele solcher „Schwesterarten"-Paare.

Hypleurochilus langi **Sierra Leone**

Langs Schleimfisch

Lang's blenny

Länge: Bis 7 cm.
Verbreitung: Senegal bis Kongo.
Tiefe: 1 - 5 m.
Allgemein: Langs Schleimfisch kann an einem auffälligen Hautzipfel auf dem Kopf erkannt werden. Er dringt in Flußmündungen ein und schwimmt einige Kilometer ins Brack- und Süßwasser hinauf.

Bauchots Schleimfisch

Bauchot's blenny

L: Bis 5 cm. V: Nur bei Kamerun und São Tomé. T: 0 - 4 m. A: Lebt an Felsküsten, häufig in Gezeitentümpeln. Wie bei allen Arten der Gattung haben balzende Männchen einen schwarzen Kopf mit einem artspezifischen gelben „Maskenmuster", wie im kleinen Foto zu sehen ist.

Lipophrys bauchotae Kamerun

Kapverden-Schleimfisch

Cape Verde blenny

Länge: Bis 5 cm.
Verbreitung: Nur bekannt von den Kapverden.
Tiefe: 0 - 5 m.
Allgemein: Der Kapverden-Schleimfisch lebt an Felsküsten in Gezeitentümpeln. In vielen Merkmalen liegt diese Art zwischen *L. bauchotae* und *L. velifer.* Sie könnte aus dem lokalen Verschwinden einer Paarungs-Barriere zwischen diesen beiden Arten entstanden sein. Sie ist die häufigste Schleimfischart dieser abgelegenen Inseln im tropischen Ostatlantik.

Lipophrys caboverdensis Kapverden

Netz-Schleimfisch

Reticulated blenny

L: Bis 7 cm. V: Mittelmeer. Portugal. T: 0,5 - 2 m. A: Dieser Schleimfisch bevorzugt vertikale Felswände. Seine Laichsaison ist von Ende April bis August. Territoriale Männchen zeigen das artspezifische gelbe „Maskenmuster" am Kopf, wie auf dem kleinen Foto zu sehen ist.

Lipophrys canevae Costa Brava, Spanien

Lipophrys dalmatinus Costa Brava, Spanien

Dalmatien-Schleimfisch

Dalmatian blenny

Länge: Bis 4 cm.
Verbreitung: Mittelmeer. Atlantikküste Portugals.
Tiefe: 0 - 2 m.
Allgemein: Dies ist der kleinste Schleimfisch in Mittelmeer und Ostatlantik. Er ist an 6 bis 7 olivgrünen, senkrechten Bändern auf dem weißen Körper zu erkennen. Balzende Männchen haben einen schwarzen Kopf mit einem arttypischen gelben „Maskenmuster".

Lipophrys nigriceps Adria, Kroatien

Schwarzkopf-Schleimfisch

Black-headed blenny

Länge: Bis 4,5 cm.
Verbreitung: Mittelmeer.
Tiefe: 1 - 6 m.
Allgemein: Im südlichen und östlichen Mittelmeer trägt diese Art einen schwarzen Fleck an der Schwanzflossenbasis. Sie lebt in Höhlen und anderen dämmrigen Biotopen, oft zusammen mit dem sehr ähnlichen *Tripterygion melanurus,* der an den 3 Rückenflossen erkannt werden kann.

Lipophrys pholis Irland

Schan

Shanny

Länge: Bis 20 cm, bei Madeira und den Azoren bis 30 cm.
Verbreitung: Westliches Mittelmeer (sehr selten). Norwegen bis Mauretanien. Azoren, Madeira.
Tiefe: 0 - 8 m.
Allgemein: Der Schan ist einer der größten Schleimfische! Keine andere Art der Familie kommt so weit nördlich vor. Bei Niedrigwasser ist er in Gezeitentümpeln recht häufig. Er kann sogar auf seinen Brustflossen über den Boden „laufen" und wird bis zu 10 Jahre alt.

Segelflossen-Schleimfisch

Sailfin blenny

Länge: Bis 5 cm.
Verbreitung: Küste Afrikas von Mauretanien bis Angola.
Tiefe: 0 - 6 m.
Allgemein: Männchen dieser Art haben eine hohe, segelförmige erste Rückenflosse. Der Segelflossen-Schleimfisch kann auch an einem schwarzen Fleck hinter dem Auge erkannt werden. Er lebt an Felsküsten und ist in Gezeitentümpeln häufig.

Lipophrys velifer **Senegal**

Gestreifter Schleimfisch

Tompot blenny

Länge: Bis 30 cm.
Verbreitung: Mittelmeer, Schwarzes Meer. Schottland bis Marokko.
Tiefe: 2 - 20 m.
Allgemein: Einer der größten Schleimfische unseres Gebietes. Ein besonderes Merkmal dieser Art sind ihre großen, kräftigen, verzweigten Tentakel. Laichsaison ist nur von März bis April.

Parablennius gattorugine **Nördliche Sporaden, Griechenland**

Parablennius goreensis Senegal

Gore-Schleimfisch

Gorean blenny

Länge: Bis 9 cm.
Verbreitung: Mauretanien und Senegal.
Tiefe: 1 - 5 m.
Allgemein: Diese Art ist eng verwandt mit *P. salensis* und *P. pilicornis,* daher schwer zu bestimmen. Sie ist nach einer kleinen Insel vor Dakar, Senegal, benannt, die „berühmt" wurde, weil man auf ihr in Afrika gefangene Sklaven festhielt, bis sie in die Neue Welt gebracht wurden.

Parablennius incognitus Adria, Kroatien

Überraschungs-Schleimfisch

Surprise blenny

L: Bis 7 cm. V: Mittelmeer. Kanaren bis Nordspanien. Azoren, Madeira. T: 0 - 4 m.
A: Obwohl diese eine der häufigsten Schleimfischarten im Mittelmeer ist, wurde sie als eigene Art erst 1968 beschrieben. Bis dahin wurde sie mit *P. zvonimiri* verwechselt, der jedoch eine Reihe von leuchtend gefärbten Flecken auf seinem Rücken zeigt. Männchen haben viel größere Tentakeln über den Augen als Weibchen. Die Laichsaison dauert von Mai bis August.

Parablennius parvicornis Senegal

Marokko-Schleimfisch

Morocco blenny

Länge: Bis 14 cm.
Verbreitung: Marokko bis Kongo. Azoren, Madeira, Kanaren, Kapverden.
Tiefe: 1 - 3 m.
Allgemein: Diese Art ist nahe verwandt mit dem mediterranen *P. sanguinolentus,* von dem sie sich durch Farbe und Größe der Zähne unterscheidet. Im Gegensatz zu den meisten anderen Schleimfischarten, die in diesem Buch vorgestellt werden, ernährt sie sich von Pflanzen.

Variabler Schleimfisch

Variable blenny

L: Bis 12 cm. V: Westliches Mittelmeer. Biskaya bis Südafrika. Westatlantik. T: 0 - 25 m. A: Neben der häufigen braunen Färbung kann die Art auch ein Farbmuster ähnlich dem von *P. rouxi* aufweisen, aber mit zwei statt einer dunklen Linie auf dem weißen Körper; dieses Muster ist auf dem Foto rechts zu sehen. Eine komplett gelbe Farbphase dieser Art wird in der Story GOLDSCHÄTZE auf Seite 140 gezeigt. Trotz einer Maximallänge von über 10 cm wird der Variable Schleimfisch nur bis zu 2,5 Jahre alt.

Parablennius pilicornis **Costa Brava, Spanien**

Roux' Schleimfisch

Striped blenny

L: Bis 8 cm. V: Mittelmeer. Atlantikküste Portugals. T: 2 bis mindestens 45 m. A: Das normale Farbmuster dieser Art ist ein dunkles Längsband auf weißem Körper. Wenn man sie erschreckt, wird das Muster gefleckt. Bei dieser Art, wie bei vielen anderen Schleimfischarten, sind die Überaugententakel der Männchen länger als die der Weibchen. *P. pilicornis* kann ein ähnliches Schwarz-Weiß-Muster zeigen, trägt dann aber zwei dunkle Streifen.

Parablennius rouxi **Balearen, Spanien**

Roter Schleimfisch

Red blenny

L: Bis 15 cm. V: Madeira, Azoren. Atlantikküste Portugals. T: 2 - 20 m. A: Da diese Art nur in portugiesischen Gewässern vorkommt, könnte Portugal sie zu seiner nationalen Tierart machen (!). Das kleine Foto zeigt ein Männchen in seinem Loch, wie es den Laich bewacht.

Parablennius ruber **Azoren**

Parablennius sanguinolentus Adria, Slovenien

Pflanzenfressender Schleimfisch

Herbivorous blenny

Länge: Bis 22 cm.
Verbreitung: Mittelmeer, Schwarzes Meer. Südfrankreich bis Marokko.
Tiefe: 1 - 4 m.
Allgemein: Eng verwandt mit *P. parvicornis*, unterscheidet sich in Färbung und Größe der Zähne. Im Gegensatz zu den meisten anderen Schleimfischarten in diesem Buch frißt die Art nur Pflanzen. Während der Laichsaison (April bis August) sind Männchen fast völlig schwarz.

Parablennius zvonimiri Adria, Kroatien

Geweih-Schleimfisch

Staghorn blenny

Länge: Bis 7 cm.
Verbreitung: Mittelmeer, Schwarzes Meer.
Tiefe: 1 - 6 m
Allgemein: Dieser Schleimfisch bevorzugt dunkle Habitate wie Höhlen und Überhänge. Zusätzlich zu den Überaugententakeln hat er oft auch viele kleine Tentakeln vorne am Kopf und im Nacken, daher sein Name. Die Art kann an der Reihe leuchtend weißer Punkte entlang der Rückenflossenbasis erkannt werden. Lange Zeit wurde sie mit dem viel häufigeren *P. incognitus* verwechselt.

Parablennius zvonimiri Schwarzes Meer

Läppchen-Schleimfisch

Horned blenny

Länge: Bis 16 cm.
Verbreitung: Mittelmeer, Schwarzes Meer. Nordspanien bis Kanaren.
Tiefe: 2 - 15 m.
Allgemein: Während der Laichsaison (März bis Juni) sind die Tentakel der Männchen dieser Art sehr lang, meist mehr als das Dreifache des Augendurchmessers (siehe Fotos rechts). Sonst sind die Tentakel kürzer, und auch einige *P. incognitus* können sehr lange Tentakel haben. Deswegen ist die Tentakellänge kein sicheres Merkmal, um diese Art zu erkennen. Sie lebt nicht nur an Felsküsten (wie die meisten Schleimfische), sondern auch in Seegraswiesen.

Parablennius tentacularis Costa Brava, Spanien

Pfauen-Schleimfisch

Peacock blenny

L: Bis 13 cm. V: Mittelmeer, Schwarzes Meer. Biskaya bis Kanaren. T: 0 - 2 m. A: Am großen, dunklen Augenfleck mit leuchtend blauem Rand hinter dem Auge zu erkennen. Territoriale Männchen (3 - 4 Jahre alt) mit hohem, fleischigen Kopfwulst, fehlt Weibchen und jungen Männchen, die sich gleichen. Letztere dringen in Höhlen territorialer Männchen ein und geben vielleicht Sperma ab, um einige Eier des nächsten Weibchens zu befruchten. Felsküsten, Seegraswiesen, Algenfelder (siehe Weibchen auf Foto unten), auch Ästuare und Brackwasser.

Salaria pavo Adria, Italien

PFAUENTANZ IM MITTELMEER

Wenn man zusammen mit vielen Nachbarn in einem komplexen Lebensraum zuhause ist, bedarf es eines regen Informationsaustausches, um eine gegenseitige Verständigung zu ermöglichen. So sind Größe, Form, Farbtracht und Verhalten essentielle Mittel der (optischen) Kommunikation. Viele Fischarten haben daher zur Partnerfindung und Sicherung des Nachwuchses elaborate Rituale entwickelt, die oft mit einem speziellen Aussehen der Partner einhergehen. So auch die Schleimfische, eine arten- und besonders im Felslittoral warmer Meere individuenreiche Familie, in der Mißverständnisse bei der Partnerwahl ausgeschlossen werden müssen. Ausführlich dokumentiert worden ist die Fortpflanzungsbiologie des territorialen Pfauenschleimfischs.

ALLE FOTOS: ROBERT PATZNER

1. In der Laichzeit, die von Ende Mai bis etwa Mitte August dauert, streckt das Männchen den Vorderkörper bis etwa zur Höhe der Brustflossen aus seiner Höhle und beobachtet aufmerksam die Umgebung. Er trägt einen charakteristischen "Helm", der am Vorderrand hellgelb gefärbt und daher über eine relativ große Entfernung zu sehen ist. Die grelle Farbe dient als Signal, um die laichbereiten Weibchen anzulocken und um anderen Männchen zu zeigen: Hier wohne ich! Dies ist meine Höhle!

2. Das Laichritual beginnt, wenn ein Weibchen im auffällig gemusterten Laichkleid in das Revier des Männchens kommt und zu balzen beginnt. Dabei werden die dunklen Teile ihrer Körperzeichnung noch dunkler und der helle Hintergrund, besonders im vorderen Teil des Körpers, tritt stärker zutage.

3. Während der Balz hebt das Weibchen den Vorderkörper und wendet den hellen, wohlgerundeten Bauch dem Männchen zu. Dazu kommen intensive und schnelle Atembewegungen und Fächeln mit den Brustflossen, entweder gleichzeitig oder alternierend. Nun streckt das Männchen seinen Vorderkörper weiter aus der Höhle und führt seitliche Zuckbewegungen aus.

4. Das Weibchen nähert sich noch immer balzend und fädelt sich schließlich mit dem Schwanz voraus in die Höhle ein. Das Männchen bleibt noch darin. Erst wenn sie vollkommen in die Höhle eingetaucht ist, schwimmt er heraus.

5. Nun vollführt das Männchen vor der eigenen Höhle mehrmals ein Achter-Schwimmen, dann schlüpft es wieder hinein zum Weibchen, um - von der Kamera unbeobachtet - den Laich zu befruchten.

6. Die befruchteten Eier werden nur vom Männchen bewacht und mit frischem Wasser befächelt. Auf dem Foto sind schon bei den meisten Eiern die Augen der winzigen Fischlarven zu erkennen.

Scartella caboverdiana Kapverden

Kapverden-Schleimfisch

Crested blenny

L: Bis 6 cm. V: Nur von den Kapverden bekannt. T: 0 - 2 m. A: Arten der Gattung Scartella sind leicht an den zahlreichen kleinen Tentakeln im Nacken zu erkennen (ähnlich einem Irokesen-Haarschnitt). Aus der westafrikanischen *S. cristata* haben sich eigenständige Inselarten nicht nur bei den Kapverden gebildet, sondern auch bei Ascension und St. Helena. Von der eng verwandten *S. cristata* unterscheidet sich diese Art durch viele kleine rote Punkte auf dem gesamten Körper.

Scartella cristata Senegal

Irokesen-Schleimfisch

Irocese blenny

Länge: Bis 9 cm.
Verbreitung: Mittelmeer. Bretagne bis Südafrika. Kanaren. Westatlantik.
Tiefe: 0 - 2 m.
Allgemein: Man erkennt Arten der Gattung *Scartella* leicht an den zahlreichen kleinen Tentakeln im Nacken. Sie ähneln einem Irokesen-Haarschnitt, wie auf dem kleinen Foto zu sehen ist; das Tier schabt gerade mit den Zähnen Algen von den Steinen.

Scartella nuchifilis Ascension

Ascension-Schleimfisch

Ascension blenny

Länge: 8 cm.
Verbreitung: Nur bei der Insel Ascension.
Tiefe: 0 - 2 m.
Allgemein: Fische wurden von der entlegenen Insel Ascension bereits im 19. Jahrhundert beschrieben, so auch dieser. Es gibt Inselpopulationen eigenständiger Arten, die aus *S. cristata* entstanden sind, nicht nur bei Ascension, sondern auch bei den Kapverden und St. Helena.

Großer Leierfisch

European dragonet

Länge: Männchen bis 30 cm, Weibchen bis 20 cm.
Verbreitung: Nördliches Mittelmeer, Schwarzes Meer. Island und Norwegen bis Mauretanien.
Tiefe: 5 - 450 m.
Allgemein: Auf Sand- und Schlammböden. Leierfische haben abgeflachte Körper und einen von oben gesehen dreieckigen Kopf. Die erste Rückenflosse des Männchens ist stark verlängert (siehe Foto). Männchen leben bis zu 5, Weibchen bis zu 7 Jahre. Laichzeit ist Februar bis März (Norwegen und Britische Inseln). Dem Laichen geht eine umfangreiche Balz voraus, zu der Ausbreiten und Aufrichten der wunderbar gefärbten Flossen gehören. Anschließend schwimmt das Paar senkrecht Seite an Seite in Richtung Oberfläche und gibt dabei Eier und Spermien ab. Die befruchteten Eier sind pelagisch. Die Art frißt Würmer, Muscheln und kleine Krebse. Die Fotos zeigen das Männchen (oben und kleines Bild), Weibchen (mitte) und das juvenile Stadium (großes Foto unten).

Callionymus lyra **Hustadvika, Norwegen**

Callionymus lyra **Nordsee, Niederlande**

Callionymus lyra **Hustadvika, Norwegen**

Callionymus pusillus — **Schwarzes Meer**

Festroben-Leierfisch

Festive-robe dragonet

Länge: Männchen bis 14 cm, Weibchen bis 10 cm.
Verbreitung: Nördliches Mittelmeer, Schwarzes Meer. Portugiesische Atlantikküste nordwärts bis Lissabon.
Tiefe: Meist im Flachwasser, selten bis 100 m.
Allgemein: Wie die meisten Leierfische lebt diese Art auf Weichböden. Erste und zweite Rückenflosse der Männchen sind viel höher als die der Weibchen. Die elaborate Balz dieser Art wird in der Foto-Story BELOHNUNG FÜR DEN SIEGER auf Seite 252 gezeigt.

Callionymus maculatus — **Naerøyfjord, Norwegen**

Gefleckter Leierfisch

Spotted dragonet

Länge: Männchen bis 16 cm, Weibchen bis 10 cm.
Verbreitung: Mittelmeer. Norwegen und Island bis Senegal.
Tiefe: 40 - 650 m.
Allgemein: Wie die meisten Leierfische lebt diese Art auf Sandböden. Die zweite Rückenflosse der Männchen ist viel höher als die der Weibchen und trägt vier horizontale Reihen dunkler Punkte (die Weibchen haben nur zwei Reihen).

Callionymus reticulatus — **Bretagne, Frankreich**

Genetzter Leierfisch

Reticulated dragonet

L: Männchen bis 11 cm, Weibchen bis 6 cm. V: Westliches Mittelmeer. Südnorwegen bis Mauretanien. T: 0 - 110 m. A: Wie das Foto zeigt, lebt diese Art auf Algen von der Gezeitenzone abwärts. Durch seine Färbung perfekt getarnt, wurde das Tier nur rein zufällig entdeckt.

Priolepis ascensionis

Ascension-Grundel

L: Bis 3 cm. V: Nur Ascension und St. Helena. T: 5 - 50 m. A: Leicht an ihrer orange-gelben Grundfarbe und 14 weißlichen Streifen zu erkennen. Erste Rückenflosse mit pechschwarzem Fleck.

Bathygobius casamancus Kapverden

Senegal-Grundel

Senegal goby

Länge: Bis 8 cm.
Verbreitung: Mauretanien bis Angola. Bei den Inseln im Golf von Guinea und den Kapverden.
Tiefe: 0 - 2 m.
Allgemein: Die Senegal-Grundel ist eine der häufigsten Grundelarten an der westafrikanischen Küste. Sie lebt nicht nur auf Felsen (einschließlich der Gezeitentümpel), sondern auch auf Schlammflächen. Der UW-Fotograf kann sich dieser wenig scheuen Art leicht nähern.

Gnatholepis thompsoni Kapverden

Orangefleck-Grundel

Orangespot goby

Länge: Bis 15 cm.
Verbreitung: Senegal bis Angola. Westatlantik, Ostpazifik.
Tiefe: 0 - 16 m.
Allgemein: Diese Grundel dringt ins Brackwasser der Flußmündungen und Küstenlagunen ein und kommt auch in Gezeitentümpeln vor. Sie hat ein relativ großes Maul und frißt benthische Wirbellose.

Gammogobius steinitzi Adria, Kroatien

Steinitz' Grundel

Steinitz' goby

Länge: Bis 4 cm.
Verbreitung: Bisher nur aus dem westlichen Mittelmeer bekannt. Die Fotos zeigen einen Neunachweis aus der Adria.
Tiefe: 2 - 20 m.
Allgemein: Diese schön gefärbte Grundel bevorzugt Unterwasserhöhlen. Das Foto wurde in 18 m Tiefe in der berühmten blauen Grotte von Bisevo gemacht, einer kleinen Insel an der kroatischen Adriaküste.

Goldgrundel

Golden goby

Länge: Bis 10 cm.
Verbreitung: Westliches Mittelmeer.
Tiefe: 4 - 20 m.
Allgemein: Diese Art ist leicht an ihrer kanariengelben Farbe zu erkennen. Bisher wurde sie meist mit dem gelbköpfigen *Gobius xanthocephalus* verwechselt, der erst kürzlich als eigene und gültige Art erkannt wurde.

Gobius auratus **Sardinien, Italien**

Anemonengrundel

Anemone goby

L: Bis 10 cm. V: Mittelmeer, Schwarzes Meer. Südküste Portugals (kleines Foto). T: 0 - 5 m. A: Ist oft (aber nicht immer) mit der Anemone *Anemonia sulcata* vergesellschaftet. Bei Bedrohung flüchtet die Anemonengrundel zwischen die Tentakel dieser Seeanemone, ohne von ihnen genesselt zu werden. Sie ist der einzige „Anemonenfisch" im Mittelmeer. Siehe die Foto-Story IN DIE NESSELN GESETZT auf Seite 286.

Gobius bucchichi **Costa Brava, Spanien**

Rotmaulgrundel

Red-mouthed goby

Länge: Bis 18 cm.
Verbreitung: Mittelmeer. Südwest-Irland bis Marokko.
Tiefe: 10 - 40 m.
Allgemein: Die Art ist leicht an ihren roten Lippen zu erkennen. Sie lebt nicht nur an Felsen, sondern auch auf Sand und in Seegraswiesen. Das Tier auf dem Foto wurde vom Autor in 22 m Tiefe in einer Höhle aufgenommen.

Gobius cruentatus **Costa Brava, Spanien**

Gobius cobitis Golfe du Lion, Frankreich

Riesengrundel

Giant goby

L: Bis 27 cm. V: Mittelmeer, Schwarzes Meer. Westlicher Ärmelkanal bis Marokko. Durch den Suezkanal ins nördliche Rote Meer eingedrungen. T: 2 - 10 m. A: Die größte Grundel in Mittelmeer und Ostatlantik wird mit 2 - 3 Jahren geschlechtsreif und bis zu 10 Jahre alt. Im Gegensatz zu den meisten anderen Mittelmeer- und Atlantik-Grundelarten frißt sie nicht nur benthische Wirbellose und Fische, sondern auch Algen.

Gobius fallax Istrien, Kroatien

Saratos Grundel

Sarato's goby

Länge: Bis 9 cm.
Verbreitung: Mittelmeer.
Tiefe: 1 - 5 m.
Allgemein: So gut wie nichts ist über die Biologie dieser Art bekannt, die auf den ersten Blick aussieht wie *Gobius geniporus,* ihr Körperbau ist aber etwas gedrungener.

Gobius gasteveni Gibraltar

Stevens Grundel

Steven's goby

Länge: Bis 12 cm.
Verbreitung: Bis jetzt nur von den Kanaren, Madeira und aus dem Ärmelkanal bekannt.
Tiefe: 5 - 100 m.
Allgemein: Diese Grundel wurde lange für eine küstenfern lebende Art gehalten, sie ist bei Madeira aber bereits im Flachwasser häufig. Sie lebt auf grobem Sand und Schlamm. Das Foto zeigt den ersten Nachweis dieser Art aus dem Eingang zum Mittelmeer.

Schwarzgrundel

Black goby

Länge: Bis 15 cm.
Verbreitung: Mittelmeer, Schwarzes Meer. Südnorwegen bis Mauretanien. Kanaren (aber nicht bei Madeira oder den Azoren).
Tiefe: 3 - 75 m.
Allgemein: Die Schwarzgrundel ist lokal auf Sandböden und in Seegraswiesen häufig. Sie toleriert niedrige Salzgehalte und ist daher auch in Ästuaren und Küstenlagunen häufig. Sie wird mit zwei Jahren geschlechtsreif und bis zu 5 Jahre alt. Territoriale Männchen sind pechschwarz, was dieser Art ihren Namen gegeben hat. Die Beobachtungen von Tauchern legen nahe, daß diese Grundel in Assoziation mit dem Norwegischen Hummer *(Nephrops norvegicus)* in dessen Höhle lebt. Allerdings sind sie unbestätigt geblieben und könnten sich auf die seltene Grundelart *Lesuerigobius friesii* beziehen, von der dieses Verhalten bekannt ist.

Gobius niger **Nordsee, Niederlande**

Gobius niger **Jøsenfjord, Norwegen**

Schlankgrundel

Slender goby

L: Bis 16 cm. V: Westliches Mittelmeer. T: 2 - 30 m. A: Lebt meist in Seegraswiesen und auf Sand. Das Foto wurde jedoch in 19 m Tiefe in einer Höhle gemacht. In Süditalien laicht die Art von April bis Mai. In der Laichzeit (Frühling bis Sommer) sind Grundelmännchen territorial. Die Weibchen kommen nur, um zu laichen, dann verlassen sie die Territorien wieder. Die Männchen bewachen den Laich, fächeln ihm Frischwasser zu und halten ihn sauber, bis die Larven schlüpfen und im Plankton verschwinden (Larvenphase wenige Wochen bis zu einigen Monaten).

Gobius geniporus **Costa Brava, Spanien**

Gobius paganellus Jøsenfjord, Norwegen

Felsengrundel

Rock goby

Länge: Bis 12 cm.
Verbreitung: Mittelmeer, Schwarzes Meer. Schottland bis Senegal. Azoren, Madeira, Kanaren. Durch den Suezkanal ins nördliche Rote Meer eingewandert.
Tiefe: 0 - 8 m.
Allgemein: Der Oberrand der ersten Rückenflosse ist meist hellbraun bis leuchtend orange (siehe Foto Mitte). Die Nordsee-Population zeigt jedoch einen leuchtend blauen Rand. Wie der Name schon sagt, lebt die Art an Felsküsten und ist auch in Gezeitentümpeln häufig. Sie wird mit 2 - 3 Jahren geschlechtsreif und bis zu 10 Jahre alt.

Gobius paganellus Algarve, Portugal

Gobius vittatus Adria, Kroatien

Streifengrundel

Striped goby

Länge: Bis 6 cm.
Verbreitung: Mittelmeer.
Tiefe: 20 - 85 m.
Allgemein: Eine durch ihr Farbmuster unverwechselbare Grundelart. Schauen Sie jedoch nocheinmal hin: Roux' Schleimfisch *(Parablennius rouxi)* hat ein extrem ähnliches Farbkleid, und beide Arten leben nebeneinander im gleichen Habitat. Man vermutet eine Mimikry zwischen beiden Arten, aber wer kopiert wen und warum?

Gelbkopfgrundel

Yellow-headed goby

L: Bis 10 cm. V: Mittelmeer. Von der Küste Portugals bis zu den Kanaren. T: 4 - 15 m. A: Die Gelbkopfgrundel lebt außer auf Felsen auch in Seegraswiesen. Bisher wurde sie fast immer mit der Goldgrundel *(Gobius auratus)* verwechselt und erst kürzlich als eigene Art erkannt. Ein Grund für die Verwechslung war, daß es eine goldene Form der Gelbkopfgrundel gibt.

Gobius xanthocephalus **Costa del Sol, Spanien**

Zweifleckgrundel

Two-spotted goby

L: Bis 6 cm. V: Norwegen bis Nordspanien. T: 5 - 20 m. A: Frei schwimmend. Wie auf dem Foto rechts zu sehen, lebt diese Grundel meist in kleinen Gruppen. Männchen sind leuchtender gefärbt als Weibchen (siehe kleines Foto). Die Art ernährt sich von kleinen Planktonorganismen.

Gobiusculus flavescens **Orkney-Inseln, Schottland**

Baths Grundel

Bath's goby

Länge: Bis 3,5 cm.
Verbreitung: Mittelmeer und Marmarameer.
Tiefe: 5 - 15 m.
Allgemein: Diese kleine Art lebt auf Sandboden und ist leicht zu übersehen. Es bedarf eines guten und geduldigen Fotografen, um Baths Grundel auf ein Foto wie das hier gezeigte zu bannen.

Pomatoschistus bathi **Adria, Kroatien**

Pomatoschistus minutus **Connemara, Irland**

Pomatoschistus minutus **Boknafjord, Norwegen**

Sandgrundel

Sand goby

Länge: 9 cm.
Verbreitung: Mittelmeer, Schwarzes Meer. Norwegen bis Spanien.
Tiefe: 2 - 200 m.
Allgemein: Wie der lateinische Artname „minutus“ besagt, ist dies eine der kleineren Grundelarten. Sie ist lokal auf Sandboden häufig. Um einen besseren Überblick zu bekommen, erklettert sie manchmal einen vorüberkriechenden Seestern. Wie alle Grundeln muß sie ihre Eier auf ein Hartsubstrat kleben, das auf Sandboden rar sein kann. Leere Muschelschalen sind die bevorzugte Heimstatt der territorialen Männchen, aber auch über Bord geworfene Flaschen sind dienlich. Die Sandgrundel ist Hauptnahrung vieler kommerziell wichtiger Fischarten. Normalerweise lebt sie nur ein Jahr.

Pomatoschistus quagga **Adria, Slovenien**

Quagga-Grundel

Quagga goby

L: Bis 5 cm. V: Westliches Mittelmeer und Adria. T: 5 - 15 m.
A: Die Quagga-Grundel „schwebt“ über Sandboden und Seegraswiesen. Bei laichbereiten Weibchen schimmern die reifen, gelben Eier durch die Körperwand hindurch, wie auf dem kleinen Foto unten zu sehen.

Leopardengrundel

Leopard-spotted goby

L: Bis 13 cm. V: Mittelmeer. Norwegen bis Kanaren. T: 5 - 40 m. A: Diese unverwechselbar gefärbte, mittelgroße Grundel bevorzugt Weichböden in dämmrigen Habitaten wie in Höhlen und unter Überhängen. Die Leopardengrundel schwimmt manchmal paarweise.

Thorogobius ephippiatus **Costa Calida, Spanien**

Kanarengrundel

Canary goby

Länge: Bis 4 cm.
Verbreitung: Kanaren. Erst kürzlich auch bei Madeira gefunden.
Tiefe: 3 - 15 m.
Allgemein: Einzige Grundel in diesem Buch mit separaten Bauchflossen (die allerdings durch eine dünne Membran verbunden sind). Die Strahlen der ersten Rückenflosse des Männchens können stark verlängert sein. Die Kanarengrundel lebt auf grobem Sand- bis Schlammboden.

Vanneaugobius canariensis **Madeira**

Kamerungrundel

Cameroon goby

Länge: Bis 3 cm.
Verbreitung: Kamerun.
Tiefe: 1 - 6 m.
Allgemein: Bis heute wurde diese Grundel nur einmal gefunden, vom Fotografen dieses Fotos nämlich, dem zu Ehren sie benannt wurde. Offensichtlich waren die Voraussetzungen für UW-Fotografie nicht sehr gut. Man kennt die Kamerungrundel nur von Snake Island, einer kleinen Insel in der Bucht von Kamerun, wo sie durch ihre Färbung unverwechselbar ist.

Wheelerigobius wirtzi **Kamerun**

BELOHNUNG FÜR DEN SIEGER

Zu den besten Tarnkünstlern zählt ein an den Küsten Europas heimischer Fisch, dessen Körperfärbung seinem Lebensraum, dem Flachwassersandgrund, perfekt angepaßt ist. Unscheinbarkeit ist in dieser tristen Umgebung, die kaum Deckung zu bieten hat, zwingende Notwendigkeit. Woher kommt aber sein Name „Festroben-Leierfisch"?

Leierfische haben ein ausgeprägtes Revierverhalten. Dabei müssen die Fische - anders als viele ähnlich ortsgebundene Arten - mit einem zusätzlichen Problem fertig werden. Weil die Männchen im flachen Sandboden die Reviergrenzen optisch nicht fixieren können, müssen diese mit dem Nachbarn ständig neu „ausgehandelt" werden. Kommen sich die Besitzer angrenzender Territorien zu nahe, beginnt augenblicklich ein sehenswertes Turnier.

Zunächst stürmen die Leierfische aufeinander zu, um dann zu verharren und einander mit erhobenem Kopf und aufgerissenem Maul zu drohen. Beim Anblick der erregten Männchen versteht man nun den Populärnamen von *Callionymus pusillus*, denn er schillert mit seinen abgespreizten Flossen in allen Farben. Gibt keiner der Kontrahenten auf, kommt es zu Raufereien. Schließlich verbeißen sie sich ineinander und ermitteln zerrend und schüttelnd den Sieger. Der Unterlegene weicht zurück.

ALLE FOTOS: WERNER FIEDLER

1

2

3

Bei ihrem ziellosen Weg über den Sandgrund kreuzen die kleineren Weibchen natürlich mehrere Reviere. Je größer das Revier des Männchens, desto größer sind auch die Chancen, daß sich ihm ein Weibchen im wahrsten Sinne des Wortes zuwendet. Er imponiert ihr in den schillernsten Farben und sie klappt dann ihre Rückenflosse mehrfach auf und nieder. Nun beginnt der eindrucksvollste Abschnitt des Fortpflanzungsrituals. Der Bräutigam hakt sich mit seiner Brustflosse regelrecht bei der Partnerin unter und eng aneinandergeschmiegt, sich mit den Köpfen fast berührend, beginnt das Paar ganz sacht aufwärts zu schwimmen. Das schräge Emporsteigen geschieht so langsam, das die Leierfische förmlich im Wasser zu hängen scheinen. Etwa einen Meter über dem Grund stößt das Weibchen den Laich aus, der beinahe im selben Moment vom Männchen besamt wird. Die pelagischen Eier bleiben fortan sich selbst überlassen. Nach dem Ablaichen trennen sich die Partner unverzüglich und kehren geradezu fluchtartig zum Sandgrund zurück.

Acanthurus bahianus **St. Helena**

Ozean-Doktorfisch

Ocean tang

L: Bis 40 cm. V: Ascension, St. Helena. Westatlantik. T: 5 - 25 m. A: In Riffen, oft mit anderen Doktorfischarten. Frißt kopfunter Algen vom Boden. Querte in den östlichen Atlantik, hier nur bei St. Helena und Ascension zu finden.

Acanthurus chirurgus **Westatlantik**

Streifen-Doktorfisch

Striped tang

Länge: 15 - 30 cm.
Verbreitung: Tropisches Westafrika: Senegal. Westatlantik: Florida bis Brasilien.
Tiefe: 5 - 25 m.
Allgemein: Der Körper zeigt 10 - 12 senkrechte Streifen, manchmal nur schwach. In Riffen, oft mit anderen Doktorfischarten. Ein „Klappmesser" beiderseits auf dem Schwanzstiel ist das namensgebende Kennzeichen und typisch für alle Arten der Unterfamilie Acanthurinae.

Acanthurus monroviae **Kapverden**

Westafrika-Doktorfisch

West African tang

L: Bis 30 cm. V: Marokko bis Angola. Kapverden, São Tomé. T: 20 - 200 m. A: Lebt küstennah über Felsgrund, auch in Flußmündungen und Lagunen. Wie auf den Fotos klar zu sehen ist, zeigt die Art zweifelsfrei den Sitz ihrer Verteidigungswaffen: Leuchtend gelbe Flecken betonen die „Klappmesser" auf dem Schwanzstiel. Sie liegen in Falten verborgen oder werden blitzschnell durch Biegen des Körpers ausgeklappt, um näherkommende Neugierige abzuschrecken. Siehe auch Seite 255.

Blauer Doktorfisch

Blue tang

Länge: 12 - 35 cm.
Verbreitung: In unserem Gebiet nur bekannt von Ascension. Westatlantik: New York bis Brasilien.
Tiefe: 3 - 25 m.
Allgemein: Körper blau, „Klappmesser" auf dem Schwanzstiel weiß oder gelb markiert. Jungtiere leuchtend gelb. Übergangsphase mit blauem Kopf und Körper, Schwanzflosse gelb. Körperform runder als bei anderen Doktorfischarten. Manchmal einzeln, häufiger in großen Gruppen über Riffen, um Algen abzuweiden. Oft mit *Acanthurus bahianus* assoziiert.

Acanthurus coeruleus **Westatlantik**

Biafra-Doktorfisch

Biafra surgeonfish

Länge: Bis 20 cm.
Verbreitung: Golf von Guinea bis Kongo.
Tiefe: 10 m.
Allgemein: Dies ist das erste publizierte UW-Foto dieser Art in ihrem natürlichen Lebensraum. Im Gegensatz zu *Acanthurus*-Arten haben *Prionurus*-Arten 3 bis 10 „Messer" beiderseits des Schwanzstiels, die feststehend und nicht einklappbar sind! *P. biafraensis* hat 3 pro Seite. *Prionurus*-Arten bevorzugen viel kältere Gewässer als die meisten ihrer Verwandten. Um so erstaunlicher ist es, daß *P. biafraensis* bei Temperaturen von bis zu 27 °C lebt! Alle Gattungsverwandten leben im Indo-Pazifik in Gewässern von nur bis zu 22 °C.

Prionurus biafraensis **São Tomé**

Siganus luridus **Ägäis, Türkei**

Brauner Kaninchenfisch

Dusky rabbitfish

Länge: Bis 25 cm.
Verbreitung: Östliches Mittelmeer. Westlicher Indik einschließlich Rotes Meer.
Tiefe: 2 - 18 m.
Allgemein: Flachwasserbewohner, in Gruppen über Sand und Algenboden. Die Art assoziiert sich oft mit anderen Fischarten. Kaninchenfische leben in Riffen und Lagunen in der gesamten indopazifischen Region und fressen Algen. Beide hier aufgeführten Arten kamen als „Lesseps'sche Immigranten" nach der Öffnung des Suez-Kanals (1869) aus dem Roten Meer ins Mittelmeer. Kaninchenfische haben ihren Namen nicht nur wegen der Ähnlichkeit ihres Maules mit dem eines Kaninchens, sondern auch wegen der andauernden „Mümmelbewegungen" desselben.

Siganus rivulatus **Chalkidiki, Griechenland**

Rotmeer-Kaninchenfisch

Red Sea rabbitfish

Länge: Bis 30 cm.
Verbreitung: Östliches Mittelmeer. Westlicher Indik: Rotes Meer und Golf von Aden.
Tiefe: 2 - 15 m.
Allgemein: Der Rotmeer-Kaninchenfisch ist ein „Lesseps'scher Immigrant" (siehe oben) aus dem Roten Meer. Er lebt über Felsen, Korallen und Sand. Manchmal sieht man Schulen von bis zu 100 Tieren. Die Art ernährt sich am Boden von Algen.

UNTERWASSERBALZ

Seepferdchen leben oft als monogame Paare zusammen. Die „Ehepartner" begrüßen sich jeden Morgen mit einem Tanz. Balz und Eiübertragung in die Bruttasche des Männchens erfolgen artspezifisch nach einem ritualisierten, streng aufeinander abgestimmten Verhaltensrepertoire. Das Männchen bewahrt seine Eier bis zum Schlüpfen in der Bruttasche auf, bevor die Jungtiere ins Freiwasser entlassen werden. Der Schutz der Nachkommenschaft im Bauch der Väter erhöht die Überlebenschance enorm und sichert so den Fortbestand der Art. Das Beobachten des Werbens eines fortpflanzungsbereiten Männchens und die Eiübertragung in die Bruttasche der Seepferdchen sowie das Schlüpfen der Jungfische gehören zu den atemberaubendsten Erlebnissen eines UW-Fotografen. Teile des Tanzes und der Eiübergabe von *Hippocampus guttulatus* werden hier gezeigt.

ALLE FOTOS: WERNER FIEDLER

Von den vier Langschnauzen-Seepferdchen *Hippocampus guttulatus* auf dem ersten Bild sind drei Männchen, deren Bauchtaschen aufgebläht sind. Das Tier links unten ist ein Weibchen. Das zweite Bild zeigt die Anfangsphase des Paarungstanzes, des sogenannten Karussellschwimmens, noch nahe am mit Algen bewachsenen Grund des Schwarzen Meeres, wo diese Fotos gemacht wurden. Nach ausreichender taktiler Reizung (Gegeneinanderpressen) gelingt es dem Weibchen schließlich auf dem Gipfel des Aufstiegs, etwa einen Meter über dem Grund, ihre Genitalpapille in die Öffnung der sich weitenden Bruttasche des Männchens einzuführen, um ihre Eier zu übergeben (drittes Bild).

NORBERT PROBST

Wenig ist über das Balzritual des Spitzkopf-Kugelfisches *Canthigaster rostrata* bekannt. Dieses Paar wurde bei Madeira fotografiert. Da adulte Kugelfische der Gattung Canthigaster über lange Zeit paarweise zusammenbleiben, ist eine Partnerfindung zu einer bestimmten Zeit oder in einer Paarungssaison nicht nötig. Vertraut wie sie miteinander sind, bedarf es vielleicht eher äußerer Reize wie Wassertemperatur oder Taglänge, um das Laichverhalten dieser kleinen, liebenswerten Gesellen auszulösen, die besonders bei UW-Fotografen beliebt sind. Sie haben keine Angst und folgen sogar unerschrocken Tauchern, immer vor dem Gefressenwerden durch ihr tödliches Tetrodotoxin-Gift geschützt. Beide Geschlechter unterscheiden sich bei Kugelfischen nicht, außer daß die Männchen etwas kleiner und farbenprächtiger sind. Sie sind Substrat-Laicher, die Eier kleben an felsigem Untergrund. Während der Befruchtung schwimmt das Paar dicht Seite an Seite. Die Balz mag einige Stunden dauern.

Der Große Barrakuda *Sphyraena barracuda* erreicht bis zu 180 cm Länge. Sein Verbreitungsgebiet umfaßt beide Seiten des Atlantiks. Im Ostatlantik reicht es von Madeira bis Nigeria und zu den ozeanischen Inseln (siehe auch Foto rechts von den St. Paul's Rocks). Er kommt von der Oberfläche bis in mindestens 100 m Tiefe vor. Jungtiere tendieren zum Schulen, große Individuen leben einzeln. Obwohl diese Art duch die Aufnahme von Mikroorganismen im Westatlantik toxisch (Ciguatera) sein kann, ist dergleichen aus dem Ostatlantik nicht bekannt. Ein Teil des Balzverhaltens von *S. barracuda* besteht aus dem Entblößen der Zähne und wirkt auf den tauchenden Betrachter eher bedrohlich.

DOUG PERRINE

BARRAKUDAS — SPHYRAENIDAE

Sphyraena viridensis — Costa Calida, Spanien

Sphyraena viridensis — Kanaren

Gebänderter Barrakuda

Striped barracuda

L: Bis 90 cm. V: Mittelmeer. Marokko bis Kapverden. Azoren, Madeira, Kanaren. T: 0 - 50 m. A: Diese Art ist lange mit dem Gewöhnlichen Barrakuda *S. sphyraena* verwechselt worden. *S. viridensis* hat deutliche Querbänder, der Hinterrand des Vorkiemendeckels ist schuppenlos. *S. sphyraena* hat nur schwache Bänder und erreicht eine größere Maximallänge von bis zu 160 cm. Wegen dieser Verwechslung ist die Verbreitung beider Arten zur Zeit nicht genau bekannt. In unserem Gebiet ist *S. viridensis* viel häufiger. Jungtiere bilden Schulen von bis zu mehreren Hundert Exemplaren. Große Tiere leben in kleinen Gruppen oder einzeln. Die furchterregenden Kiefer (kleines Foto) werden dazu benutzt, um schlüpfrige Beute (Fische, Kalmare) fest zu packen, nicht jedoch die Beine von Tauchern!

MEERÄSCHEN — MUGILIDAE

Mugil cephalus — Kanaren

Kurzkopf-Meeräsche

Narrowhead grey mullet

Länge: 30 - 45 cm.
Verbreitung: Marokko bis Senegal. Kanaren.
Tiefe: 15 - 70 m.
Allgemein: Kurzkopf-Meeräsche hat einen deutlichen gelben Fleck an der Kopfseite. Man weiß sehr wenig über Biologie und Verhalten dieser Tiefwasserart, im Gegensatz zu der sonst recht gut bekannten Familie der Meeräschen.

MEERÄSCHEN — MUGILIDAE

Kastenmaul-Meeräsche

Boxlip mullet

Länge: Bis 25 cm.
Verbreitung: Mittelmeer. Gibraltar bis Marokko. Madeira.
Tiefe: 0 - 25 m.
Allgemein: Die Art bildet Schulen wie alle Familienmitglieder. Die typischen feinen, goldbraunen Linien entlang des Körpers sind bei diesen ständig umherschwimmenden Fischen schwer auszumachen. Mit ihren dicken, kräftigen Lippen kratzen sie über jede Art von Substrat (Pflanzen, Fels, Schlamm) und nehmen wie ein Staubsauger die feine Schmutzschicht herunter. Die Arten der Familie sind unter Wasser schwer zu unterscheiden, sogar für einen Spezialisten auf dem Trockenen. Diese Art kommt mit Sicherheit bei Madeira vor, nicht jedoch bei den Azoren, dort schwimmt ausschließlich *Chelon labrosus*.

Oedalechilus labeo — **Korsika, Frankreich**

Oedalechilus labeo — **Toskanischer Archipel, Italien**

MAKRELEN UND THUNFISCHE — SCOMBRIDAE

Wahoo

Wahoo

Länge: 120 - 150 cm, max. 210 cm.
Verbreitung: Mittelmeer. Ozeanische Inseln. Weltweit in tropischen and subtropischen Gewässern.
Tiefe: 0 - 15 m.
Allgemein: Der Wahoo, ein extrem schneller und eleganter Schwimmer, von vielen Sportanglern gepriesen, lebt meist einzeln oder paarweise im offenen Wasser, wird aber auch über Riffen angetroffen. Neugierig nähert er sich Tauchern. Er frißt pelagische Fische und Kalmare.

Acanthocybium solandri — **Kapverden**

Auxis rochei Costa Calida, Spanien

Fregatten-Makrele

Bullet tuna

Länge: 15 - 45 cm.
Verbreitung: Mittelmeer, Schwarzes Meer. Marokko bis Angola. Kosmopolit in warmen Gewässern.
Tiefe: Von der Oberfläche bis in tiefes Wasser, mindestens bis 100 m.
Allgemein: Diese Makrele lebt küstennah, aber auch weit draußen im offenen Meer. Ihre Laichzeit variiert mit dem Verbreitungsgebiet (Mai bis September im Mittelmeer). 30.000 bis 100.000 Eier legt ein Weibchen, je nach Größe. Eine kommerziell genutzte, schulende Art.

Sarda sarda Kanaren

Sarda sarda Adria, Kroatien

Atlantischer Bonito

Atlantik Bonito

Länge: 40 - 90 cm.
Verbreitung: Mittelmeer, Schwarzes Meer. Nordsee bis Südafrika. Westatlantik.
Tiefe: 0 - 50 m.
Allgemein: Eine epipelagische, schulende Art, die auf dem Kontinentalschelf rund um den Atlantik vorkommt. Sie ist im ganzen Verbreitungsgebiet fischereilich enorm wichtig und wird im Mittelmeer und Schwarzen Meer mit verschiedenen Netztypen sowie mit Leine und Haken gefangen. Frißt kleine Schwarmfische, je nach Gebiet verschiedene Arten. Auch Kalmare und Garnelen. Jungtiere und Adulte sind Kannibalen. Alle echten Makrelen (im Gegensatz zu den Stachelmakrelen) und Thunfische können unter Wasser leicht an den zahlreichen kleinen Flösschen auf dem Schwanzstiel oben und unten vor der Schwanzflosse erkannt werden.

Die Atlantische Makrele ***Scomber scombrus*** (Länge bis 30 cm) kommt von Island bis ins Mittelmeer vor. Sie ist die häufigste Art der Familie im nordöstlichen Atlantik und von großer Bedeutung für die Fischerei-Industrie. ➤

Scomber japonicus Costa Calida, Spanien

Mittelmeer-Makrele

Chub mackerel

Länge: 30 - 50 cm.
Verbreitung: Mittelmeer, Schwarzes Meer. Nordsee bis Südafrika. Kosmopolit in warmen and gemäßigten Gewässern. Tiefe: 0 - 300 m.
Allgemein: Meist küstennah, pelagisch, saisonal in großen Schwärmen (von Fischen gleicher Länge) wandernd wie viele Arten der Familie. Die Schulen können auch Arten wie andere Scombriden, Stachelmakrelen und sogar Sardinen enthalten. Wirtschaftlich wichtig, wird unter anderem von Thunfischen, Haien und Pelikanen gefressen.

Scomberomorus cavalla Westatlantik

Königsmakrele

King mackerel

Länge: 30 - 170 cm.
Verbreitung: St. Paul's Rocks. Westatlantik von Massachusetts bis Brasilien.
Tiefe: Von der Oberfläche bis in tiefes Wasser, mindestens bis 100 m.
Allgemein: Seitenlinie knickt unter der zweiten Rückenflosse abrupt ab. Adulte silbrig ohne Flecken, Juvenile dunkel oder golden gefleckt. Meist einzeln oder in kleinen Gruppen in offenem Wasser, auch über Riffen. Neugierig, schwimmt Taucher wenigstens einmal an.

Scomberomorus commerson St. Helena

Spanische Makrele

Spanish mackerel

Länge: 90 - 220 cm.
Verbreitung: Östliches Mittelmeer (aus dem Roten Meer kommend). St. Helena. Weitverbreitet im Indo-Pazifik.
Tiefe: Von der Oberfläche bis in tiefes Wasser, mindestens bis 100 m.
Allgemein: Die Spanische Makrele ist ein schneller Jäger kleiner Schwarmfische wie Sardellen und Sardinen, auch kleiner Stachelmakrelen und Kalmare. Sie wird oft mit dem Wahoo verwechselt, hat aber eine kürzere Schnauze.

Siehe auch Seite 268
Thunnus thynnus ➤

Thunnus thynnus **Nova Scotia**

Atlantischer Thunfisch

Atlantik bluefin tuna

Länge: 200 - 300 cm.
Verbreitung: Mittelmeer, östliches Schwarzes Meer. Norwegen bis Marokko. Südafrika. Westatlantik und Nordpazifik.
Tiefe: Von der Oberfläche bis in tiefes Wasser, mindestens bis 100 m.
Allgemein: Eine große, wirtschaftlich sehr wichtige Art. Lebt meist ozeanisch, kommt aber auch in Küstennähe (siehe Foto-Story MATTANZA auf den Seiten 272 bis 275). Lebt in einem weiten Temperaturbereich. Bildet längensortierte Schulen und ist oft vergesellschaftet mit anderen Scombriden oder Stachelmakrelen. Frißt kleine Schwarmfische, wird selbst von Schwertwalen gejagt. Ein Weibchen von 300 kg kann in einer Saison bis zu 10 Millionen Eier produzieren! Siehe auch Ganzseitenfoto auf der vorherigen Seite 267.

Thunnus albacares **Madeira**

Gelbflossen-Thunfisch

Yellowfin tuna

Länge: 150 - 200 cm.
Verbreitung: Portugal bis Südafrika. Zirkumtropisch bis gemäßigte Gewässer aller Ozeane.
Tiefe: Von der Oberfläche bis in tiefes Wasser, mindestens bis 100 m.
Allgemein: Eine ozeanische Art, die über große Strecken wandert und einen breiten Temperaturbereich toleriert (18 - 31 °C). Meist in großen Schulen, manchmal auch einzeln. Diese Thunfischart ist in der Fischerei auf der ganzen Welt kommerziell sehr wichtig.

Rechte Seite: Bonito (*Katsuwonus pelamis*). Diese pelagische Art erreicht bis zu 100 cm Länge und wird von Tauchern nur selten gesehen. Zirkumtropisch und -subtropisch in allen Ozeanen. Kommt im westlichen Mittelmeer und von der Nordsee bis Südafrika vor.

Katsuwonus pelamis ➤

MAKRELEN UND THUNFISCHE SCOMBRIDAE

Thunnus alalunga **Kapverden**

Weißer Thunfisch

Albacore

Länge: Bis 140 cm.
Verbreitung: Mittelmeer. Britische Inseln bis Südafrika. Zirkumtropisch bis gemäßigte Gewässer aller Ozeane.
Tiefe: 0 - 400 m.
Allgemein: Im Gegensatz zum Gelbflossen-Thunfisch wandert der Weiße Thunfisch (weniger tolerant) eher innerhalb einer Wassermasse als über Temperatur- und Sauerstoffgehaltsgrenzen hinweg. Seine Vertikalwanderungen sind sehr eindrucksvoll: Man glaubt, daß die Tiere 600 m Tiefe erreichen. Ihre Schulen sind manchmal mit treibenden Objekten (auch Sargassum-Algen) assoziiert. Es gibt wichtige Fischereien auf den Weißen Thunfisch in Atlantik und Pazifik.

SPEERFISCHE ISTIOPHORIDAE

Makaira nigricans **Azoren**

Blauer Marlin

Atlantik blue marlin

Länge: Bis 500 cm (Weibchen, Gewicht 820 kg).
Verbreitung: Tropischer und subtropischer Atlantik. Nordspanien bis Südafrika. Nicht im Mittelmeer.
Tiefe: Von der Oberfläche bis direkt über die Temperatursprungschicht (Thermokline).
Allgemein: Der Blaue Marlin schwimmt schnell, ist epipelagisch, ozeanisch und wandert. Der starke und eindrucksvolle Fisch ernährt sich von anderen pelagischen Fischen (Thun), Krebsen und Kalmaren. Die scharf zugespitzte Schnauze wird vermutlich zum Beutefang eingesetzt. Weibchen werden größer, sehen aber sonst den Männchen gleich. Ein von Hochseeanglern gepriesener Fisch. Mehr über die Stärke des Marlins ist in Ernest „Papa" Hemingways „Der alte Mann und das Meer" nachzulesen.

Atlantischer Segelfisch

Atlantik sailfish

L: Bis 315 cm (56 kg). V: Westliches Mittelmeer. Biskaya bis Golf von Guinea. Manchmal bei St. Helena. Westatlantik. T: Oberfläche bis Thermokline. A: Frißt kleine Thune, Hornhechte, Fliegende Fische und Kalmare. Die spitze Schnauze dient wohl dem Beutefang. Die im Gegensatz zum Marlin hohe Rückenflosse mag bei engen Kurven oder Bremsmanövern hilfreich sein.

Istiophorus albicans **Westatlantik**

Indopazifischer Segelfisch

Indo-Pacific sailfish

Länge: Bis 360 cm. Verbreitung: Namibia bis Südafrika. Indo-Pazifik. Tiefe: Von der Oberfläche bis direkt über die Thermokline. Allgemein: Dieser eindrucksvolle Jäger des offenen Wassers kommt selten in die Nähe der Küste. Er wandert einzeln oder in kleinen Gruppen über große Distanzen und wächst schnell, 3 Jahre alte Fische werden mit 160 cm geschlechtsreif. Ein Tier von 230 cm wiegt rund 100 kg. Es gibt etwa 9 Arten der Familie in den warmen Gewässern aller Ozeane.

Istiophorus platypterus **Südafrika**

SCHWERTFISCHE XIPHIIDAE

Schwertfisch

Swordfish

L: Bis 445 cm (540 kg). V: Mittelmeer, Schwarzes Meer. Südnorwegen und Island bis Südafrika. Westatlantik. T: 1 - 800 m. A: Diagnostisch ist das abgeplattete „Schwert", den Adulten fehlen Schuppen und Zähne. Man hat die Art auf der Jagd in tiefe Unterwasser-Canyons schwimmen sehen. 1967 wurde die „Alvin" in 610 m Tiefe von einem 89 kg schweren Schwertfisch gerammt. Sie mußte auftauchen und trug den Fisch mit sich empor, dessen 76 cm langes „Schwert" noch im Rumpf des Tauchbootes steckte.

Xiphias gladius **Sardinien, Italien**

MATTANZA

Auf den italienischen Inseln Sizilien und Sardinien gibt es seit Jahrhunderten eine traditionelle Fischfangmethode, die gänzlich auf Hochseefische ausgerichtet ist. Insbesondere stellt man dem im Mittelmeer stark überfischten Riesenthunfisch *Thunnus thynnus* nach, der nicht nur den Atlantik zu seinen ausgedehnten Wanderungen nutzt. So entstanden noch im Juni 1997 spektakuläre Fotos vor der Südwestküste von Sardinien.

ALLE FOTOS: ELEONORA DE SABATA

Die Mattanza-Netze werden Ende April an den Küsten kleiner Inseln vor Sardinien rechtzeitig ausgelegt, bevor die den Fischern wohlbekannten Fortpflanzungswanderungen der Thunfische beginnen. Die Fallen sind in Labyrinthform angelegt, ein Irrgarten, aus dem es letztlich kein Entkommen gibt. Mehrere Kammern können mit kleineren Netzen verschlossen werden, bis man die Fische in die letzte „Kammer des Todes" getrieben hat. Bereits im Juni ist die Saison beendet.

Sind die Thunfische erst einmal im Netzlabyrinth, haben sie keine Chance, nach draußen zu gelangen. Obwohl sie mit ihrem kraftvollen Körper in der Lage wären, das Netz einfach zu durchstoßen, tun sie es nicht. Sie sehen die Netze wohl als feste Wände.
Die Fischer wissen allerdings genau, daß zum Saisonende viele Thunfische entkommen, weil der Fortpflanzungstrieb dann so groß ist, daß mächtige Einzeltiere über 300 kg Lebendgewicht die Netze durchbrechen. In ihrem Gefolge finden dann auch kleinere Thune den Weg ins offene Meer zurück.

Hat man genügend Thunfische in den Außennetzen, startet der Chef der Fischer die eigentliche Mattanza. Drei der vier Seiten der „Todeskammer“ sind mit Booten flankiert, während an der vierten Seite die Fischer das Netz anheben. Dabei wird das Volumen des Todesnetzes natürlich erheblich verringert. Nachdem das Netz so eng ist, daß ein viertes Boot die Lücke schließen kann, werden die erregten und um sich schlagenden Thunfische mit Haken aus dem Netz gezogen.
Früher war es den Fischern egal, in welchen Körperteil der Thunfische ihre Widerhaken einschlugen. Heute aber wünschen die japanischen Kunden, die 80 % des Fangs kaufen, daß die Fischer nur nach dem Kopf zielen, um nicht das immens teure Fleisch der Fische zu verunstalten. Die Mattanza ist nach einer halben Stunde beendet, und die Boote kehren in den Hafen zurück, wo die Fische schnell gewogen und vermessen werden. Bei der

fotografierten Mattanza wurden etwa 100 Thunfische gefangen, wovon der größte 340 kg wog.

Ein japanischer Inspektor schneidet vor Ort die Schwanzwurzel eines jeden Thunfisches auf und entscheidet am Fettgehalt des Fleisches (je fetter desto besser), welche Tiere er aufkauft. In einer nahegelegenen Fabrik werden die Eingeweide herausgenommen, wonach der ungeteilte Fisch schnell verpackt und über das italienische Festland direkt nach Japan geflogen wird. Dort liegt er dann drei Tage nach der Mattanza dem Kunden vor.... Vorbei sind längst die Zeiten, wo bei einzelnen Mattanzas regelmäßig über 700 Thune in die Netze gingen. Damals allerdings lediglich für den Eigenverbrauch und das benachbarte Europa gefangen.

Flügelbutt

Megrim

Länge: Bis 60 cm, meist etwa 20 bis 30 cm.
Verbreitung: Mittelmeer. Norwegen und Island bis Marokko.
Tiefe: Bis 700 m.
Allgemein: Der Flügelbutt lebt auf Weichböden (Sand und Schlamm). Als Räuber frißt er andere Fische und Kalmare. Die Augen der Steinbutte liegen auf der linken Körperseite. Von den sonst ähnlichen Linksaugenflundern unterscheiden sich diese Plattfische durch zwei gleichgroße Bauchflossen (die untere ist bei Linksaugenflundern stark reduziert) und eine Seitenlinie auch auf der Unterseite des Körpers (fehlt bei Linksaugenflundern).

Lepidorhombus whiffiagonis **Cornwall, England**

Phrynorhombus regius **Adria, Kroatien**

Blochs Butt

Bloch's topknot

Länge: Bis 20 cm.
Verbreitung: Mittelmeer. Britische Inseln bis Marokko.
Tiefe: 10 - 180 m.
Allgemein: Im Gegensatz zu den meisten anderen Plattfischen bevorzugt Blochs Butt Felsböden. Seine braune Grundfarbe mit den unregelmäßigen dunklen Flecken lassen ihn perfekt mit der Umgebung verschmelzen, so daß man ihn leicht übersieht.

Steinbutt

Turbot

L: Bis 100 cm, meist 40 - 50 cm. V: Mittelmeer, Schwarzes Meer. Island und Norwegen bis Marokko. T: Bis 100 m. A: Der Steinbutt ist eine der größten Plattfischarten. Er sieht einem großen, runden Essteller mit Schwanz nicht unähnlich. Die Haut ist schuppenlos, dafür sind aber große Knochentuberkel über den Körper verteilt. Die Art bevorzugt Sand- und Kiesböden. Männchen werden mit 3, Weibchen mit 4 bis 5 Jahren geschlechtsreif. Männchen werden bis zu 17, Weibchen bis zu 27 Jahre alt.

Psetta maxima **Firth of Forth, Schottland**

Fleckbutt

Topknot

L: Bis 25 cm. V: Von Norwegen bis zur Biskaya. T: 1 - 50 m. A: Die Rückenflosse dieser Art beginnt sehr weit vorne, direkt am Maul. Rücken- und Afterflosse setzen sich bis unter den Schwanz fort. Im Gegensatz zu den meisten anderen Plattfischen bevorzugt der Fleckbutt Felsböden. Seine braune Grundfarbe mit den unregelmäßigen dunklen Punkten und Flecken lassen ihn perfekt mit der Umgebung verschmelzen, so daß er leicht übersehen wird.

Zeugopterus punctatus **Moray Firth, Schottland**

Glattbutt

Brill

Länge: Bis 75 cm, meist 20 - 40 cm.
Verbreitung: Mittelmeer, Schwarzes Meer. Von Norwegen und Island südwärts bis Marokko.
Tiefe: Bis 125 m.
Allgemein: Der Glattbutt lebt auf Sandboden. Er frißt kleine Fische (Sandgrundeln) und bodenlebende Wirbellose. Männchen werden mit 3, Weibchen mit 4 bis 5 Jahren geschlechtsreif.

Scophthalmus rhombus **Isles of Scilly, England**

Bothus mellissi St. Helena

St. Helena-Butt

St. Helena flounder

L: Bis 21 cm. V: Nur bei Ascension und St. Helena. T: 5 - 100 m. A: Der St. Helena-Butt ist dem Pfauenbutt recht ähnlich, unterscheidet sich aber durch kleinere hellblaue Ringe und das Fehlen gebogener Flecken. Er lebt auf Sand- und Kiesböden. Die Weitaugenbutte haben ihre Augen auf der linken Körperseite. Von den sonst ähnlichen Steinbutten unterscheiden sie sich dadurch, daß die untere Bauchflosse stark reduziert ist (gleichgroß bei Steinbutten) und die Seitenlinie auf der Körperunterseite fehlt (vorhanden bei Steinbutten).

Bothus lunatus São Tomé

Pfauenbutt

Peacock flounder

Länge: Bis 45 cm.
Verbreitung: Golf von Guinea. Ascension. Westatlantik.
Tiefe: 1 - 20 m.
Allgemein: Der Pfauenbutt bevorzugt Sandböden und Seegraswiesen. Er verläßt sich auf seine perfekte Tarnung und bewegt sich nur, wenn man ganz nahe herankommt. Bevor er mit Wellenbewegungen seines Körpers davonschwimmt, hebt er seine lange Brustflosse.

Bothus podas Balearen, Spanien

Weitaugenbutt

Wide-eyed flounder

L: Bis 45 cm. V: Mittelmeer. Portugal bis Angola. Azoren bis Kanaren. T: 5 - 400 m. A: Lebt auf Sand- und Kiesböden, kann seine Farbe an die der Umgebung anpassen. Ist neugierig, schwimmt manchmal auf Taucher zu und folgt anderen Bodenfischen und sogar Seesternen oder Krabben (siehe S. 210 - 211). Kurioserweise haben Männchen einen größeren Augenabstand als Weibchen (siehe das Paar auf gegenüberliegender Seite). Niemand kennt den adaptiven Vorteil dieses Geschlechtsunterschiedes, der auch (in geringerem Maße) von anderen Arten der Gattung bekannt ist.

WEITAUGENBUTTE — BOTHIDAE

Arnoglossus laterna — Cornwall, England

Lammzunge

Scaldfish

Länge: Bis 20 cm.
Verbreitung: Mittelmeer. Norwegen bis Mauretanien.
Tiefe: Bis 400 m.
Allgemein: Die Lammzunge lebt nicht nur auf Schlammböden (ihrem bevorzugten Habitat), sondern auch auf Sand- und sogar Felsgrund. Sie frißt kleine Bodentiere wie Fische und Krebse. Diese Plattfischart laicht von April bis August.

FLUNDERN — PLEURONECTIDAE

Glyptocephalus cynoglossus — Isle of Man, Irische See

Hundszungenflunder

Witch

L: Bis 60 cm, aber selten länger als 40 cm. V: Norwegen und Island bis Nordspanien. T: Bis 500 m. A: Wie die meisten Plattfischarten lebt auch diese auf Weichböden. Sie ernährt sich nicht nur von Krebsen und Würmern, sondern auch von so stachliger Beute wie Schlangensternen. Laichzeit ist Mai bis September. Die Eier sind planktonisch. Jungtiere schlüpfen mit 4 - 6 mm Länge und verweilen oft über ein Jahr lang im Plankton, bevor sie zum Bodenleben wechseln; das ist vielleicht die längste planktonische Phase unserer Plattfischarten.

Hippoglossoides platessoides — Sognefjord, Norwegen

Doggerscharbe

Long rough dab

L: Bis 45 cm. V: Norwegen und Island bis zum Ärmelkanal. Westatlantik. T: 10 - 400 m. A: Die Doggerscharbe lebt auf Weichböden und frißt kleine Fische (Sandgrundeln) sowie Bodenwirbellose. Sie laicht von Januar bis Juni. Im Winter wandert sie in tieferes Wasser, um im Frühling ins Flache zurückzukehren. Ein 40 cm langes Weibchen produziert jährlich 250.000 bis 300.000 Eier. Die befruchteten Eier treiben nahe der Oberfläche. Im Westatlantik kann dieselbe Art 80 cm lang und 25 Jahre alt werden!

Heilbutt

Halibut

L: Bis 200 cm, aber meist 40 - 80 cm. V: Nordnorwegen und Island bis zur Biskaya. Westatlantik. T: 50 - 2000 m. A: Der Heilbutt ist die größte Plattfischart, er ereicht bis zu 110 kg Gewicht. Sehr große Fische werden auf ein Alter von 30 bis 35 Jahren geschätzt. Der gefräßige Räuber ernährt sich von anderen Fischen, großen Krebsen und Kalmaren. Er laicht von Dezember bis April bei Temperaturen von 5 bis 7 °C. Ein Weibchen von 90 kg kann über 2 Millionen Eier produzieren.

Hippoglossus hippoglossus **Lofoten, Norwegen**

Scholle

Plaice

Länge: Bis 100 cm, aber meist nur 30 - 40 cm.
Verbreitung: Westliches Mittelmeer. Nordnorwegen und Island bis Gibraltar.
Tiefe: 1 - 200 m.
Allgemein: Die Scholle ist ein typischer Plattfisch, und Taucher begegnen ihr häufig. Am einfachsten ist sie an der Färbung zu erkennen: Die braune Oberseite trägt viele auffällige orange Punkte. Wie die Flunder schwimmt sie oft ins Brackwasser. Sie frißt Muscheln und Borstenwürmer. Männchen werden 11 bis 12 Jahre alt, Weibchen bis zu 24 Jahre. Jungfische verleben ihr erstes Jahr in sehr flachem Wasser und sind in sandigen Gezeitentümpeln häufig anzutreffen. Sie wandern in ihrem zweiten Jahr mit etwa 15 cm Länge in tieferes Wasser ab.

Pleuronectes platessa **Ostsee, Deutschland**

Rotzunge

Lemon sole

Länge: Bis 40 cm.
Verbreitung: Von Nordnorwegen und Island südwärts bis zur Biskaya.
Tiefe: 20 - 200 m.
Allgemein: Trotz ihres Namens ist die Rotzunge nicht mit den echten Seezungen, die linksäugig sind, verwandt. Im Gegensatz zu den meisten Plattfischen bevorzugt diese Art Felsböden. Sie frißt hauptsächlich Borstenwürmer und laicht von April bis September.

Microstomus kitt Gullmarsfjord, Schweden

Limanda limanda Lofoten, Norwegen

Kliesche

Dab

Länge: Bis 35 cm.
Verbreitung: Von Nordnorwegen und Island südwärts bis zur Biskaya.
Tiefe: 2 - 100 m.
Allgemein: Die Kliesche kann an dem deutlichen Bogen in der Seitenlinie erkannt werden. Sie lebt auf Weichböden und frißt kleine Fische (Sandgrundeln) sowie Bodenwirbellose. Laichzeit ist von Januar bis August. Wenn man den Fisch berühren kann, was unter Wasser keinesfalls unmöglich ist, fühlt sich die Haut der Oberseite rauh an (Scholle und Flunder sind glatt).

FLUNDERN PLEURONECTIDAE

Flunder

Flounder

Länge: Bis 50 cm.
Verbreitung: Mittelmeer, Schwarzes Meer. Von Nordnorwegen südwärts bis Marokko.
Tiefe: 2 - 60 m.
Allgemein: Die Flunder lebt auf Sand- und Schlammböden. Sie dringt oft in Brackwasser ein und frißt Muscheln, Krebse und kleine Fische. Männchen werden mit 3, Weibchen mit 4 Jahren geschlechtsreif. Sie wachsen sehr schnell. Die Flunder laicht im Winter und Frühling. Männchen werden bis zu 7, Weibchen bis zu 9 Jahre alt.

Platichthys flesus **Färöer, Dänemark**

Platichthys flesus **Shetland-Inseln, Schottland**

SEEZUNGEN SOLEIDAE

Augenzunge

Four-eyed sole

Länge: Bis 20 cm.
Verbreitung: Mittelmeer. Portugal bis Mauretanien. Madeira, Kanaren.
Tiefe: 20 - 300 m.
Allgemein: Die Augenzunge lebt auf Sand- und Schlammböden, meist in der Nähe von Seegraswiesen. Sie ist unverkennbar durch ihr charakteristisches Farbmuster von gelbgerandeten dunklen Punkten. Man weiß nichts über die Biologie dieser attraktiven Art.

Microchirus ocellatus **Madeira**

Monochirus hispidus — Balearen, Spanien

Pelzige Seezunge

Whiskered sole

Länge: Bis 20 cm.
Verbreitung: Mittelmeer. Portugal bis Ghana.
Tiefe: 10 - 250 m.
Allgemein: Die Pelzige Seezunge lebt auf Sand- und Schlammböden. Über die Biologie dieser Art ist nicht viel mehr bekannt. Das Foto wurde während eines Nachttauchgangs gemacht. Der Fotograf hat die Art nie tagsüber an diesem Platz gesehen.

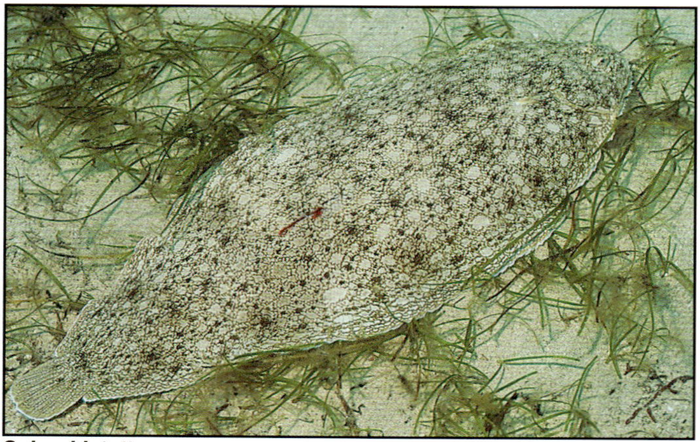

Solea kleinii — Kanaren

Sandzunge

Sand sole

Länge: Bis 40 cm.
Verbreitung: Mittelmeer. Schottland bis Südafrika.
Tiefe: 1 - 350 m.
Allgemein: Die Sandzunge lebt auf Sand- oder Kiesböden und nahe Seegraswiesen. Jungtiere schwimmen gelegentlich ins Brackwasser. Dieser Plattfisch frißt hauptsächlich Muscheln, aber auch kleine Krebse und Würmer. Er laicht im Frühling und Sommer. Männchen leben bis zu 9, Weibchen bis zu 14 Jahre.

Microchirus azevia — Kanaren

Senegal-Seezunge

Senegal sole

Länge: Bis 60 cm.
Verbreitung: Westliches Mittelmeer. Golf von Gascogne bis Senegal.
Tiefe: 1 - 100 m.
Allgemein: Die Senegal-Seezunge lebt auf Sand- sowie Schlammböden und geht auch ins Brackwasser. Sie wird mit 25 cm Länge geschlechtsreif und laicht im Frühling oder Sommer. Meist ernährt sie sich von Borstenwürmern, frißt aber auch kleine Krebse und Muscheln.

SEEZUNGEN — SOLEIDAE

Gewöhnliche Seezunge

Common sole

L: Bis 70 cm. V: Mittelmeer. Norwegen bis Senegal. T: 1 - 200 m. A: Wie die meisten Plattfischarten lebt die Gewöhnliche Seezunge auf Sand- und Schlammböden. Jungtiere finden sich oft in Ästuaren und Brackwasser. Die Seezunge erreicht ihre Geschlechtsreife bei einer Länge von 25 cm (3 Jahre) und laicht meist von Dezember bis März. Sie frißt hauptsächlich Borstenwürmer, aber auch kleine Krebse und Muscheln. Die Männchen werden bis 24, die Weibchen bis 27 Jahre alt. Auf der Oberseite des Tieres im Foto sitzen parasitische Egel.

Solea solea — **Grevelinger Meer, Niederlande**

HUNDSZUNGEN — CYNOGLOSSIDAE

Gitter-Hundszunge

Black-tailed tonguesole

Länge: Bis 12 cm.
Verbreitung: Biskaya bis Angola. Azoren, Kanaren.
Tiefe: 15 - 1000 m.
Allgemein: Die Gitter-Hundszunge ist an der schwarzen Gitterzeichnung zu erkennen. Nachts krabbelt sie mit einer merkwürdigen Zugbewegung ihrer Rücken- und Afterflossenstrahlen über Felsgrund.

Symphurus nigrescens — **Azoren**

Netz-Hundszunge

Reticulated tonguesole

Länge: Bis 10 cm.
Verbreitung: Zur Zeit nur von Madeira und St. Helena bekannt.
Tiefe: 1 - 15 m.
Allgemein: Ein Streifenmuster in der Form eines X oder Y ist charakteristisch für die Netz-Hundszunge. Man sieht sie nur nachts auf Sandböden. Tagsüber liegt sie eingegraben im Sand.

Symphurus reticulatus — **Madeira**

IN DIE NESSELN GESETZT

Quallen, Feuerkorallen und viele Meeresanemonen sind dafür bekannt, daß sie schmerzhafte Vernesselungen produzieren, wenn sie in Kontakt mit der Haut eines Schwimmers geraten. Kleine Zellen, die man „Cnidocyten" nennt, gaben der Gruppe, zu der diese Tiere gehören, den Namen „Cnidaria". Wird ein Teil des Nesseltieres berührt, stoßen die Zellen ein peitschenähnliches Filament aus, das schnell in die Haut z. B. eines Schnorchlers eindringt und eine heftige Verbrennung hervorruft. Auf gleiche Weise fangen Nesseltiere auch ihre Beute oder verteidigen sich gegen Feinde. Fast alle Bewohner der Meere - so auch des Atlantiks - sind deshalb bemüht, Kontakt mit ihnen zu vermeiden.

HELMUT DEBELIUS

1. Der einzige Anemonenfisch im Mittelmeer und Ostatlantik: Den Namen Anemonengrundel trägt *Gobius bucchichi* zurecht. Wann immer man sie antrifft, sitzt sie vor der Mittelmeer-Wachsrose *Anemonia sulcata,* einer stark nesselnden Anemone. Dabei berührt sie deren Tentakel, ohne selbst genesselt zu werden. Wie bei den Clownfischen aus dem Indopazifik ist ihre Haut vom Nesselgift geschützt.

JOHN NEUSCWANDER

2. Wie Meeresanemonen besitzen auch die Quallen ein mehr oder minder starkes Nesselgift und werden daher von anderen Meeresbewohnern gemieden. Nur wenige Spezialisten sind imstande, sich die Wehrhaftigkeit der Quallen zu Nutze zu machen. Die häufigste derartige Vergesellschaftung im Mittelmeer sind junge Bastardmakrelen *Trachurus trachurus,* die im Schutze von Quallen schwimmen, hier im Bild mit der Kompaßqualle *Chrysaora hyoscella.* Werden die Fische größer, verlassen sie die Qualle und schwimmen in großen Schwärmen, die ebenfalls Schutz vor Raubfeinden bilden.

THOMAS DELLINGER

3. Der Medusenfresser schwimmt sogar mit der äußerst stark nesselnden Portugiesischen Galeere *Physalia physalis*. Diese Staatsqualle, deren Arme bis zu 50 m lang werden können, ist sogar für den Menschen gefährlich. Das Foto zeigt ein Jungtier. In diesem Stadium knabbert der Fisch gelegentlich an der Meduse, während er als Erwachsener, wie der Name schon sagt, gleich ganze Medusen verzehrt.

4. Ein seltenes Dokument vor der Küste Norwegens aufgenommen: Die Fjord-Spinnenkrabbe *Lithodes maja* erhält von der Anemone *Bolocera tuedidae* auf ihrem Rücken perfekten Schutz vor Angreifern wie Kraken und großen Fischen. Sogar die kleine Garnele in der Nähe der Tentakeln fühlt sich durch die auch ihr bekannte Nesselkraft geschützt.

FLORIAN GRANER

Balistes carolinensis Costa Calida, Spanien

Balistes carolinensis Azoren

Mittelmeer-Drückerfisch

Grey triggerfish

Länge: Bis 60 cm.
Verbreitung: Mittelmeer, Schwarzes Meer (selten). Britische Inseln bis Angola. Azoren, Madeira, Kanaren, Kapverden. Westatlantik.
Tiefe: 10 - 100 m.
Allgemein: Der Mittelmeer-Drückerfisch ist die häufigste Art der Familie in unserem Gebiet. Er lebt meist einzeln oder paarweise über Felsboden (siehe nächste Seite, Foto von La Gomera, Kanaren). Jungtiere leben in Sargassum-Tang und haben noch nicht verlängerte Schwanzflossenspitzen wie die Adulten. Laichzeit ist im Sommer, wenn das Weibchen die Eier in eine flache Mulde im Sand legt und sie bewacht (Foto ganz unten). Bei anderen Drückerfischarten, die in tropischen Gewässern weit verbreitet sind, bewacht und verteidigt immer das Männchen Eimasse und Nest. Schon viele Taucher sind vor dem Angriff eines zukünftigen Vaters zurückgeschreckt! *B. carolinensis* frißt Weichtiere, Krebse, Würmer und Stachelhäuter.
Die erste Rückenflosse der Drücker- und Feilenfische hat einen speziellen Mechanismus: Die ersten drei Hartstrahlen sind durch eine Haut verbunden. Der erste Strahl ist viel kräftiger und größer als die anderen, vorne rauh, hinten glatt, mit einer Furche an der Basis. Wenn der erste Strahl aufgerichtet wird, zieht die Haut die anderen beiden nach, so daß der zweite Strahl in die Furche des ersten greift und diesen dadurch in der aufrechten Position arretiert. Zweck des ganzen ist, daß der Fisch sich in einem Versteck (eine Fels- oder Korallenhöhle) verkeilen und nicht von einem Angreifer von hinten herausgezogen werden kann.

Balistes punctatus **Kapverden**

Gepunkteter Drückerfisch

Spotted triggerfish

Länge: Bis 50 cm.
Verbreitung: Marokko bis Angola. Madeira, Kanaren, Kapverden.
Tiefe: Meist 1 - 50 m, auch bis 200 m.
Allgemein: Der Gepunktete Drückerfisch lebt küstennah über Sand- und Felsboden. Er frißt Krabben und Muscheln. Nichts ist über die Vermehrung dieser Art bekannt, die eine lebhafte Färbung mit vielen Punkten zeigt.

Balistes vetula **Azoren**

Königin-Drückerfisch

Queen triggerfish

Länge: Bis 60 cm.
Verbreitung: Azoren, Kapverden, Ascension. Westatlantik.
Tiefe: 1 - 275 m.
Allgemein: Adult mit verlängerten Rücken- und Schwanzflossenspitzen. Zwei blaue Streifen quer über der Schnauze. Schmale schwarze Linien strahlen vom Auge aus. Die Färbung kann dramatisch verblassen oder nachdunkeln. Auf Riffen, Kies und in Seegras. Frißt Seeigel. Scheu.

Melichthys niger **Ascension**

Schwarzer Drückerfisch

Black durgon

Länge: Bis 35 cm.
Verbreitung: Kapverden, Ascension, St. Helena, St. Paul's Rocks. Zirkumtropisch.
Tiefe: 1 - 60 m.
Allgemein: Grünlich-schwarz, hellblaue Streifen an Rücken- und Afterflossen. Meist 1 m über dem Boden, auch im Freiwasser. Frißt meist Algen, aber auch Plankton. Folgt Tauchern, beißt in Luftblasen. Extrem häufig bei Ascension und den St. Paul's Rocks, siehe auch S. 261.

DRÜCKERFISCHE BALISTIDAE

Ozean-Drückerfisch

Ocean triggerfish

Länge: Bis 55 cm.
Verbreitung: Kapverden, Ascension, St. Helena, St. Paul's Rocks. Westatlantik.
Tiefe: 5 - 40 m.
Allgemein: Körper länglicher als bei anderen Drückerfischarten. Grau mit schwarzem Fleck an der Brustflossenbasis. Schwimmt einzeln im Freiwasser (selten in kleinen Gruppen, siehe Foto rechts!), manchmal von *Melichthys niger* begleitet. Frißt hauptsächlich Großplankton. Scheu.

Canthidermis sufflamen **Kapverden**

FEILENFISCHE MONACANTHIDAE

Schrift-Feilenfisch

Scribbled filefish

Länge: Bis 90 cm.
Verbreitung: Kanaren (nur bei den westlichen Inseln) bis Ascension und St. Paul's Rocks. Tropischer Westatlantik.
Tiefe: 2 - 50 m.
Allgemein: Diese größte Feilenfischart hat einen länglichen Körper mit besenartigem Schwanz. Schwimmt einzeln oder paarweise über Felsriffen, oft kopfunter. Scheu. Frißt Hydrozoen, Gorgonarien, Algen, Seegras und Manteltiere. Feilenfischschuppen haben kleine Stacheln und sind rauh wie eine Feile.

Aluterus scriptus **Kapverden**

Stephanolepis hispidus **Kanaren**

Brauner Feilenfisch

Brown filefish

Länge: Bis 25 cm.
Verbreitung: Angola bis Marokko. Azoren, Madeira, Kanaren, Kapverden. Tropischer Westatlantik von Neu-England bis Brasilien.
Tiefe: 5 - 50 m.
Allgemein: Lebt bodennah auf Felsgrund, ist bei Madeira, den Kanaren und Kapverden häufig und leicht zu erkennen. Schwimmt (Foto ganz oben). Der erste Rückenflossenstrahl der Männchen ist verlängert. Die Färbung variiert (siehe mittleres Foto, Kapverden). Einzige Art der Gattung in unserem Gebiet.

Stephanolepis hispidus **Kapverden**

Aluterus monoceros **St. Helena**

Einhorn-Feilenfisch

Unicorn filefish

Länge: Bis 75 cm.
Verbreitung: St. Helena. Entlang der Atlantikküste Südamerikas.
Tiefe: 1 - 10 m.
Allgemein: Länglicher, silberner Körper. Manchmal küstennah bei Steilabfällen. Schwimmt meist einzeln oder paarweise, manchmal auch in Gruppen von 5 oder 6 Tieren.

FEILENFISCHE MONACANTHIDAE

Schlußlicht-Feilenfisch
Tail-light filefish
L: Bis 20 cm. D: São Tomé, Golf von Guinea. Westatlantik. T: 10 - 50 m. A: Lebt bodennah im Flachwasser. Oft in kleinen Gruppen anzutreffen. Der braune Körper ist mit zahlreichen orangen Flecken geschmückt, die mehr oder weniger in Reihen angeordnet sind. Oben auf der Schwanzwurzel sitzt ein weißer Fleck (Name), manchmal ein weiterer darunter. Der Kopf zeigt ein dichtes Muster feiner, unregelmäßiger Linien. Scheu, versteckt sich vor Tauchern zwischen Korallen oder in Löchern.

Cantherines pullus São Tomé

KOFFERFISCHE OSTRACIDAE

Insel-Kofferfisch
Island boxfish
Länge: Bis 25 cm.
Verbreitung: Azoren, Ascension, St. Helena. Ghana bis Angola.
Tiefe: 3 - 25 m.
Allgemein: Der Körper der Kofferfische ist in einen Panzer (Carapax) aus verschmolzenen Knochenplatten gehüllt. Diese Art ist gelblich und trägt einen spitzen Rückenfortsatz. Jede Knochenplatte zeigt eine, oft unvollständige, sechseckige Zeichnung. Der langsame Schwimmer lebt meist in oder bei Fels- und Korallenriffen.

Acanthostracion notacanthus St. Helena

KUGELFISCHE TETRAODONTIDAE

St. Helena-Kugelfisch
St. Helena puffer
Länge: Bis 10 cm.
Verbreitung: Nur bekannt von Ascension und St. Helena.
Tiefe: 1 - 50 m.
Allgemein: Der St. Helena-Kugelfisch ist mäßig häufig über Fels und Kies. Er zeigt ein typisches Muster hellblauer Tupfen. Adulte schwimmen oft paarweise. Die Art ist sehr zutraulich und zeigt vor Tauchern keine Angst. Über ihre Biologie ist nichts bekannt.

Canthigaster sanctaehelenae Ascension

Canthigaster rostrata Kanaren

Spitzkopf-Kugelfisch

Sharpnose puffer

Länge: Bis 11 cm.
Verbreitung: Portugal bis Angola. Madeira, Kanaren, Kapverden. Kürzlich auch bei den Azoren gefunden. Westatlantik.
Tiefe: 1 - 40 m.
Allgemein: Der Spitzkopf-Kugelfisch lebt an Felsküsten, in Riffen und Seegraswiesen. Kopf und Körper sind bräunlich-gelb und mit hellblauen Punkten und Linien überzogen. Letztere strahlen arttypisch von den leuchtend orangen Augen aus. Ein neugieriger kleiner Fisch, der manchmal Tauchern folgt. Er frißt viele verschiedene Bodenwirbellose; manchmal sieht man ihn auch die Spitzen von Seegras abfressen. Ist relativ zutraulich und erlaubt Tauchern eine langsame, dichte Annäherung. Muskulatur und Organe (Leber, Gonaden) von Kugelfischen und ihren Verwandten können tödlich giftig sein, je nach Sexualreife und damit der Saison, in der sie gefangen werden. Der Verzehr ist deshalb ein gefährliches Spiel um Tod oder Leben!

Sphoeroides marmoratus Kanaren

Brauner Kugelfisch

Brown puffer

L: Bis 20 cm. V: Portugal bis Angola. Azoren, Madeira, Kanaren, Kapverden.
T: 3 - 90 m. A: Lebt über Fels- und Sandböden. *S. spengleri* ist ein naher, aber deutlich verschiedener Verwandter aus dem Westatlantik.

Netz-Igelfisch

Spotfin burrfish

Länge: Bis 60 cm.
Verbreitung: Portugal bis Angola. Ozeanische Inseln. Westatlantik.
Tiefe: 5 - 60 m.
Allgemein: Ein friedlicher Fisch, der nicht schnell schwimmen kann. Wie die Kugel- können auch die Igelfische ihren Körper mit Wasser (oder auf dem Trockenen mit Luft) aufblasen. So kann ein Räuber die großen, stachligen Fische kaum oder gar nicht mehr verschlucken.

Chilomycterus reticulatus **Kanaren**

Langstachel-Igelfisch

Balloonfish

L: Bis 30 cm. V: Senegal bis Angola. Oz. Ins. Tropischer Westatlantik. T: 5 - 50 m. A: Lebt über Fels- und Sandböden, in Riffen, Mangrovengebieten und Seegraswiesen. Schwimmt langsam am Boden, selten in kleinen Gruppen. Scheu, bläst sich bei Störung auf.

Diodon holacanthus **Kapverden**

Gewöhnlicher Igelfisch

Porcupinefish

Länge: Bis 90 cm.
Verbreitung: Marokko bis Südafrika. Azoren, Madeira, Kanaren, Kapverden, St. Paul's Rocks. Tropischer Westatlantik.
Tiefe: 5 - 50 m.
Allgemein: Der Gewöhnliche Igelfisch zieht sich bei Annäherung in Höhlen zurück, von wo er mit großen Augen aufmerksam die Umgebung beobachtet. Körper und Flossen sind mit kleinen dunklen Punkten bedeckt. Seine langen Stacheln sind erst zu sehen, wenn sich der Fisch aufbläst. Frißt Krebse und Weichtiere.

Diodon hystrix **São Tomé**

Mola mola **Costa Calida, Spanien**

Rundschwanz-Mondfisch

Ocean sunfish

Länge: Bis 330 cm (1900 kg), meist kleiner.
Verbreitung: Mittelmeer. Norwegen bis Südafrika. Ozeanische Inseln. Warme und gemäßigte Zonen aller Ozeane.
Tiefe: 0 - 360 m.
Allgemein: Der merkwürdige Rundschwanz-Mondfisch treibt oft direkt unter der Oberfläche und kann sogar beim Schnorcheln beobachtet werden. An den Kontinentalküsten selten, ist er um die ozeanischen Inseln häufiger. Er frißt Quallen, Algen, Schlangensterne, Aallarven und andere Fische. Das lateinische Wort mola bedeutet Mühlstein.

Masturus lanceolatus **Madeira**

Spitzschwanz-Mondfisch

Sharp-tailed sunfish

Länge: Bis 340 cm (2000 kg), meist kleiner.
Verbreitung: Senegal bis Südafrika. Azoren, Kanaren. Warme und gemäßigte Zonen aller Ozeane.
Tiefe: 0 - 300 m.
Allgemein: Diese pelagische Art ist viel seltener als *Mola mola* und kann an der zugespitzten Pseudo-Schwanzflosse erkannt werden. Mondfische durchlaufen drei Larvenstadien (kleines Foto unten), die von den Adulten sehr verschieden sind. Die zu Platten verschmolzenen Zähne belegen die Verwandschaft zu Kugelfischen.

EXPEDITION IN DEN ATLANTIK

1979 besuchte eine Expedition der Universität Cambridge unter Leitung von Dr. Roger Lubbock die St. Paul's Rocks. Eine kleine Gruppe unbewohnter Inseln im Mittelatlantik, knapp über dem Äquator, die zu Brasilien gehören. Ihr Ziel war eine Sammlung der dortigen Flora und Fauna (über und unter Wasser) und ein biogeografischer Vergleich zu anderen bekannten Tieren und Pflanzen im Atlantik. Weiter galt es, die große Hai-Population um die Inseln zu studieren. Über die Erkenntnisse berichtet ein Expeditionsmitglied:

„Wir stechen von Gibraltar aus in See, auf den Atlantik hinaus, und passieren unterwegs die Kanaren und Kapverden. Schon hier sammeln wir Fische, Hart- und Weichkorallen, fotografieren während mehrerer Tauchgänge Unterwassertiere und -pflanzen. Die Überfahrt nach St. Paul's, nahezu 1000 nautische Meilen, dauert lange, da unser Schiff durchschnittlich nur 3,5 Knoten macht. Am zweiten Tag taucht eine Schule Wale auf, kurz danach ein Ozeanischer Weißspitzenhai *Carcharhinus longimanus*

ALLE FOTOS: ROGER LUBBOCK

in Begleitung einiger Regenbogenrenner. Die Tage vergehen langsam, die Zeit wird für Checks und Vorbereitungen der Ausrüstung für die Arbeit bei den St. Paul's Rocks verwendet. In der Nacht des 15. September fahren wir offensichtlich nur 6 Meilen an den Rocks vorbei und erwachen, um uns

30 Meilen südwestlich davon wiederzufinden. Wir müssen beide Maschinen einsetzen, um gegen 6 Windstärken und den Äquatorialstrom anzukämpfen, zurück zu den Rocks. Am Nachmittag kommt St. Paul's endlich in Sicht, und wir finden uns plötzlich im geschützten, ruhigen Wasser im Lee der Rocks und können kaum glauben, daß so wenig Land so viel Schutz bieten kann.

STEVE DROGIN

Am ersten kompletten Tag bei St. Paul's stehen wir alle vor Sonnenaufgang auf. Alasdair Edwards und Roger Lubbock bereiten sich aufs Tauchen vor. Jeder hat einen Powerhead, einen Explosiv-Haistock, bei sich. Mit einem Boot fahren wir zu dem Kliff unterhalb des unbenutzten Leuchtturms und rollen uns über Bord. Das Wasser ist tiefblau und wunderbar klar, das Kliff, das wir erst in 50 m Tiefe verschwinden sehen, ist von einem hohen Teppich grüner Algen überzogen, die langsam mit der Dünung schwingen.

Wir sind nicht allein. Etwa 20 Galapagoshaie *Carcharhinus galapagensis* und einige große Barrakudas kreisen durcheinander und drücken irritierendes Interesse an unserem Erscheinen aus. Mit dem Rücken zum Kliff tauchen wir ab. Die Haie bleiben bei ihrer unaggressiven Beobachtungspolitik, während wir anfangen, die bei St. Paul's vorkommenden Fischarten zu notieren, wobei wir immer mit einem Auge über die Schulter nach hinten sehen. Roger möchte nachts im Haikäfig hinunter, um das nächtliche Treiben der Haie beobachten und fotografieren zu können. Nachts brodelt das Wasser um unser Schiff von Galapagoshaien, die Fliegende Fische jagen. Unglücklicherweise ist der Käfig zum Schutz vor großen Haien gebaut, und einem ein Meter langen Hai gelingt es, sich mit angelegten Brustflossen zwischen den Gitterstäben in den Käfig zu quetschen. Roger wird von den Füßen gerissen, und die Kamera wird heftig getroffen, als der Hai zu entkommen versucht. Sogar dem Nachttauchgang nur zuzusehen, ist nicht gefahrlos, und einige Zuschauer werden an Kopf und Körper von Fliegenden Fischen getroffen. Einige dieser Geschosse springen auf der Flucht vor den Haien fast zwei Meter hoch aus dem Wasser.

AL EDWARDS

Neben diesen Räubern gibt es bei den Rocks eine große Population von Mantarochen. Jeder Manta hat zwei Schiffshalter an seinem Kopf. Oft sieht man neun Rochen gleichzeitig. Wir werden nicht müde, mit diesen riesigen, majestätischen und harmlosen Kreaturen zu tauchen, die uns erlauben, nahe an sie heranzukommen. Währenddessen bewundern unsere Wissenschaftler an Land die Zahmheit der Tölpel und Seeschwalben. Sie sieben Boden und Nistmaterial nach Insekten und Spinnentieren durch, studieren das Verhalten der Fische in den Felstümpeln. Eine der Fischarten bewacht eifersüchtig kleine Algenfarmen, von denen sie sich ernährt. Jeder Tag ist hektische Arbeit von der Morgendämmerung bis in die späten Nachtstunden, da wir versuchen, so viel Nutzen aus unserem kurzen Aufenthalt bei den Rocks zu ziehen wie möglich.

Die ersten zwei Tage bei den Rocks bleiben die Haie interessiert und umgeben uns bei jedem Tauchgang. Einige Fische müssen geopfert werden, wenn die Haie erregt sind, und es wird einen Moment lang unangenehm, als plötzlich einige sehr nahe herankommen und wir einen in Selbstverteidigung fast erschießen müssen. Wir haben jedoch nie wirklich einen ernstgemeinten Schuß abgegeben. Die eine Tatsache, über die sich alle Besucher der Rocks (von 1799 bis 1955 und 1976) einig waren, ist die große Zahl der Galapagoshaie, doch hat sich ihre Population in den vergangenen 25 Jahren zweifellos verringert. Zwei oder drei brasilianische Fischereischiffe sind in den letzten Jahren jährlich zu den St. Paul's Rocks gefahren, um Haie zu fangen. Neben *C. galapagensis* wurden von uns zwei weitere Haiarten beobachtet, der Makohai *Isurus oxyrinchus* und der Walhai *Rhincodon typus,* ein Jungtier von etwa 5 m Länge.

Die St. Paul's Rocks haben die am wenigsten diverse Fisch- und Korallenfauna aller tropischer Inseln der Welt. Wir registrierten nur 35 Küstenfischarten und nur 48 Fischarten überhaupt. Vor unserem Besuch bei diesen isolierten Inseln sind nur 9 Fischarten von Wissenschaftlern verzeichnet worden. Eine Riffbarsch-Art (später als *Stegastes sanctipauli* beschrieben und hier seitlich auf dem Foto zu sehen) und ein tieflebender Falterfisch (später als *Chaetodon obliquus* beschrieben) sind neu für die Wissenschaft. Die meisten der vorgefundenen Küstenfischarten sind im tropischen Westatlantik weit verbreitet. So scheinen die St. Paul's Rocks primär im Einflußbereich der westatlantischen Region zu liegen, ohne Verbindung zur ostatlantischen Region und nur mit begrenztem Austausch mit Ascension und St. Helena. Da der Südäquatorialstrom Oberflächenwasser aus dem Golf von Guinea, der Gegend um die Kapverden und von Sierra Leone zu den St. Paul's Rocks führt, ist es um so erstaunlicher, daß keine Fischarten aus der westafrikanischen Faunenprovinz dort siedeln."

1980 verunglückte der Expeditionsleiter Roger Lubbock bei einem Verkehrsunfall tödlich. Es ist auch ein Ziel dieses Buches, an seine hervorragende Arbeit als Ichthyologe zu erinnern.

Die Suche geht weiter......

WISSENSCHAFTLICHE NAMEN

POPULÄRNAMEN

LITERATURVERZEICHNIS

Allen, G. R. (1985) Butterfly and Angelfishes. Aquarium Systems, Mentor, Ohio.
Bellemans, M. et al. (1988) Guide des ressources halieutiques du Sénegal et de la Gambie. FAO, Rome.
Bianchi, G. (1984) Guide des ressources halieutiques de l´Atlantique Marocain. FAO, Rome.
Bianchi, G. (1993) The living marine resources of Namibia. FAO, Rome.
Branch, G. M. et al. (1994) Two Oceans - A guide to the marine life of Southern Africa. David Philip, Claremont.
Brito, A. (1991) Catálogo de los Peces de las Islas Canarias. Lemus, St. Cruz de Tenerife.
Bauchot, M.-L. & Pras, A. (1980) Guide des Poissons Marins d`Europe. Delachaux & Niestlé, Lausanne.
Bauchot, M.-L. et al. (1987) Méditerranée et mer noire.Vol. II, Vertebres, FAO, Rome.
Collette, B. B. & Nauen, C. E. (1983) Scombrids of the World. FAO Species Catalogue Vol 2.
Compagno, L. J. V. (1984) Sharks of the world. FAO Species Catalogue Vol 4/1+2.
Compagno, L. J. V. et al. (1989) Guide to the sharks and rays of Southern Africa. New Holland Publishers, London.
Debelius, H. (1994) Marine Atlas. Tetra Press, Blacksburg
Debelius, H. (1996) Fischführer Indischer Ozean, 2.Edition. UW-Archiv-Ikan, Frankfurt
Dipper, F. (1987) British Sea Fishes. Underwater World Publications, London.
Edwards, A. (1990) Fish and Fisheries of Saint Helena Island. Gov. St. Helena.
Fiedler, W. (1995) Einheimische Wildfische. Tetra, Melle.
Fricke, R. (1987) Deutsche Meeresfische. Jugendbund für Naturbeobachtung, Hamburg.
Goldschmid, A. (1996) Das Mittelmeer. Aquatica, Salzburg.
González, J. J. et al. Peces de Canarias. Lemus, Santa Cruz de Tenerife.
Göthel, H. (1997) Farbatlas Mittelmeerfauna. Ulmer Verlag, Stuttgart.
Heemstra, P. C. & Randall, J. E. (1993) Groupers of the World. FAO Species Cat. Vol 16.
Humann, P. (1996) Reef fish identification Florida Caribbean Bahamas, 2.Edition. New World Publications, Jacksonville.
Lythgoe, J. & G. (1974) Meeresfische. BLV, München.
Pastor, X. (1991) Greenpeace: The Mediterranean. Collins & Brown, London.
Patzner, R. & Moosleitner, H. (1995) Unterwasserführer Mittelmeer Fische. Delius Klasing, Bielefeld.
Quéro, J. et al. (1990) Check-list of the fishes of the eastern tropical Atlantic. 3 volumes. UNESCO/ JNICT, Lisbon.
Reiner, F. (1996) Catálogo dos peixes do arquipélago de Cabo Verde. Pub. Avulsas do IPIMAR 2, Lisbon.
Schneider, W. (1990) Field guide to the commercial marine resources of the Gulf of Guinea. FAO, Rome.
Scott, W. B. & M. G. (1988) Atlantic Fishes of Canada. Can.Bull.Fish.Aquat. Sci. 219: 731 p.
Smith, M. M. & Heemstra, P. C. (1986) Smiths´ Sea Fishes. Springer, Berlin.
Steuben, K. S. & Krefft, G. (1978) Die Haie der sieben Meere. Parey, Hamburg.
Vilcinskas, A. (1996) Meeresfische Europas. Weltbild Verlag, Augsburg.
Weinberg, S. (1994) Decouvrier l´Atlantique. Nathan, Paris.
Wheeler, A. (1969) The fishes of the British Isles and North West Europe. Macmillan, London.
Whitehead, P. J. P. et al. (eds.) (1984) Fishes of the North-eastern Atlantic and the Mediterranean. 3 Volumes. UNESCO, Paris.
Wirtz, P. (1994) Unterwasserführer Madeira Kanaren Azoren Fische. Verlag S.Naglschmid Stuttgart.

TITELFOTOS:

Langschnauzen-Seepferdchen Hippocampus guttulatus
von Kai Velling

und diverse kleine Fotos von Helmut Debelius, Florian Graner und Norbert Probst

Rücktitelfoto:

Mittelmeer-Muräne Muraena helena
von Helmut Debelius

BILDNACHWEIS

(o. = oben, m. = mitte, u. = unten, k. = klein, ganz. = Ganzseiter)

GERALD ALLEN: 194 u. 198 uk.
JUAN CARLOS CALVIN: 21 m. 25 u. 40 u. 262 o. 264 o. 266 o.
SIMON CHATER: 18 o. 27 o. 44 u. 60 uk.
MARK CONLIN: 161 u.
EMILIO CORTES: 123 mk.
HELMUT DEBELIUS: 15 o. 17 o. 2x ok. u. uk. 18 u. 20 o. u. 24 o. u. 26 o. 28 o. 44 ok. 45 m. 46 u. 50 u. 54 o. 55 o. ok. u. uk. 63 ganz. 66 o. 70 u. uk. 74 uk. 76 m. mk. u. 83 o. m. 86 m. 97 u. 100 u. 104 m. 115 uk. 122 o. 124 m. 125 ganz. 126 u. 127 u. 128 u. 135 o. 139 m. 144 o. 145 ok. u. uk. 146 m. 147 u. 148 ok. 149 o. u. 151 o. m. 152 mk. 153 o. 154 u. 158 o. m. 159 o. u. mk. 160 o. u. 162 u. 163 m. 168 u. 172 o. 174 o. 175 ok. u. 176 o. 179 m. 180 m. 181 o. m. 187 uk. 188 o. 189 m. uk. 190 ok. 191 o. m. 193 ok. 194 m. 196/197 ganz. 198 o. 199 o. 202 u. 205 o. 207 uk. 209 ganz. 213 o. 215 o. 216 m. 218 o. u. 221 ok. uk. 224 u. 225 o. 227 ok. 228 o. 229 o. 233 u. 235 o. m. 237 uk. 245 m. u. 247 u. 251 o. 256 m. 257 o. 262 m. 264 m. 269 ganz. 270 o. 278 u. 279 ganz. 284 o. 289 ganz. 290 u. 291 ok. u. 292 o. 294 o. m.
ALASDAIR EDWARDS: 114 ok. 128 o. m. 150 m. 151 u. 191 u. 195 m. 200 u. 204 o. 206 o. m. u. 256 o. 278 o. 292 u. 293 m.
PER EIDE: 84 o. 85 m. 92 mk. 95 m. 212 m. 222 o. 250 m. 265 ganz. 281 o.
FERNANDO ESPINO: 22 m. 90 o. 173 o. 178 u. 179 o. 284 u.
WERNER FIEDLER: 122 u. 187 o. 236 u. 242 o.
DAVID FLEETHAM: 32 u.
HERBERT FREI: 65 o. m. 67 ganz. 69 u. uk.
BORUT FURLAN: 97 uk. 99 o. 100 o. 144 u. 148 o. 162 o. 164 o. 171 mk. 172 m. 176 u. 177 mk. 180 o. 185 mk. 217 o. 218 uk. 219 o. 220 u. 228 m. 232 m. 234 m. 236 o. m. 244 u. 246 m. 248 u. 249 u. 264 u.
CHRISTOPH GERIGK: 16 o. m. 19 u. 38 o. 40 o. 41 o. ok. 45 mk. 49 u. uk. 116 o. 145 o. 154 m. 169 ganz. 170 o. 171 o. m. 208 m. 221 o. 263 o.
HELMUT GÖTHEL: 35 u. uk. 74 u. 81 u. 86 o. mk. 114 u. 135 u. 145 uk. 172 mk. 174 m. u. 176 m. 188 uk. 189 o. 201 ok. 207 o. 225 u. 250 u. 290 o. 291 o. uk. 295 m.
FLORIAN GRANER: 23 u. 24 m. 25 m. 33 u. uk. 34 o. mk. 41 u. uk. 60 o. m. u. 61 ganz. 62 m. u. 83 mk. 92 u. 94 o. m. uk. 95 o. mk. u. 96 o. m. 97 m. 106 o. m. 112 uk. 115 m. 120 u. 121 ganz. 124 u. 127 o. 129 m. u. 134 ok. 136 m. 137 o. 148 mk. 149 ok. 171 u. 178 o. 213 u. 214 u. 216 u. 217 m. u. 242 m. 247 m. 248 o. 276 m. 280 u. 281 u. 282 u. 283 o.
THOMAS HAIGHT: 38 u.
HOWARD HALL: 39 m. 46 m. 271 m.
ROGELIO HERRERA: 21 o. 26 ok. 81 m. 154 o. 172 ok. 177 uk. 179 u. 185 u. 186 o. 188 u. 198 m. 214 m. 226 o. 249 o. 262 u. 284 m.
KLAUS HILGERT: 268 u.
ROBERT HOFRICHTER: 87 m. 88 o. u. 89 o. u. 90 ok. m. 242 u.
TONY HOLM: 93 ganz. 98 u. 123 uk. 282 o. m.
CHARLES HOOD: 44 o. 54 m. 87 o. 96 u. 97 o. 99 m. 115 o. 123 u. 164 m. 220 o. 224 o. 276 o. 277 u. 280 o. 296 ok.
RAIMUND HÜBNER: 19 o. 69 o. 71 ganz. 86 ok. 112 u. 148 m. 170 m. 187 u.
PAUL HUMANN: 21 u. 66 u. 72 o. 90 u. 163 u.
UDO KEFRIG: 14 u. 35 o. 73 uk. 82 m. 116 m. 144 uk. 177 o. 194 o. 201 u. 213 m. 218 m. 245 o. 255 ganz. 256 u.
RUDIE KUITER: 32 uk. 54 u. 92 o. 266 u.
RICHARD LORD: 40 m.
ROGER LUBBOCK: 47 ganz. 48 o. 112 o. 159 m. 189 u. 190 o. m. u. 192 o. m. uk. 193 u. 198 u. 200 o. m. 202 m. 204 m. 226 u. 240 u. 261 ganz.
LEONARDO MASTRAGOSTINO: 14 o. m.
NEIL McDANIEL: 32 o.
HORST MOOSLEITNER: 101 u. 187 ok. 258 o. m. u.
NIGEL MOTYER: 92 m.
PETER NAHKE: 120 m. 138 m. 213 mk. 241 o. 295 mk.
JOHN NEUSCHWANDER: 15 u. 22 u. 39 o. 59 u. uk. 68 u. 73 u. 91 o. 98 o. m. 101 o. 106 u. 113 o. 120 o. 134 o. 136 u. 137 uk. 138 o. 139 u. 145 ok. 150 u. 185 m. 186 u. 193 o. 219 u. 232 u. 241 m. 247 o. 276 u. 285 o. 292 m.
GIANNI PECCHIAR: 134 mk. 237 u.
DOUG PERRINE: 28 u. 45 o. ok. 46 o. 48 m. 49 o. ok. 50 o. m. 51 ganz. 105 o. 160 m. 167 m. 256 ok. 266 m. 270 u. 271 o. 290 m.
WINFRIED PERSINGER: 13 ganz.
NORBERT PROBST: 15 ok. 19 mk. 123 m. 152 m. 161 o. 175 o. 207 u. 227 o. 237 o. 300 ganz.
KIM PROCHAZKA: 87 u. 88 m.
PETER REISERER: 77 ganz. 146 o.
MANFRED RICHTER: 181 u.
ROSS ROBERTSON: 72 m. 74 m. 75 o. 129 o. 195 o. 202 o. 212 u. 243 ganz. 293 u.
ELEONORA DE SABATA: 271 u.
RICARDO SANTOS: 105 m. 147 o. m. 167 o.
REINHARD SCHEIBLICH: 112 mk. 138 u. 281 m.
UDO SCHILLING: 65 u.
BERNARD SÉRET: 17 uk. 18 ok. 26 m. u. 27 u. 28 m.
MARK STRICKLAND: 153 m. 263 u.
DONALD TIPTON: 66 m.
JESUS VERA: 82 mk. 122 uk. 134 m. 139 o. 185 o. 288 o. 296 o.
ANDREAS VILCINSKAS: 44 m. 84 ok. 112 m. 222 m. 224 m. 231 u. 232 o. 241 uk. 246 o. 263 m.
INGO VOLLMER: 23 o. 34 m. 85 o. 137 u. 267 ganz. 268 o.
AUGUST VON DER LEHR: 107 ganz. 250 o.
JÜRGEN WARNECKE: 19 m. 25 o. 76 o. 126 o. 207 m. 225 ok. 294 u.
CAMILLO WEISS: 203 ganz.
PETER WIRTZ: 14 uk. 15 uk. 16 u. 20 m. 21 mk. 23 m. 34 u. 72 u. 73 o. 74 o. 75 ok. u. 81 o. 82 o. u. 83 u. 84 m. u. 91 u. 94 u. 99 u. 101 m. 104 o. 112 o. 113 u. 114 m. 115 u. 116 u. 123 o. 126 m. 134 u. 144 ok. m. 146 u. 148 u. 149 m. 150 o. uk. 152 o. u. 158 ok. u. 160 mk. 162 m. 163 o. 164 u. 167 u. 168 o. m. 170 mk. u. 172 u. 173 u. 174 ok. 175 uk. 177 m. u. 178 m. 180 u. 186 m. 188 m. 192 u. 195 u. 198 ok. 199 u. 201 o. 204 u. 205 m. u. 208 o. 212 o. ok. 214 o. 216 o. 221 u. 222 u. 226 ok. m. 227 u. 228 u. 229 u. 230 o. m. u. 231 o. m. 233 o. 234 o. u. 235 u. 240 o. m. 241 u. 244 o. m. 251 m. u. 257 u. 278 m. 280 m. 283 o. 285 m. u. 288 u. 293 o. 294 o. u. 296 u.
LAWSON WOOD: 22 o. 24 ok. 34 uk. 45 u. 85 u. 96 mk. 100 m. 104 u. 138 mk. 149 uk. 246 u. 249 m. 277 o. m. 283 m.
PHIL WOODHEAD: 86 u. 124 o. 136 o. 208 u. 215 m. u. 220 m. 248 m.
NORBERT WU: 33 o. ok. 69 m. 296 uk.